명리 명강

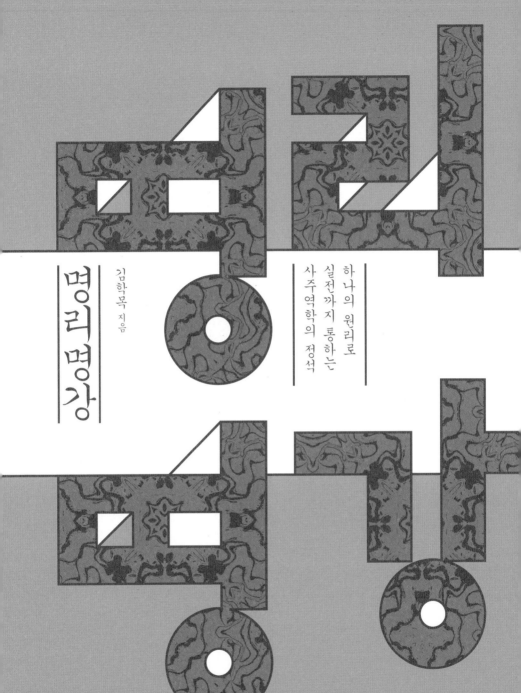

명리 명강

김학목 지음

하나의 원리로
실전까지 통하는
사주역학의 정석

판미동

『명리 명강』 저술은 10년 전부터 여러 고전을 뒤지며 그것을 직접
인용하는 형태로 진행되었다. 그런데 책을 거의 완성해 놓고도 일반
인들이 읽기에는 너무 어려워 중도에 포기한 것이 두 번이나 된다. 필
자가 명리학을 공부하면서 가장 힘들었던 부분은 다른 분들의 책들
을 참고해도 이해할 수 없는 부분들이 너무 많았다는 것이다. 명리를
오래 하신 분들을 멀리까지 찾아뵙고 물어봐도 시원한 대답을 들을
수 없었다. 그래서 명리 공부를 원하는 분들은 물론 차분히 글을 읽
을 만한 독자라면 누구나 읽을 수 있는 책을 만들겠다는 것이 필자
의 1차 목표였다.『명리 명강』은 이와 같은 필자의 의지가 반영되어
시행착오를 몇 번 겪으면서 만들어진 책이다.

　7~8년 전부터 전체적인 골격이 잡혀 책을 저술하기 시작하여
2012년 초에는 거의 완성의 단계에 와 있었다. 뒷부분의 실전에 필요
한 명조命造들의 정리가 더 필요했는데 쉽지 않았다. 사주 설명에 필

요한 명조를 찾기가 쉽지 않았던 것이다. 그런 와중에 2012년 9월부터 국가사업의 하나로 시작한 『주역전의대전』 전체와 조선조 학자들의 『주역』 주석을 포함한 『한국주역대전』 번역 및 데이터베이스 구축 작업 등에 참여하느라 저술을 끝맺지 못하고 있었다. 3부 '적용 편'의 뒷부분 몇십 쪽만 더 쓰면 되는데 하지 못하고, 몇 년 동안 마무리해야 된다는 압박감에 세월을 보냈다. 2015년 8월 첫째 주에 마침 휴가로 모든 강의가 쉬게 되었기에 가족들과의 휴가도 사양하고 이때다 싶어 그동안 정리해 두었던 명조를 더해 작심하고 끝낼 수 있었다.

여기에 정리된 내용은 5년 이상 강의와 임상을 통해 체계적으로 간결하게 다듬은 것이다. 이 이론으로 초급반에서는 강의를 하고 중급반에서는 수강생들이 가져온 명조를 풀었다. 수강생 중에는 꼭 배우고자 하여서가 아니라 그저 사람의 운명을 알 수 있다는 것이 신기해서 듣는 경우도 있으나, 열심히 하는 수강생들은 1년 정도면 명조 풀이에서 그 실력을 드러내기 시작한다. 화성 조암에서 노래방을 운영하며 불원천리 배우러 오는 한 수강생은 그 실력이 아주 탁월한데, 처음 배우는 다른 수강생들이 "어떻게 하면 빨리 배울 수 있는가?" 하고 물으면, 씩 웃으며 "집에서 따로 공부하지는 않았고 3년 정도 거의 빠지지 않고 들으니 저절로 알게 되었다."고 덤덤하게 답한다.

필자가 보기에 명리학은 처음부터 끝까지 음양오행의 상생상극론이다. 그리고 이것은 배우기 어렵지 않으니 기능공이 기술을 익히듯 몇 가지 간단한 규칙들을 반복해서 능숙해질 때까지 연습하면 된다. 머리가 좋으면 더 좋겠지만 그렇지 않을지라도 끈기를 가지고 연습하면 누구든지 익힐 수 있다. 지난여름 제대한 큰아들이 명리학을 믿지 않는다기에 함께 계양산을 오르며 2시간쯤 그 기본 토대를 설명해 주었더니 모두 알아들었다. 요즘 필자의 고등학교 친구의 부인이 2달 정도 강의를 듣고 있는데 "너무 재미있어 배우는 날이 그렇게 기다려져요."라고 하고, 서양철학으로 박사학위를 받은 필자의 친구도 1달 정도 듣고서는 "이거 재미있네."라고 한다.

처음부터 차분히 읽어 나가면 누구나 이해할 수 있을 정도로 쉽게 전달하려 노력했으니, 일단 이 책 전체를 한번 읽어 본 후 그다음에는 충분히 익히라는 당부에 따라 연습하면 된다. 기초를 하나하나 익히면서 그다음 것을 봐야 하는데, 누구나 처음 한 번은 어떻게 인생을 알 수 있는지 궁금해서 건성으로 급히 볼 수밖에 없을 것이다. 빨리 읽으면 며칠 내로도 볼 수 있을 테지만, 그렇게 해서는 이해가 제대로 될 리 없다. 그러니 두 번째 읽을 때는 절대로 대충 보고 지나가서는 안 되고, 속도를 늦춰 오행이 무엇인지 또 상생과 상극에 따라 육친이 어떻게 나눠지는지 등을 확실히 이해하고 자유자재로 응용할 수 있도록 충분히 익혀야 한다.

육친六親은 간지의 어느 하나를 기준으로 그것의 상생과 상극 관계를 여섯 가지로 분류한 것이다. 원리만 알면 별로 어렵지 않다. 그렇다 하더라도 이것들이 머릿속에서 곧바로 떠오르지 않으면 사주를 볼 수 없다. 하루에 1시간쯤 일주일 정도만 연습하면 충분히 익힐 수 있으니, 잔소리를 할지라도 이를 믿고 따라야 한다. 명리 공부에서 첫 번째 장벽이 육친을 자유자재로 응용할 수 있을 정도로 능숙하게 익히는 것이다. 공부를 하고자 한다면 이 말을 명심하기 바란다. 거듭 말하건대, 명리학은 사람의 운명을 해석하는 대단한 학문임에도 그리 어렵지 않다. 그러니 겁먹지 말고, 다만 기초를 익히면서 차근차근 진도를 나가면 된다.

그다음 장벽은 12운성을 익히는 것인데, 처음부터 제대로 익히려면 벅찰 수 있다. 처음 몇 달은 먼저 그 원리를 이해하고, 다음에는 12운성표를 참고하여 운이 어떻게 돌아가는지 차차 자연스럽게 이해하면 된다. 운의 흐름을 어느 정도 체득하게 되면, 그때부터는 명리학에 매료되어 필자의 설명과 요령을 바탕으로 나름의 외우는 방법을 찾아가게 되어 있다. 머리에서 운의 흐름이 저절로 돌아가게 되면, 필자는 수강생들에게 머리에서 '팅!' 하는 울림을 느낄 것이라고 말하곤 한다. 사주 기초들이 하나로 엮이면서 그런 느낌이 오는 것이다. 전날의 과음으로 흐리멍덩하던 머리에서 취기가 달아나며 맑은 느낌을 갖게 되는 것과 비슷하다고 표현할 수 있다.

그다음 장벽은 기초를 터득하고 명리학 고수의 길로 들어서는 것인데, 사주 원국의 구조를 분석하여 운에 적용하는 일이다. 고수라고 해서 그만의 비법이 따로 있는 것은 아니다. 고수도 똑같이 원국의 간지 하나하나가 어떤 구조로 서로 관계를 이루고 있는지 세심하게 파악하고, 이를 대운과 세운에 적용하여 사람의 운명을 읽는 것뿐이다. 운과 사주의 인자가 조화되는지 그 여부에 따라 사람의 행복과 불행이 바뀌니, 이것이 보이기 시작할 때 또 한 번 명리에 눈이 뜨이면서 '팅!' 하는 느낌이 온다. 이 단계가 되어야 비로소 명리학에 제대로 입문했다고 말할 수 있다. 그다음은 사주 이외에 사람의 인생이나 사회 환경 등을 응용하여 종합적으로 해석하는 단계인데, 여기에서도 '팅!' 하는 울림이 계속 이어진다.

이 책에서 설명하는 음양오행론은 첫 번째와 두 번째의 '팅!' 하는 울림의 단계까지 인도하는 것이다. 첫 번째 울림은 기본 학식이 없어도 누구나 잠시 주의를 기울이면 알 수 있는 쉬운 단계이고, 두 번째 울림은 노력해야 들어설 수 있는 고수의 단계다. 그다음의 울림부터는 혼자서 외롭게 사색하고 고민하며 터득해 가는 단계인데, 서서히 우주의 흐름을 느끼며 공부해 가는 수행자의 길과 같다고 할 수 있다. 이 단계에 들어서면 명리학을 종교적으로 해석할 수 있게 되고, 나름대로 사주를 통해 우주의 흐름과 맞추어 살려고 노력하게 된다. 명리에 푹 빠져 10년 이상 고민하며 노력하면 누구나 들어설 수 있는 길인데, 이때부터는 종교나 여러 수행론에 관심을 갖고 그 방법을 찾아나서게 된다.

음양오행에 대해 전혀 모르는 대학생인 필자의 아들도 단번에 전체적인 틀을 바로 알아들은 것으로 볼 때, 사주를 다소 어렴풋이나마 볼 수 있는 첫 번째 '팅!'의 단계는 쉽게 도달할 수 있다. 사주를 다소 또렷이 볼 수 있는 두 번째 '팅!'의 단계도 조금 어려우나 노력과 끈기만 있으면 누구나 도달할 수 있다. 두 번째 단계 이후부터는 남의 운명을 제대로 보고 조심스럽게 말해야 하니, 특히 몸가짐과 말을 조심해야 한다. 평소에 술을 많이 마시는 등 난잡하게 생활하면 맑은 정신을 유지할 수 없어 남의 사주를 제대로 볼 수 없고, 남의 운명을 안다고 말을 함부로 하면 남에게 큰 상처를 입히니, 더욱 행동을 삼가고 말을 조심하라는 것이다. 무엇보다 명리학은 운명의 굴레를 알고 그 영혼을 정화하는 데 궁극 목적이 있다. 그러니 독자들은 이 책을 부지런히 익혀 사사롭게 부귀를 낚아채는 데 사용하지 말고 영혼을 정화하여 자신은 물론 세상을 풍요롭고 아름답게 만드는 데 사용하기 바란다.

2016년 2월
해송 김학목이
계양산 서북 기슭에서 저술을 끝내며

1부

원리 편 ●

음양오행, 우주의 흐름을 깨닫다

2부

법칙 편 〇
육친과 합충, 운명의 공식을 세우다

3부

적용 편 ◉

사주팔자, 인간의 삶을 읽다

들어가며

시간은 공간의 흐름, 공간은 시간의 내용이다

대학 시절 시간과 공간의 관계를 정리해 보고자 꽤 자주 산에서 명상을 하면서 진지하게 생각하곤 했다. 그때 시간과 공간의 연관에 대해 어떻게 생각했는지 기억이 나지는 않는다. 그런데 2013년 봄, 공주 대학교 대학원에서 한 학기 동안 명리학 원전 강의를 하면서 시간과 공간에 대해 다시 집중하게 되었고, 그 무렵 언제나처럼 버스 안에서 명리학과 철학에 관련된 주제를 이것저것 생각하다가 어느 순간 간결하게 정리할 수 있었다. 온몸에 흐르는 짜릿한 전율과 함께 대학 시절 몰입했던 기억이 새삼 떠오르면서 뛸 듯이 기뻤다.

시간은 공간의 흐름이고
공간은 시간의 내용이다.

시간과 공간에 대한 추상적인 정리에 당황할 수도 있지만 명리학에 작은 지식이라도 있으면 그리 어렵지 않게 이해할 수 있으리라고 본다. 차분히 생각하면 누구나 공감할 수 있도록 앞으로 반복해서 설명할 것이니, 내용을 이해하며 따라오면 된다. 혹 명리에 대한 지식이 어느 정도 이미 있는 사람은 도리어 그것 때문에 장애가 될 수 있으니, 그것을 잠시 내려놓기 바란다.

간단히 이렇게 생각해 보면 어떨까. 나 자신이 어린아이에서 청년과 장년, 노년으로 나이 들어갈 때, 자신을 '공간'으로 보고 또 어린아이에서 노년으로 변해 가는 것을 '시간'이라고 생각하자. 공간 속의 물체가 시간의 흐름에 따라 변한다는 것을 단지 저렇게 정리했을 뿐이다.

그런데 이렇게 말한 이유는 음양오행의 비밀을 설명할 수 있는 핵심이 모두 여기에 담겨 있기 때문이다. 사람들은 명리학이 어렵다고 하지만 그것은 시간과 공간이 서로 어떻게 엮여 있는지 간과하기 때문이다. 음양오행을 알면 시간과 공간의 관계, 그것과 인간의 운명 간의 관계를 알아 저절로 인간의 운명을 점칠 수 있게 된다.

필자는 이런 간단한 논리를 밝히기 위해 참으로 많은 세월을 보냈다. 처음엔 우연히 만난 어느 분께 명리학을 다소 배웠지만 어떻게 사주로 인간의 운명을 점칠 수 있는지 이해가 되지 않았다. 간지는 무엇이며, 왜 천간은 열 개이고 지지는 열두 개인지 알지 못해 장벽에 가로막혔다. 많은 사람들이 그렇겠지만 특히 철학을 하는 사람은 논리적인 바탕이 없는 설명은 거의 이해할 수 없기 때문이다. 동양철학 박사인 필자로서는 더욱더 답답한 점이 많았는데, 음양오행에 대해 오랫동안 몰두하다 보니 이제야 겨우 남들에게 체계적으로 설명할 수 있는 바탕을 마련할 수 있었다.

음양오행이란 무엇인가

음양오행론은 오랜 옛날 천지의 이치에 통달한 성현들께서 사람을 포함하여 만물이 어떻게 생장하고 소멸하는지 정리하여 알기 쉽게 상징적으로 도식화시킨 형이상학적 이론이다. 무지몽매로 말미암아 이를 모르기에 우리는 성현들께서 물려주신 엄청난 정신적 유산을 미신으로 폄하하고 있다. 음양오행은 인간의 운명을 점칠 수 있는 위대한 학문임에도 그리 어렵지 않다. 필자가 음양오행의 모든 것을 정리할 수는 없을지라도 명리학과 관련해서는 간략하게나마 그 근본 체계를 설명할 수 있으니, 이것에 조금이라도 관심 있는 독자라면 누구나 그 비밀을 풀 열쇠를 쥘 수 있다.

"인간의 운명을 점친다는 것이 학문적으로 가능할까?"라고 반문할 수 있다. 필자는 독자들이 이 책을 진지하게 수십 쪽만 읽어 봐도 수긍할 수 있을 것이라고 장담한다. 간략히 1년의 사계절을 음양오행론으로 설명하면, 뜨거운 여름을 화火로, 서늘한 가을을 금金으로, 추운 겨울을 수水로, 따스한 봄을 목木으로, 그리고 여름과 가을 사이를 토土로 상징하여 말할 수 있다. 음양오행론은 이것들의 생장과 소멸을 법칙으로 정리한 이론이다. 곧, 겨울水은 봄木이 오면 쇠약해지기 시작하여 여름火이 오면 완전히 사라지고, 여름火은 가을金이 오면 힘이 빠지기 시작하여 겨울水이 오면 제 모습을 모두 잃어버린다는 것이다.

조금 더 자세히 설명하면, 여름은 봄부터 자라나기 시작하여 자신의 계절인 여름에 활짝 꽃을 피웠다가 가을부터 힘이 빠지기 시작하여 겨울에는 힘도 못 쓴 채 없어진다. 겨울은 가을부터 힘을 받기 시작하여 자신의 계절인 겨울에 왕성하게 활동하다가 봄이 오면 맥이 빠져 골골거리고 여름에 죽어 버린다. 누구나 이해할 수 있음에도 어려운 점이 있다면 단지 이와 같은 논리를 끝까지 붙들고 따라와야 한다는 것뿐이다.

음양오행론을 알면 사람의 운명, 곧 어떤 사람의 적성·성격·직업·재물·배우자 등에 대해 모두 유추할 수 있다. 자식을 키우는 부모는 자식의 적성·성격·성적을, 기업을 운영하는 사람은 사원들의 장단점을, 영업을 하는 분들은 만나는 사람들의 특성을 사주만 알면 파악할 수 있으니, 인생살이에 많은 도움이 될 것이다. 특히 자식이 공부를 하지 않아 속을 끓이고 있다면 왜 공부를 하지 않는지 바로 유추할 수 있음은 물론이고 적성을 찾아 앞길까지 열어 줄 수 있다. 공부운이 오지 않고 반대의 운이 왔다면 억지로 시킨다고 될 일이 아니니, 적성을 찾아 다른 길로 인도해 주어야 한다.

물의 변화로 보는 오행

많은 사람들이 "명리학은 정말 배우기 어렵다."고 말하는데, 필자는 절대 그렇지 않다고 본다. 다소의 집중력이 필요하기는 하지만 차분히 글을 읽을 수 있는 독자라면, 누구나 배울 수 있는 것이 명리학이다. 그 원리를 이해하고 외워야 할 것이 어느 정도 있기는 하지만 그렇게 많지 않기 때문에 구구단을 외워 곱셈과 나눗셈을 할 정도만 노력할 수 있는 독자라면, 필자는 누구나 쉽게 배워 운명을 점칠 수 있다고 본다.

특히 기독교를 믿거나 명리학을 미신으로 보는 분들은 사람의 운명을 점칠 수 있다는 것 자체에 냉소를 보낼 텐데, 이 책을 차분히 읽어 보시길 권한다. 사실 필자도 운명을 점치는 학문 자체가 가능하다는 것이 너무나 경이롭고 신비하다. 운명의 해석이 가능한 것은 고대의 성현들께서 사물의 변화를 음양오행으로 정리하여 체계화시켜 놨기 때문이다. 음양오행론은 우리가 늘 들어 왔고 또 우리 생활에 깊숙이 내재된 전통 철학이기 때문에 이 땅에서 태어나 자란 사람들에게는 그다지 이해하기 어려운 것이 아니다.

고체·액체·기체로 변하는 물로 오행을 설명하면, 겨울에 꽁꽁 얼어 있는 상태를 수水, 봄에 얼어 있던 것이 녹으며 흘러나오는 상태를 목木, 여름에 증발되어 사방으로 흩어지는 상태를 화火, 늦여름날 구름처럼 사방에 흩어져 떠 있으면서 비나 물방울이 되기 전까지의 상태를 토土, 다시 물이 되어 겨울이 오면서 얼어 가는 상태를 금金으로 보면 된다. 봄의 물이나 가을의 물은 겉으로 모두 물이지만 하나는 수증기로 변해 가는 것이고 하나는 얼음으로 변해 가는 것이니, 이것들의 특성을 이해하는 것이 오행론이다.

이것을 가지고 아주 간단히 명리학의 운명 풀이에 적용해 보자. 화나 토를 상징하는 수증기를 얼음 창고에 넣으면 물방울로 되면서 바로 얼음인 수水가 되고, 수를 상징하는 얼음을 뜨거운 수증기가 뿜어 나오는 곳에 두면 녹으면서 바로 수증기, 곧 화나 토가 된다. 어떤 사람의 사주가 수水일 경우 여름에 녹아 버려 얼음이라는 자신의 모습을 지킬 수 없고, 화나 토일 경우 겨울에 얼어 버려 수증기라는 자신의 모습을 지킬 수 없다. 자신의 모습을 지킬 수 없다는 것은 죽거나 병들어 삶을 제대로 유지하지 못하는 처참한 상태다.

이 책에서 설명하려는 음양오행론, 곧 명리 이론은 이와 같은 내용을 좀 더 체계적으로 정리하여 자세히 언급하는 것에 지나지 않는다. 수증기가 하루아침에 생기고 얼음이 어느 날 갑자기 어는 것은 아니다. 얼음은 가을부터 서서히 얼기 시작하고, 수증기는 봄부터 서서히 생겨나기 시작한다. 그러니 얼음은 가을부터 힘을 받아 겨울에 한껏 자신의 힘을 자랑하다가 봄부터 힘이 빠져 여름에 사라지고, 수증기는 봄부터 힘을 받아 여름에 한껏 자신의 힘을 뽐내다가 가을부터 힘이 빠져 겨울에 죽음을 맞이하는 것이다.

사람의 운명도 이와 똑같이 음양오행을 가지고 좀 더 복잡하게 추리하는 것이다. 10천간과 12지지는 하늘의 기운氣과 땅의 형질質이 시간에 따라 차례로 변해 가는 것을 음양오행으로 체계화시켜 정리해 놓은 것이다. 사람들은 천지의 흐름 속에서 어느 순간 태어나 질質과 기氣로 이루어진 몸과 마음을 갖게 되니, 역시 천지의 흐름인 기와 질의 변화에 따라 마음과 몸이 움직이고 그것에 따라 그 자신의 운명이 요동치게 된다. 곧 물이 여러 가지 형태로 변하며 순환하는 것처럼 사람도 운명의 파동을 겪으며 생멸한다는 것이다.

지금까지의 설명을 이해할 수 있다면 누구나 명리학을 익힐 수 있고, 또 자신의 운명은 물론 남의 운명까지도 감정할 수 있다. 그러니 명리학이 어렵다는 일반적인 고정관념에서 벗어나기 바란다.

명리학의 모든 것을 정리했다고는 할 수 없으나 필자가 아는 모든 것을 쉽게 정리하기 위해 시행착오를 거듭하며 최선을 다했으니, 열심히 읽어 주셨으면 한다. 우리는 태생부터 음양오행론에 익숙하기 때문에 누구나 조금만 노력하면 금방 훌륭한 술사가 될 수 있음을 명심하고 이 책을 끝까지 차분히 익히고 또 익히기를 바란다.

음양오행을 공부하려면

평소 공부와 가깝게 지내지 않았던 사람에게는 처음 음양오행론을 익히는 일이 어렵게 느껴질 수도 있다. 그러나 이 책의 설명을 열심히 따라오면 공부에 별 어려움은 없다고 장담하겠다. 음양오행에서 먼저 상생·상극의 원리를 이해해야 하는데, 사실 이것은 아주 쉽다. 이어서 사주를 구체적으로 해석하는 방법인 육친론이 다소 어려운데, 본문에서 자세히 설명할 테지만 많은 분들이 여기에서 좌절한다. 단순히 어려워서가 아니라 이해하는 정도에서 멈추고 자유자재로 응용할 수 있는 단계까지는 연습하지 않기 때문이다.

간혹 "한자를 몰라 엄두가 나지 않는다."고 하는 분들이 있는데 그것 역시 염려할 필요가 없다. 한자는 천간天干과 지지地支 22글자, 곧 갑甲·을乙·병丙·정丁·무戊·기己·경庚·신辛·임壬·계癸와 자子·축丑·인寅·묘卯·진辰·사巳·오午·미未·신申·유酉·술戌·해亥만 알면 된다. 그

외에 사주와 관련된 여러 가지 용어는 알면 편하고 알지 못해도 공부에는 지장이 없다. 명리에 관련된 용어가 그리 많지도 않을 뿐만 아니라 관심을 두고 공부하다 보면 자연스럽게 익히게 되니, 한자 때문에 공부를 하지 못할까 염려할 필요는 없다.

명리학은 나의 인생은 물론이요 남의 인생까지 감정하는 신비하고 엄청난 학문이니, 그저 노력 없이 배울 생각 말고 기초부터 차분히 확실하게 익혀야 한다. 동양철학 박사와 대학에서 강의하는 분들께 강의를 한 적도 있는데, 그분들이 넘지 못한 벽도 육친론이다. 또 이렇게 이야기하면 일반 독자들은 그런 분들조차도 어렵게 여긴 것을 우리가 어떻게 배울 수 있을까 걱정할 것이다. 그러나 재삼 강조하지만 그분들이 그렇게 된 것은 눈으로만 이해하고 응용할 수 있도록 연습하지 않았기 때문이다. 명리학은 박사처럼 공부를 많이 했다고 배우기 쉽고 적게 공부했다고 배우기 어려운 것이 결코 아니다. 책을 읽으면서 잠시 조용히 생각해 보기만 하면 누구나 알 수 있는 것이며, 이것을 사주에서 자유자재로 응용할 수 있도록 연습하는 것은 각자의 몫이다.

사주는 태어난 연·월·일·시의 시간을 음양오행의 부호로 읽을 수 있도록 한 것이다. 시간을 음양오행으로 치환하면 갑자甲子·을축乙丑·병인丙寅 등의 60갑자로 기록할 수 있다. 흔히 사주를 음력으로 생각하는 분들이 많은데 그렇지 않다. 사주는 음력이든 양력이든 관계없이 그 시간을 간지력으로 바꾼 것이다. 간지로 바꾸어 보면 음양오행의 상생·상극 관계를 알고, 사주팔자에서 그 하나하나의 인자들이 계절의 흐름에 따라 어떻게 변화하는지 유추하기 쉬워지기 때문이다.

육친론은 음양오행론을 간단하게 응용한 것으로, 어렵지는 않으나 최소한 구구단을 외우고 곱셈 나눗셈을 익히는 노력의 10분의 1 정도의 공은 들여야 한다. 육친에 대해 확실히 알고 나면 어떤 사람의 행동을 보기만 해도 그 사람의 특성에 대해 어느 정도 유추할 수 있다. 세상을 상황에 따라 관찰할 수 있는 잣대가 되기 때문이다.

육친론의 예시로 목木을 기준으로 하여 다른 오행과의 상생과 상극을 분류해 보면, 나와 같은 오행인 목木, 나를 낳아 주는 오행인 수水, 내가 낳아 주는 오행인 화火, 내가 극하는 오행인 토土, 나를 극하는 오행인 금金으로 나누어 이름 붙인 것인데, 이 다섯 가지와 자신을 묶어서 육친이라고 부른다. 이것은 물론 다른 오행을 기준으로도 동일하게 분류할 수 있어야 한다. 이 관계만 확실하게 익혀 놓으면 나머지는 그리 어렵지 않다.

오행의 상생과 상극인 육친론을 익힌 다음에는 하나의 오행이 시간의 흐름에 따라 언제 자라나기 시작하고 또 쇠약해져 소멸하는지를 이해해야 하는데, 이것도 모든 오행의 상호관계에 따라 동일하게 진행되는 것이기 때문에 어렵지 않다. 이를테면 화火는 봄인 목木에서부터 자라기 시작하여 자신의 계절인 여름에 활개를 치다가 가을인 금金부터 힘이 빠지기 시작하여 겨울인 수水에서 사라지는 것임을 이해하고 익히는 것이다. 이것을 세분하여 12지지에 따라 그 생멸을 살필 수 있으면 사주를 아주 정교하게 볼 수 있는데, 이에 대해서는 서두르지 않아도 저절로 알게 될 것이다.

오행의 흐름을 어느 정도 익히면 사주가 어떤 방향으로 흘러가면서 어떤 인자가 강해지고 어떤 인자가 약해지는지 알 수 있으니, 이것이 바로 사람의 인생이다. 앞에서 육친에 대해 잠시 설명했는데, 인성은 자신을 낳아 주는 오행으로 어머니·공부·문서 등으로 풀이한다. 육체적으로 자신을 낳아 주는 것이 어머니이고 정신적으로 자신을 낳아 주는 것이 공부다. 문서가 인성인 것은 공부를 통해 문서를 만질 수 있기 때문이다. 사주 당사자의 어머니나 문서 등에 대해 알고 싶으면 그 사람의 사주에서 인성이 어떤 모양으로 있고 어떻게 운을 타고 흐르는지 살펴보면 된다.

여기서 설명하는 것이 간단하게 이해되지 않을지라도 벌써부터 너무 알려고 애쓰지 않아도 된다. 이제 앞으로 음양오행의 기초부터 아주 자세히 거듭해서 설명할 것이기 때문이다. 다만 명리학은 미신이 아니라 이처럼 학문적 토대를 기초로 사람의 운명을 유추하는 과학이라는 것을 반드시 명심해야 한다. 과학은 쉽게 설명해 주는 교재나 선생 그리고 관심이 있으면 누구나 얼마든지 배울 수 있는 학문이다. 명리학도 그렇게 복잡한 체계를 가진 학문이 아니기 때문에 구구단을 외워 곱셈과 나눗셈을 할 정도의 끈기와 머리만 있으면 누구나 쉽게 배울 수 있다.

명리학은 수행을 위한 학문

옛 성현들께서 미래에 대해 불안하고 답답하게 여기는 사람들을 위해 명리학을 만들어 놓은 것으로 생각하는 사람이 많다. 그래서 사업을 하거나 입시나 혼사 같은 큰일을 앞두고, 그 일이 어떻게 될까 궁금하여 사주를 보곤 한다. 물론 그런 일 때문에 자신의 타고난 운명을 봐도 된다. 그렇지만 필자가 이 학문을 공부하면서 깨달은 것은 **명리학이 수행을 위한 공부**라는 것이다. 좋은 미래를 위해 사주를 보는 것도 맞지만 그보다 더 근본적인 일은 현재의 삶에서 자신이 해결할 일이 무엇인가 깨닫기 위해 명리를 공부해야 한다는 것이다.

이혼을 한 분들이 종종 상대방을 원망하면서 자신의 미래가 불안하여 사주를 보는 경우가 있는데, 필자는 그분들께 "이때쯤 헤어졌지요? 그런데 이 사주가 그분의 것이 아니라 당신 것이니, 그분을 원망해서는 안 됩니다."라고 말하곤 한다. 사주를 오래 연구하다 보면 종교적인 자세를 가지게 될 수밖에 없다. 내가 그런 운명을 타고나 그런 사람을 만나 서로 원망하며 살다가 헤어졌다면, 그 원인을 외부로 돌리지 말고 자신에게로 돌려서 반성해야 한다는 말이다. 가혹한 운명을 타고나 고통을 당하는 원인이 자신에게 있다고 볼 때, 거기에서부터 내면적인 수행이 시작된다.

운명의 회오리바람을 내재적 원인으로 돌려 천인합일과 같은 거대한 목적의 일부로 본다면, 가혹한 운명도 내 영혼의 진화를 위해 스스로 택한 것으로 볼 수 있다. 만약 운명이 외재적인 원인에 의한 것이라면 그것을 주관하는 그 무엇에게 좋은 운명을 달라고 맹목적으로 빌어야 할 것이다. 기독교의 하나님처럼 그 외재적 원인이 절대자일 경우, 천국에 오려면 선을 행하라고 우리에게 요구할 것인데, 이것 역시 내면의 수행이라는 관점에서 보면 절대적으로 강력하고 선한 외재적 원인에 기대어 영혼의 진화를 하기 위한 방편일 수도 있다.

사실 사주 몇 글자 가지고 사람의 운명을 안다는 것 자체가 너무나 허무맹랑하기 때문에 사람들은 명리학을 미신으로 여기기도 한다. 그러나 모든 사람은 각기 연월일시라는 특정한 시간의 좌표를 가지고 태어난다. 곧 변화하는 시간 속 특정한 순간에 어떤 공간을 차지하게 되는 것이다. 이때, 공간을 차지하는 그 순간의 시간 좌표를 음양오행의 부호로 치환하여 상생과 상극의 법칙으로 그 운명을 읽는 명리의 이론 자체를 미신으로 볼 수는 없다. 믿거나 말거나 누구나 조금의 노력만 기울이면 쉽게 알 수 있는 이론적 법칙이 있기 때문이다.

이 책에서 거론하고자 하는 내용을 생각나는 그대로 간단히 정리해 봤다. 요약하자면 명리학은 처음부터 끝까지 음양오행의 상생과 상극의 법칙을 이용하여 인생을 유추하는 학문이고, 명리학의 궁극 목적은 우리의 삶이 우주와 하나라는 것을 깨우쳐 나가는 종교적 수행에 있다는 것이다. 부귀를 위해서 혹은 안락한 삶을 위해서 명리학을 공부해도 되지만, 공부가 깊어질수록 그 이상의 원인을 스스로 추구할 수밖에 없는 것이 명리학이기 때문에 결국 수행을 하지 않을 수 없다. 그럼 이제부터 명리학이 음양오행과 어떻게 연관되는지 처음부터 하나하나 자세히 탐구해 보자.

＊일러두기

1. 이 책은 1부 '원리 편'에서 음양오행에 대한 개념을 전달하고, 2부 '법칙 편'에서 실제 사주 풀이에 사용되는 법칙들을 망라하며, 이를 바탕으로 3부 '작용 편'에서 구체적인 사례들을 해석한다. 2부는 명리 입문자에게 다소 어려울 수 있으나 개념만 알면 3부를 읽는 데 무리가 없으니, 보다 깊이 알고 싶다면 천천히 외워 가면서 읽기를 권한다.

2. 이 책에서는 입문자들도 음양오행의 원리에 대해 익숙해질 수 있도록 기본적인 내용들을 반복해서 짚어 준다. 이는 기본 원리에 대해 따로 노력하여 외우지 않아도 내용을 흡수할 수 있도록 하기 위함이다.

3. 한자는 처음에만 병기하고 반복하지 않는 일반 표기의 원칙 대신 문맥의 이해를 돕기 위해 필요한 곳에 병기하였다.

4. 원국표는 저자가 강연, 상담 등에 실제 썼던 것으로, 개인정보 보호를 위해 저자 이외의 원국은 문맥에 필요한 일부만 공개하였다.

1부

원리편 ●

음양오행
우주의 흐름을 깨닫다

우주는 다섯 단계로 전개되며 순환한다

⊠

음양오행론陰陽五行論은 선현들께서 세상이 변화하는 이치를 파악하여 알기 쉽게 하나의 법칙으로 만든 것이다. 선현들이 보기에 '이 세상 전체○'는 무질서하게 변하는 것이 아니라 '두 가지 상반된 것◑'들이 끊임없이 서로 대립하면서 변화하는 것이었다. 그 상반된 것을 음陰(◑)과 양陽(◐)이라 할 때, 이처럼 두 가지 상반된 것들이 오묘하게 조화를 이루면서 반대의 것으로 변하는 것이 태극의 이치다. 이를 다시 세분하여, 각 단계마다 하나의 부호를 붙임으로써 다섯 가지로 나눠 설명할 수 있다.

양은 음으로 또 음은 양으로 끊임없이 변하니, 양에서 음으로 변하는 흐름行을 금金으로, 음에서 양으로 변하는 흐름을 목木으로 분류할 수 있다. 또한 음과 양도 본래의 것과 구분하여 다시 명명해야 하니 음을 수水로, 양을 화火로 분류할 수 있다. 여기에 음과 양의 경계를 또 분류하여 토土라고 명명하면, 이것이 바로 우리가 익혀야 할 음양오행론이다.

　이것을 그림으로 설명하면, 세상 전체○는 음과 양의 구분이 없는 태극太極이고, 태극●은 세상 전체가 음●과 양◐ 두 상태로 대립하고 있다는 걸 뜻한다. 이렇게 '대립된 음과 양'에서 음●의 왼쪽 꼬리 부분이 위로 올라가는 것을 목木이라고 하고, 양◐의 오른쪽 꼬리 부분이 아래로 내려오는 것을 금金이라고 하고, 태극●에서 가운데 ◡모양 곧 ●과 ◐의 경계를 토土라고 한다. 우리에게 아주 익숙한 태극은 음양과 오행이 모두 포함된 그림이다.

　음양오행은 전체의 세상이 상반된 다섯 가지로 흐름을 반복하면서 변화하는 것을 선현들께서 압축하여 간결하게 표현한 것에 지나지 않는다. 음양오행론을 처음 접하는 분들은 이런 설명이 생소할 수 있으나 이제부터라도 하나씩 천천히 공부하다 보면 별로 어렵지 않을 것이다. 천천히 생각하면서 계속 익히다 보면 어느 날 그 원리를 깨닫게 되어 선현들께서 세상이 변화하는 원리를 이토록 간결하게 정리하여 남겨 주신 것에 저절로 감탄하게 될 것이다.

　음양오행陰陽五行은 공간의 흐름을 시간의 부호로 표시한 것이다. 이렇게 사물이 생장하고 소멸하며 변화하는 흐름을 목木·화火·토土·금金·수水 다섯 가지로 나누어 오행으로 표시할 수 있다.

　하늘의 기운 변화를 기준으로 할 때, 사물이 처음 나와서 한창 자라나는 상태를 목木으로, 다 자라서 화려하게 펼쳐지는 상태를 화火로, 펼쳐진 것이 거의 끝날 무렵 펼쳐진 그대로 잠시 머물러 있는 상태를 토土로, 아름답게 펼쳐진 것을 거둬들여 정리하는 상태를 금金으로,

거둬들인 것을 드러나지 않게 잘 저장해 두는 상태를 수水라고 할 수 있다.

정확한 비유는 아니지만 1년 동안 초목이 생장하고 소멸하는 것을 기준으로 오행을 나누면, 초목이 싹터 나오는 봄을 목木으로, 잎과 가지가 무성하게 번성하는 여름을 화火로, 가을이 되기 전 잎과 가지가 무성한 그대로 열매 맺을 준비를 하는 늦여름을 토土로, 열매 맺는 가을을 금金으로, 잎이 지고 열매를 거둬 감추는 겨울을 수水로 나눌 수 있다.

하루를 기준으로 오행을 나누면 아침을 목木으로, 낮을 화火로, 낮과 저녁 사이를 토土로, 저녁을 금金으로, 밤을 수水로 나눌 수 있다. 여기에서 시간의 반복과 순환을 전제할 때, 겨울과 밤을 상징하는 수水는 봄과 아침을 상징하는 목木으로 이어지며 목은 그다음의 오행으로 끝없이 연결된다.

이처럼 오행은 생장하고 소멸하는 모든 것을 '목木 → 화火 → 토土 → 금金 → 수水'라는 다섯 단계로 정리한 것이다.

이와 같은 오행의 의미에 대해 목木을 분출↑로, 화火를 확산↔으로, 토土를 중계·전환↴으로, 금金을 수렴↓으로, 수水를 응축↦←으로 다시 개념화시킬 수 있다. 사물이 처음 나올 때는 위로 솟아오르며 자라고, 이어서 무성하게 옆으로 퍼져 나가며, 한동안 그 상태를 그대로 유지하다가 다시 쇠퇴하며 수축하기 시작하고, 마지막에는 쪼그라들며 사라진다. 전혀 어렵게 생각할 것도 없다. 사물의 생장과 소멸을 다섯 가지 흐름으로 상징할 수 있다는 말이다.

이것마저도 이해하기 어렵다면 직관적으로 분수를 떠올려 보면 된다. 분수의 운동을 유심히 관찰해 보자. 처음에 거세게 하나의 줄기로 뿜어져 나오는 물기둥을 목木으로, 계속해서 그 물기둥이 옆으로 퍼져 나가며 물방울로 변하는 것을 화火로, 그리고 그 물방울이 밑으로 떨어지기 전에 아주 잠시 멈추어 있는 상태를 토土로, 이어서 밑으로 떨어지는 물방울을 금金으로, 밑에서 고여 압축되는 물을 수水로 보면 된다. 분수를 보지 않아도 이와 같은 과정을 머릿속에 그리기는 그리 어렵지 않다. 다만 옆으로 퍼져 나가던 물방울이 밑으로 떨어지기 직전에 잠시 멈추어 있는 상태에 대해서는 의아해할 수 있는데, 운동 방향이 바뀔 때의 정지 상태를 중계·전환을 상징하는 토土로 이해하기 바란다.

이상의 전체 과정을 크게 두 단계로 나누면, 물줄기가 세차게 분출하고 물방울로 퍼져 흩어지는 상태를 양陽이라고 할 수 있고, 물방울이 잠시 멈추어 있다가 떨어지고 압축되는 상태를 음陰이라고 할 수 있다. 오행에서 토土를 중계·전환이라고 했던 이유는 바로 토가 중간에서 분출·확산하는 양의 흐름을 수렴·응축하는 음의 흐름으로 중계해서 전환시키기 때문이다. 물론 중계·전환하느라 잠시 멈추어 있는 토도 역시 앞부분은 양으로 뒷부분은 음으로 나눌 수 있다. 여기에선 일단 양을 분출하고 확산하는 것으로, 음을 수렴하고 응축하는 것으로 이해하면 된다. 음양오행은 아주 복잡하게 설명할 수도 있지만 이상이 그 대략이다.

이상의 내용은 기氣의 흐름을 곧 사물의 생장과 소멸로 비유하여

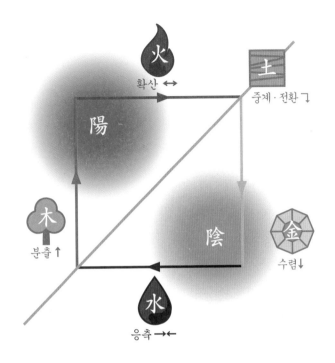

木	분출↑	봄 · 아침 · 동쪽 · 신맛 · 푸른색 · 간과 담
火	확산↔	여름 · 낮 · 남쪽 · 쓴맛 · 붉은색 · 심장과 혈관
土	중계·전환↘	늦여름 · 늦은 오후 · 중앙 · 단맛 · 누런색 · 비장과 위장
金	수렴↓	가을 · 저녁 · 서쪽 · 매운맛 · 흰색 · 폐와 대장
水	응축→←	겨울 · 밤 · 북쪽 · 짠맛 · 검정색 · 신장과 방광

분출↑·확산↔·전환↘·수렴↓·응축→←이라는 다섯 단계로 정리하**여 나타낸 것**에 불과하다. 목은 사물이 나무처럼 솟아오르며 분출되어 나오는 것을, 화는 불처럼 확산되며 퍼져 나가는 것을, 토는 분출·

확산하는 것을 수렴·응축할 수 있도록 중계하여 전환시키는 것을, 금은 열매처럼 영양을 거둬들여 수렴하는 것을, 수는 물처럼 스며들며 응축하는 것을 말한다. 음과 양으로 나누면, 곧 분출하고 확산하는 목과 화는 양이고, 수렴하고 응축하는 금과 수는 음이다.

이것을 태양의 영향인 질質의 흐름으로 설명하면, 하루의 생장과 소멸은 아침·점심·저녁·밤으로, 1년의 생장과 소멸은 봄·여름·가을·겨울로, 곧 목·화·금·수로 진행된다.

오행으로 방향을 표시하면 목은 동쪽, 화는 남쪽, 토는 중앙, 금은 서쪽, 수는 북쪽이고, 맛으로 나타내면 목은 신맛, 화는 쓴맛, 토는 단맛, 금은 매운맛, 수는 짠맛이며, 색으로 드러내면 목은 푸른색, 화는 붉은색, 토는 누런색, 금은 흰색, 수는 검정색이고, 인체로 말하면 목은 간과 담, 화는 심장과 혈관, 토는 비장과 위장, 금은 폐와 대장, 수는 신장과 방광이다.

음양오행에 대한 기초 공부는 각 오행이 자신을 낳아 주는 오행에서 힘을 받기 시작하여 자신의 오행에서 가장 강하고, 자신이 낳아 주는 오행에서 쇠약해지며 반대되는 오행에서 가장 약해지는 것을 이해하는 것이다.

목木의 분출↑은 수水라는 압축→의 힘을 바탕으로 솟아올라 번성하다가 서서히 힘이 빠지면서 화火의 확산↔을 이루었다가 반대 방향으로 떨어지면서 자신의 생명을 다하니, 그곳이 바로 금金의 수렴↓이다. 곧 봄木은 겨울水에서부터 자라나기 시작하여 자신의 계절에서 가장 왕성하게 활동하고 여름火이 오면 시들기 시작하여 가을金에서는 완전히 사라진다.

  마찬가지로 겨울이라는 수水는 가을이라는 금金의 수렴↓을 바탕
으로 압축되어 겨울에 가장 강력하게 응축→←하다가 봄이라는 목木
의 분출↑을 맞아 힘이 빠지기 시작하여 여름이라는 화火의 확산↔에
모두 없어진다.

  여름이라는 화火는 봄이라는 목木의 분출↑을 바탕으로 무성하게
확산되었다가 밑으로 떨어지는 가을이라는 금金의 수렴↓에 힘을 빼
앗기면서 겨울이라는 수水의 응축→←에 그 힘이 모두 사라진다.

  가을이라는 금金은 여름이라는 화火의 확산↔으로 아름답게 펼쳐
져 있던 것들이 시들어 수축되면서 절정의 힘을 과시하다가 겨울이
라는 수水의 응축→←으로 약화되면서 봄이라는 목木의 분출↑에는 더
이상 견디지 못하고 힘을 다하게 된다.

오행의 응용

음양오행의 특성을 사람에게 그대로 적용할 수 있으니, 다음처럼 응용해 보길 바란다.

1. 양의 특성 곧 목·화의 특성이 강한 사람이라면 시끄럽게 이야기할까, 아니면 조용하고 차분하게 이야기할까?
목·화가 강한 사람은 분출·확산하는 특성 때문에 시끄럽게 이야기하고, 금·수가 강한 사람은 수렴·응축하는 특성 때문에 조용히 이야기한다.

2. 목·화의 특성이 강한 사람에게 비밀을 이야기하고 그것을 누구에게도 말하지 말고 지키라고 하면 그렇게 할 수 있을까?
목·화의 분출·확산하는 특성 때문에 비밀을 가슴에 담아 놓을 수 없다. 반면 금·수의 특성이 강한 사람이라면 수렴·응축하는 특성 때문에 가슴에 담아 놓고 남에게 거의 이야기하지 않는다.

3. 목·화가 약한 사람은 어느 방향으로 이사를 해야 하고, 어떤 맛의 음식을 먹어야 하며, 무슨 빛깔의 옷을 입어야 할까?
목·화의 기운을 보충해 주기 위해 동쪽이나 남쪽 또는 그 사이로 이사를 가야 하고, 신맛이나 쓴맛의 음식을 먹어야 하며, 푸른색이나 붉은색의 옷을 입어야 한다.

4. 비위가 강한 사람은 어떤 오행이 강하고 어떤 오행이 약할까?
비위가 속하는 토의 기운이 강하다. 또한 토의 극을 받는 수가 약하기 때문에 수에 해당하는 신장과 방광이 약하다.

5. 간이 나쁜 사람은 화려하고 사람들이 붐비는 곳에 사는 것이 좋을까 조용한 시골에 사는 것이 좋을까?
조용한 시골과 산속은 수와 목을 상징하고, 화려한 도시는 화를 상징하니, 목의 기운을 돕는 시골이나 산속으로 이사를 해야 한다. 도시에 살면 화가 목의 기운을 약하게 하여 간이 점점 더 나빠지게 된다.

다섯 단계의 흐름은 서로 낳고 억누른다

명리학은 음양오행의 상생相生과 상극相剋 관계를 해석하는 것에 불과하기 때문에 오행의 상생과 상극을 제대로 이해해야 한다. **상생은 목·화·토·금·수의 오행이 서로 생해 주며 돌아가는 것이고, 상극은 목·토·수·화·금의 오행이 서로 억누르며 돌아가는 것이다.**

구체적으로 말하자면, 서로 생해 주는 오행의 상생은 **목에서 화가 나오고**木生火 **화에서 토가 나오며**火生土, **토에서 금이 나오고**土生金 **금에서 수가 나오며**金生水 **수에서 다시 목이 나오면서**水生木 계속 이어지는 것이다. 반면 오행의 상극은 **목이 토를 억누르고**木剋土 **토가 수를 억누르며**土剋水 **수가 화를 억누르고**水剋火 **화가 금을 억누르며**火剋金 **금이 목을 억누르고**金剋木 **목이 다시 토를 억누르면서**木剋土 계속 이어지는 것이다.

따라서 오행의 상생과 상극을 간단히 정리하면, 상생은 목·화·토·금·수가 나오면서 서로 이어지는 것이고, 상극은 목·토·수·화·금이 억누르면서 서로 이어지는 것이다.

상생과 상극이 머리에 잘 그려지지 않으면, 일단 다음처럼 쉽게 생각해도 된다. 수생목은 봄비가 온 다음에 새싹이 돋아 무럭무럭 자라는 것으로, 목생화는 나무에 불을 붙이면 불길이 활활 타오르는 것으로, 화생토는 불이 꺼진 다음에 재가 남아 흙이 되는 것으로, 토생금은 흙이 단단하게 굳어 쇠가 되는 것으로, 금생수는 비가 땅으로 스며들다가 단단한 암반층을 만나 더 이상 스며들지 못하고 지하수가 되어 솟아오르는 것으로 보면 된다.

또한 상극에서 보면 수극화는 물을 뿌리면 불이 꺼지는 것으로, 화극금은 천하무적처럼 단단한 쇳덩이도 용광로에 넣으면 녹아 버리는 것으로, 금극목은 나무를 도끼나 톱으로 찍고 자르는 것으로, 목극토는 나무가 땅에 뿌리를 내려 갈라지게 하는 것으로, 토극수는 제방을 쌓아 물을 막는 것으로 보면 된다.

각 오행은 자라나기 위해 그 맞은편에 대치하고 있는 오행을 억누르며 자라나 계속 이어지니, 오행의 상생과 상극은 서로 함께 진행된다.

여기서 중요한 점은 사물의 생장과 소멸을 목·화·토·금·수라는 다섯 단계로 나눈 이유다. 일정하게 주기적으로 생장·소멸하는 것을 다섯 단계로 나눌 경우, 다음의 그림에서처럼 상생과 상극이 일정하게 관계 맺어 무한히 순환하게 된다.[1]

사물의 생장과 소멸을 다섯 단계로 나누면, 상생과 상극이 무한

1) 김상일, 「음양오행론과 러셀의 역설」, 『과학사상』 28호, 1999년, 201~207쪽.

히 순환한다. 그러니 오행의 상생과 상극으로 하나의 기호를 통해 바로 다른 기호의 흐름을 알 수 있어야 한다. 곧 봄이나 아침을 상징하는 목의 기호로 상생 관계에 있는 수와 화의 흐름은 물론 상극 관계에 있는 토와 금의 흐름을 알 수 있어야 한다.

목을 기준으로 보면 목을 낳아 주는 수의 흐름은 쇠약해지고, 목이

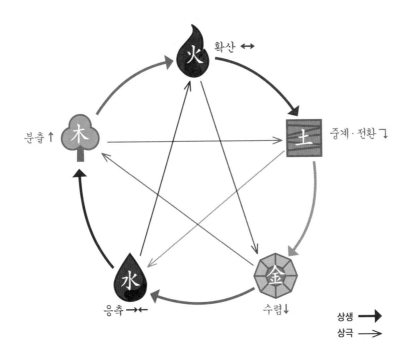

상생: 동그라미를 이루는 화살표처럼 시계 방향으로 목은 화를, 화는 토를, 토는 금을, 금은 수를, 수는 목을 낳으며 끝없이 돌고 도는 것이 오행의 상생이다.

상극: 동그라미 안에 있는 별 모양의 화살표처럼 목은 토를, 토는 수를, 수는 화를, 하는 금을, 금은 목을 억누르며 끝없이 순환하는 것이 오행의 상극이다.

낳아 주는 화의 흐름은 강해지며, 목이 극하는 토의 흐름은 억눌리고, 목을 극하는 금의 흐름은 사라지는 것을 바로 파악할 수 있다. 다시 말해 사물의 생장·소멸을 다섯 단계, 곧 오행으로 파악할 경우 상생 상극을 통해 일정하게 무한히 순환하는 오행의 생장·소멸을 간단하게 파악할 수 있다는 말이다.

사주를 능숙하게 보기 위해서는 하나의 오행이 어떤 오행을 낳고 어떤 오행을 억누르며 이어지는지 생각하지 않고도 바로 알 수 있어야 한다. 명리학을 배우다가 중도에 포기하는 것은 이러한 연습을 충분히 하지 않았기 때문이다.

이것을 능숙하게 익혀 오행을 모두 연관시켜 상생과 상극을 동시에 따질 수 있어야 한다. 목을 중심으로 보면, 목은 수가 낳아 주고 화를 낳으며 금이 억누르고 토를 억누르는 것이다. 화를 중심으로 보면, 화는 목이 낳아 주고 토를 낳으며 수가 억누르고 금을 억누르는 것이다. 토를 중심으로 보면, 토는 화가 낳아 주고 금을 낳으며 목이 억누르고 수를 억누르는 것이다. 금을 중심을 보면, 금은 토가 낳아 주고 수를 낳으며 화가 억누르고 목을 억누르는 것이다. 수를 중심으로 보면, 수는 금이 낳아 주고 목을 낳으며 토가 억누르고 화를 억누르는 것이다. 머릿속으로 몇 번 연습하는 정도로는 부족해 중도에 포기하기 쉬우니 능숙해질 때까지 익혀야 한다.

무엇보다 먼저 오행의 상생·상극 관계를 철저히 알아야 명리학을 이해하는 첫 번째 단계로 들어갈 수 있다. 책 읽는 속도를 며칠 늦추더라도 이것을 충분히 연습하기 바란다. 목을 낳아 주는 것은 무엇이고, 목이 낳는 것은 무엇이며, 목을 억누르는 것은 무엇이고, 목이 억누르는 것은 무엇인지, 또 이어서 화·토·금·수 하나하나에 모두 적용해서 저절로 답이 나올 때까지 연습하길 바란다. 이와 같은 오행에 음양의 관계까지 넣으면, 그것이 바로 사주의 인자를 각기 직업·배우자·자식·명예·부모·형제 등으로 환원해서 해석하는 육친론이다.

대학에서 학생들을 지도하는 분들마저 명리를 배우면서 결국 넘어서지 못하는 첫 번째 장벽이 육친론인데, 어려워서가 아니라 단지 음양오행의 상생·상극 관계를 철저히 연습하지 않았기 때문이다. 처음 진도를 나갈 때는 별것 아니지만 앞으로 사주를 직접 설명할 때 상생상극이 저절로 머리에 떠오르지 않으면, 이것을 따지는 데 정신이 팔려 다른 설명을 따라올 수 없게 된다. 명리를 배워 자신과 친지들의 운명을 따져 볼 정도의 능력을 키우려면 이것을 반드시 능숙해질 때까지 철저히 익히기 바란다. 필자의 당부대로 모든 것을 실천하면 명리에 대한 안목이 생기지 않을 수가 없다. 중요하기 때문에 거듭 강조하고 부탁하는 것이니 절대 무시하지 않기를 바란다.

하늘의 기운은 열 단계로 생장·소멸한다

⊠

태어난 연·월·일·시를 60갑자로 바꾸어 그 간지를 오른쪽에서부터 차례대로 적은 것이 바로 사주팔자四柱八字다. 여기에 들어가는 10천간天干과 12지지地支는 이어서 뒤에 설명할 것인데, 이는 하늘의 기운과 땅의 형질이 차례로 생장하고 소멸하는 것을 음양오행의 부호로 치환하여 표시한 것이다. **10천간은 하늘의 기운이 변하는 것을 음양과 오행으로 세분하여 10가지로 나눈 것이며, 12지지는 땅의 형질이 변하는 것을 음양과 오행으로 세분하여 12가지로 나눈 것이다.**

오행五行은 어떤 것이 생장하고 소멸하는 흐름行을 다섯 단계로 나눈 것이라 이해할 수 있다. 그러니 오행은 다섯 가지 원소가 아니라 어떤 것이 '목·화·토·금·수'라는 순서에 따라 연속적으로 이어지며 변화하는 다섯 가지의 흐름을 말한다. 각 오행이 자라나기 위해서는 그 맞은편에 대치하고 있는 오행을 계속해서 억누르며 이어지니, 명리학은 음양오행의 상생과 상극을 알고 그것을 사주에 적용하여 해석하는 것에 지나지 않는다.

천간은 하늘의 기운氣이 생장하고 소멸하는 흐름을 다섯 가지로 분류한 것이고, 지지는 땅의 형질質이 생장하고 소멸하는 흐름을 다섯 가지로 분류한 것이다. 지지의 변화, 곧 형질의 변화에 대해서는 4강에서 설명하겠다.

기운이 생장하고 소멸하는 흐름을 다섯 가지로 분류한 10천간은 각 오행을 다시 양과 음으로 세분한 것이다. 목을 양목陽木과 음목陰木으로, 화를 양화陽火와 음화陰火로, 토를 양토陽土와 음토陰土로, 금을 양금陽金과 음금陰金으로, 수를 양수陽水와 음수陰水로 나눈 것인데, 줄여서 10간이라고도 한다.

기운이라 하면 어렵게 느껴질 수 있으나, 우주가 처음 생성될 때 하늘에 기운이 회오리치면서 목·화·토·금·수로 나누어져 운행되고 있으니, 이것이 바로 10천간이다. 앞에서 설명했던 분수를 생각하면 된다. 어렵게 생각할 것 없이 하늘의 기운이 생장하고 소멸하는 것을 순서대로 오행으로 나누고, 이것을 각기 다시 양과 음으로 이분하여 그 영역을 정했다고 보면 된다.

솟아오르며 분출하는 힘인 목木을 양분할 경우, 응축되었던 힘이 아주 세차게 직선으로 분출하는 것을 양목이라 하여 갑목甲木이라 이름 붙이고, 그 힘이 다소 누그러져 부드럽게 옆으로 휘는 것에 대해 음목이라 하여 을목乙木이라고 이름 붙인다. 을목이 사방팔방으로 흩어져 더 퍼져 나가 확산의 기운이 될 때 그것을 화火라고 하는데, 흩어지는 힘이 강한 처음 앞부분을 양화인 병화丙火라고 이름 붙이고,

화의 흩어지는 힘이 다소 감소한 후반부를 음화로 보아 정화丁火라고 이름 붙인다.

토土는 앞에서 설명했듯이 분출·확산되는 힘을 중계하여 수렴·응축하게 하도록 전환시키는 힘이다. 이것 역시 두 단계로 나누면 앞부분을 양토라 하여 무토戊土라 이름 붙이고 뒷부분을 음토로 보아 기토己土라 이름 붙인다. 나머지도 동일하니, 금金의 앞부분을 경금庚金이라 하는데 곧 양금이며 뒷부분을 음금이라 하여 신금辛金이라고 이름 붙이고, 수水의 앞부분을 양수인 임수壬水라 이름 붙이고 뒷부분을 음수인 계수癸水라 이름 붙인다. 단순한 것이지만 이것들의 상생과 상극 관계 역시 생각하지 않고 저절로 머리에 떠올라야 사주를 한눈에 볼 수 있게 되니, 반복해서 충분히 연습하길 바란다.

이상의 설명에서 독자들이 음과 양의 구분에 대해 당황할 수 있다. 앞에서는 목의 분출과 화의 확산을 양으로 금의 수렴과 수의 응축을 음으로 분류해 놓고 여기에서 각 오행마다 다시 음과 양을 나누고 있기 때문이다. 목의 분출과 화의 확산 및 토의 앞부분을 양으로, 토의 뒷부분과 금의 수렴 및 수의 응축을 음으로 나눈 것은 음양을 크게 나눈 것으로 보고, 각 오행마다 음양을 다시 나눈 것은 거기서 다시 세분한 것으로 보면 된다. 곧 **분출과 확산을 양으로 수렴과 응축을 음으로 크게 나눈 것을 대음양**大陰陽이라고 하고, **각 오행마다 작게 나눈 것을 소음양**小陰陽이라고 한다. 이때 소음양은 각 오행에서 운동성의 강약에 따라 다시 음과 양으로 세분한 것이다.

대음양	양					음				
소음양	양	음	양	음	양	음	양	음	양	음
오행	목		화		토		금		수	
계절	봄		여름		늦여름		가을		겨울	
천간	갑	을	병	정	무	기	경	신	임	계

10천간의 음양 구분표

하늘에 퍼져 있는 기운인 10천간을 위의 표처럼 분류할 수 있다. 여기서 하늘의 기운은 계절처럼 우리가 피부로 느낄 수 있는 변화가 아니다. 우리가 직접 체험할 수 있는 계절은 태양이 지구에 내리쬐어 형질을 변하게 하는 햇빛의 힘이며 이것은 지지에 관련된 것이다.

이와 같은 설명이 다소 이해하기 힘들지라도 일단 그렇게 알고 넘어가길 바란다. 4강의 지지와 5강의 60갑자에 대한 설명을 모두 읽어야 전체적인 틀이 잡히며 납득할 수 있기 때문이다. 다만 간략히 설명하면, 천간은 하늘의 기운이 흘러가면서 차례로 변하는 것을, 지지는 땅의 형질이 태양빛과 관계해서 차례로 변하는 것을 오행으로 표시한 것이다. 기운의 변화는 이상의 설명과 같지만 형질의 변화는 다소 다르다.

천간의 의미를 곱씹어 보자. 빅뱅으로 우주가 생성될 때, 폭발하는 힘의 소용돌이에 따라 다양한 물질들이 각 영역에서 별자리를 형성하였다. 지구가 태양을 돌면서 어떤 영역을 지날 때마다 그곳의 기운을 차례차례 그대로 받을 수밖에 없으니, 그것이 바로 갑甲·을乙·병丙·정丁·무戊·기己·경庚·신辛·임壬·계癸다. 이런 기운의 변화는 지구의 1년 변화인 공전에서뿐만 아니라 하루의 변화인 자전에서도 동일하게 일어난다.

모든 사물은 생장하고 소멸하니, 시간의 흐름에 따라 변하는 하늘의 기운을 음양오행으로 나눠 10천간이라는 일정한 단위의 부호로 표시할 수 있다. 오행은 사물이 주기적으로 이어지며 생장하고 소멸하는 흐름을 다섯 단계로 나누어 상징적인 기호를 붙인 것이기 때문이다. 이와 같이 음양오행론은 학문적으로 치밀하게 설명할 수 있도록 일정한 논리적 틀을 갖추고 있다.

위에서 지구의 자전·공전과 별자리에 대해 언급했지만 사실 음양오행은 형이상학적인 이론이다. 때문에 일정하게 생장·소멸하는 모든 것에 적용할 수 있는 하나의 이론, 곧 **시간의 기호로 공간의 운동을 상징적으로 나타내기 위한 방법**이라고 볼 수 있다. 그러니 주기적으로 반복·순환하며 일정하게 흐르는 우주의 공간도 다섯 단계로 그 흐름을 나눠 각 영역을 오행으로 표시했다는 말이다. 다시 말해 10천간은 우주의 각 영역의 별자리에 원초적으로 그런 기운이 있다는 것이 아니라 오행론이라는 형이상학적인 이론에 따라 추상적으로 분류한 것에 불과하다는 것이다.

그러니 하늘의 별자리들이 우연히 그 자리에 떠 있을지라도 일정한 기운의 흐름에 따라 그렇게 배치되었기 때문에 오행에 따라 그 에너지 장을 형성하고 있다고 말할 수 있다. 음양오행론을 공부해 보면 이와 같은 비밀에 매료될 수밖에 없다. **시간과 공간을 하나의 기호로 묶어서 오행으로 볼 때, 우주 폭발 당시 회오리치며 분출·확산하고 또 중계·전환을 통하여 수렴·응축된 기운이 그 힘의 크기에 따라 어떤 영역에 머물면서 순서대로 시간의 좌표로 공간을 차지한 것**이기 때문이다. 곧 10천간은 폭발되어 나간 기운이 힘의 크기에 따라 '갑·을·병·정·무·기·경·신·임·계'라는 시간의 좌표를 가지면서 일정한 공간을 차지한 것이다.

시간은 공간의 흐름이고
공간은 시간의 내용이다.

이 말은 '들어가며'에서 잠깐 언급했던 것이다. 오행은 시간의 흐름 속에서 공간을 차지한 것들에 대해 그 시간의 부호를 붙인 것이다. 이 것은 하늘의 기운이나 땅의 형질에 있어 모두 동일하다. 사물이 생장 하고 소멸하는 일정한 흐름은 다른 시간의 흐름과 조화를 이루거나 충돌하니, 이와 같은 오행의 상태를 연구하여 응용하는 것이 명리학 이다. 곧 명리학은 음양오행론을 정확히 이해하면 저절로 알게 되는 논리적이고 형이상학적인 과학이라 할 수 있다. 그러니 그것을 미신 으로 여길 필요가 없을 뿐만 아니라 하나님을 믿는다고 거부할 필요 도 없다.

필자는 이와 같은 논리를 찾아 정리하는 데 10년 이상의 세월을 보 냈다. 시중에 나와 있는 책을 보고 명리를 아는 분을 찾아 질문해도 이처럼 명료하게 설명해 주는 이가 없어 그것을 탐구하는 데 그렇게 고생을 해야 했다. 누가 이와 같은 설명을 10분 정도만 해 주었더라도 바로 알아들었을 것이다. 이것이 필자가 항상 사람들에게 자신 있게 "누구나 몇 시간만 강의를 들어도 명리학을 알 수 있다."고 하는 이유다. 지금까지의 설명은 명리학의 기본이고 나머지는 이것의 응용에 불과하니, 이상의 설명을 되씹고 되씹어 이해하길 바란다.

땅의 형질은 열두 단계로 생장·소멸한다

※

12지지의 음양과 오행

기의 흐름인 **천간은** 글자 그대로 **하늘 곧 정신과 관계된 일이며,** **질의 흐름인 지지는 땅 곧 육체와 관계된 일**이라고 보면 된다. 기의 흐름은 지구의 자전·공전 등과 관련하여 별자리의 기운이 생명체의 정신에 영향을 미치는 것이고, 질의 흐름은 태양의 기운이 지구에 닿아 생명체의 몸에 영향을 미치는 것이다.

그러므로 천간은 빅뱅 이후 우주에 배치된 에너지가 우리의 정신에 영향을 미치는 것을 기호로 표시한 것에 비해, 지지는 태양빛이 지구의 형질에 직접 영향을 미침으로 우리의 삶을 구체적으로 좌지우지하는 것을 기호로 표시한 것이라고 할 수 있다. 태양빛에 따라 하루의 시간과 1년의 사계절이 정해지니, 그것에 따라 의식주는 물론 모든 생활여건이 달라진다. 천간과 지지의 이와 같은 차이에 대해서는 뒤에 사주를 해석할 때, 더욱 자세히 설명하겠다.

12지지는 자子·축丑·인寅·묘卯·진辰·사巳·오午·미未·신申·유酉·

술戌·해亥로 이루어져 있다. 천간이 10개이고 지지가 12개인 이유는 기와 질의 차이, 곧 기는 하늘의 기운이고 질은 땅의 형질이기 때문이다. 기의 흐름은 변화가 쉬워 목·화라는 양의 운동에서 금·수라는 음의 운동으로 대음양이 전환될 때만 중간에서 토의 중계·전환이 필요하고, 질의 흐름은 변화가 어려워 목·화·금·수 각 단계마다 중계·전환이 필요하다. 곧 기와 질이라는 차이 때문에 토의 개입이 달라진다고 보면 된다.

대음양으로 볼 때, 하늘의 기운인 천간은 분출과 확산이라는 양陽의 운동에서 수렴과 응축이라는 음陰의 운동으로 방향을 바꾸기 위

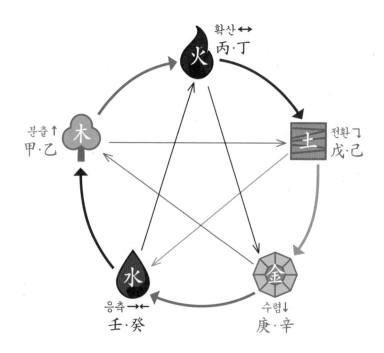

해 그 중간에 무戊와 기己라는 토土의 중계와 전환을 한 번만 거치면 된다. 조금 더 자세히 설명하면 하늘의 기운은 그 흐름이 가볍고 맑아 목·화의 양에서 금·수의 음으로 넘어갈 때 한 번만 개입하면 되기 때문에 갑甲·을乙이라는 목과 병丙·정丁이라는 화를 경庚·신辛이라는 금과 임壬·계癸라는 수로 이어주기 위해 그 중간에 무戊·기己라는 토가 한꺼번에 중계·전환하면 된다.

반면 지지의 형질은 기운보다 무겁고 탁해 변화가 힘들기 때문에 쉽게 방향을 바꾸지 못하니, 토 이외의 각 단위마다 끝에서 한 번씩 중계해서 방향을 전환시켜 주어야 한다. 기운은 가볍고 맑아 변화가 쉬울 뿐만 아니라 방향 전환도 쉬운 반면에 형질은 무겁고 탁해 변화가 어려워 다른 흐름으로 변할 때마다 중간에서 매번 중계해서 전환시켜 주어야 한다는 말이다.

그리하여 질의 변화는 목·화·금·수의 각 단계마다 토가 개입하여 중계·전환시킨다. 목에서는 인寅·묘卯 다음에 진辰이, 화에서는 사巳·오午 다음에 미未가, 금에서는 신申·유酉 다음에 술戌이, 수에서는 해亥·자子 다음에 축丑이 각 단계마다 개입해서 중계·전환해야 한다.

추운 겨울날 온풍기를 켜면 방 안의 공기는 바로 따뜻하게 변한다. 그렇지만 벽의 냉기는 한참의 시간이 지나서야 비로소 미지근하게 변한다고 설명하면 이해할 수 있을 것이다. 여기서 공기가 기, 벽이 질이라고 보면 된다. 그래서 해亥·자子라는 수水의 운동은 축丑이라는 토土의 중계를 거쳐 인寅·묘卯라는 목木의 운동으로 전환되고, 목木은 진辰이라는 토土의 중계를 거쳐 사巳·오午라는 화火의 운동으로 전환되며, 화火는 미未라는 토土의 중계를 거쳐 신申·유酉라는 금金의 운동으로 전환되고, 금金은 술戌이라는 토土의 중계를 거쳐 해亥·자子라는 수水의 운동으로 전환되어 끝없이 반복 순환한다. 아래의 12지지 그림에서 토의 중계·전환이 천간과 달라 그 운동에 차이가 생긴 것을 볼 수 있다.

현실적으로는 이런 차이가 있다. 기의 흐름인 천간의 변화는 별자

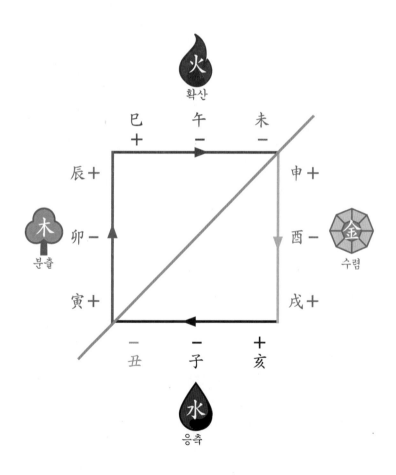

리의 기운이기 때문에 그 흐름을 피부로 느끼기는 어렵다. 그런데 질의 흐름인 지지의 변화는 태양이 지구에 미치는 영향이기 때문에 사계절과 하루의 변화를 12개의 단위로 나누어 12지지로 나타낸 것이니, 언제나 일정하게 몸으로 직접 체감할 수 있는 것이다.

필자의 이와 같은 설명은 독단적인 상상이 아니라 선현들의 설명을 참고로 하여 쉽게 풀이한 것이다. 이상과 같은 논리적인 틀을 먼저 알고 있어야 『주역』이나 『태극도설』 같은 책에서 선현들이 언급한 내용을 이해할 수 있다. 필자가 동양철학으로 박사학위를 받았음에도 불구하고 음양오행에 대한 기본 소양이 없어 많은 세월을 허비했다. 참으로 부끄러운 고백이지만 왜 천간이 10개이고 지지가 12개인지 알기 위해서 밤낮으로 고민하며 꼬박 3년 이상의 세월을 보냈다. 이것이 이해되고 나서야 나머지 것들은 크게 힘들지 않고 조금만 생각해도 바로 알 수 있었다.

선현들의 책에 "오행이란 질質이 땅에 구비되고 기氣가 하늘에 유행하는 것이다.[2]"라는 말이 있다. 필자가 이전에 『태극도설』과 같은 책에서 전공과 관계가 없어 무심히 지나쳤던 구절들인데, 음양오행에 관심을 갖고서야 비로소 이해가 되었다. 다행히 2012년부터 국가사업의 하나인 『주역전의대전』의 소주疏註는 물론 조선조 학자들의 『주역』 주석에 관한 번역에 참여했고, 또 2015년부터는 『주역절중』의 번

---

2) 『태극해의太極解義·태극도설해太極圖說解』에 나오는 "然五行者, 質具於地, 而氣行於天者也."라는 구절을 인용하여 해석한 것이다. 중국 송나라의 성리학자 주돈이는 『태극도설』을 지어 인성론을 포함하여 우주생성론을 그림으로 나타내면서 체계적으로 설명했다. 주희가 여기에다가 자신의 창조적 해석을 덧붙여 다시 자세히 설명했으니, 그것이 바로 『태극해의』다.

역에 참여하면서 음양오행과 관련된 선현들의 많은 글을 볼 수 있었고, 필자의 생각이 틀리지 않았다는 확신을 갖게 되었다. 그러니 필자의 음양오행에 대한 설명은 독단적인 것이 아니라 선현들의 이론을 현대인이 알기 쉽게 풀이한 것에 지나지 않는다.

다시 본론으로 돌아가 지지의 음양오행에 대해 설명하면 12지지는 태양빛이 지구의 사물 곧 형질에 미치는 힘을 단계별로 나눈 것이다. 1년 동안 태양을 중심으로 도는 지구의 공전에서 음양오행에 따라 각 영역의 지지를 정하면 이것이 12달을 나타낸다. 지구의 공전 주기가 365일 하고 4분의 1일쯤 되니, 이것을 크게 12로 나눠 각 달에 배치하면 30일이 조금 넘는다.

작게 지구의 자전으로 지지의 각 영역을 정하면 이것은 하루의 12시진[3]을 나타내는 것이다. 지구의 자전 주기는 24시간이니 이것을 12로 나누면 2시간이다. 12시진이 쌓이면 그것을 다시 하나의 간지 단위로 헤아려 나가는 것이 하루와 하루의 흐름이고, 마찬가지로 12달이 쌓이면 그것을 다시 하나의 간지 단위로 헤아려 나가는 것이 연과 연의 흐름이다.

1년 12달과 하루 12시진뿐만 아니라 매분 매초의 시간을 포함하여 모든 시간의 흐름이 그렇다. 1년을 12달로 나눈 것은 지구의 태양 공전을 음양오행으로 나눈 것이고, 하루를 12시진으로 나눈 것은 지구의 자전을 음양오행으로 나눈 것이다. 사주를 볼 때는 음력과 양력 모

---

3) 1시진은 현재 우리의 시간 개념에서는 두 시간에 해당한다. 옛 사람들은 12지지로 하루 24시간을 계산했기 때문이다.

두 만세력을 통해 생일을 간지력으로 치환하니, 그것은 태어난 때의 음양오행을 표시하여 그것들의 생장·소멸을 보고 그 사람의 운명을 알기 위함이다. 곧 그 사람의 시간과 공간의 좌표를 음양오행으로 표시한 것이 간지력이라는 말이다.

12지지에도 음양이 있다. 12지지도 천간과 마찬가지로 자子에서부터 해亥까지 양·음·양·음으로 계속 반복할 수도 있었을 것이다. 그런데 지지는 천간과 달리 변화가 쉽지 않아 오행의 흐름에서 각 단계마다 토의 개입이 필요하고 그 때문에 순서가 엉켜 음양이 거꾸로 되는 경우가 발생한다.

천간의 경우에는 목·화·토·금·수의 오행이 두 개씩 있어 양·음·양·음으로 번갈아 가며 보아도 보면 된다. 그러니 각 오행의 시작인 갑甲·병丙·무戊·경庚·임壬이 양이고, 그 뒤의 을乙·정丁·기己·신辛·계癸는 음이다. 반면 지지는 그럴 경우에 목·화·금·수의 각 계절이 시작하는 역동적인 시점을 양으로 볼 수 없게 되니, 아래 표에서처럼 자子·오午가 양이 되어 버리고 해亥·사巳가 음이 되어 버린다. 곧 수水에서 해亥와 자子가, 화火에서 사巳와 오午의 음양이 뒤바뀌는 것이다.

자	축	인	묘	진	사	오	미	신	유	술	해
+	−	+	−	+	−	+	−	+	−	+	−

양·음·양·음 순서로 음양을 잘못 표시할 경우

그러나 계절의 시작은 밀어붙이며 나아가는 힘을 가지기 때문에 절대로 음이 될 수 없다. 지지에서 그것들의 음양을 다시 바로 잡으려면, 아래의 표처럼 계절의 시작은 모두 양으로, 계절의 중앙은 모두 음으로 봐야 한다. 계절의 끝마다 있는 토의 음양은 원래 그대로 사용하면 된다. 곧 진辰·술戌·축丑·미未에서 진辰·술戌은 양이며 축丑·미未는 음이다.

12지지를 사계절로 나눠 해亥·자子·축丑을 겨울로 보고, 인寅·묘卯·진辰을 봄으로 보며, 사巳·오午·미未를 여름으로 보고, 신申·유酉·술戌을 가을로 분류한다. 그러면 각 계절의 시작인 해亥·인寅·사巳·신申은 새로운 계절이 시작하는 역동적인 양의 움직임으로, 계절의 중앙인 자子·묘卯·오午·유酉는 무르익어 자신의 계절에서 움직이지 않는 음으로 봐야 한다는 것이다.

겨울水			봄木			여름火			가을金		
+	−	−	+	−	+	+	−	−	+	−	+
해	자	축	인	묘	진	사	오	미	신	유	술

계절의 시작을 양으로 중앙을 음으로 표시할 경우

위의 표처럼 음과 양을 바로 확인할 수 있게 표를 만들어 놓고 다시 살펴보자. '해·자·축'이 겨울을, '인·묘·진'이 봄을, '사·오·미'가 여름을, '신·유·술'이 가을을 상징한다는 것을 알고, 각 계절의 시작을 양으로, 계절의 중심을 음으로 봐야 함을 염두에 두면 된다. 천간처럼 차례대로 이어지지 않는 것에 의문이 생길 수 있겠으나 여기에는 대음양에서 음양 운동의 진행 정도와 관련이 있다.

정리하자면, 자子부터 해亥까지 지지의 음양을 천간처럼 차례로 양·음·양·음으로 하면 역동적인 사巳와 해亥가 음으로, 무르익어 굼뜬 자子와 오午가 양으로 표시되는 문제가 발생하기 때문에 계절의 시작과 계절의 중앙으로 양과 음을 나누어야 한다. 후에 8강의 삼합三合과 10강의 지장간地藏干까지 배우면 해亥·인寅·사巳·신申이 양의 역동성 때문에 자신의 계절에 머물지 못하고 다음 계절까지 달려가는 것을 확인할 수 있을 것이다.

각 계절의 마지막인 토土에서 진辰과 술戌이 양으로 축丑과 미未가 음으로 표시되는 이유는 진토와 술토 다음에 양의 궁극인 화火와 음의 궁극인 수水의 계절이 오고, 축토와 미토 다음에 양과 음의 중간인 목木과 금金의 계절이 오기 때문이다. 곧, 무더운 여름과 차가운 겨울은 양과 음의 궁극이기 때문에 진토·술토와 같이 굳센 양토陽土가 중계·전환하고, 봄과 가을은 따뜻하고 시원하니 미토·축토와 같이 유순한 음토陰土가 중계·전환한다. 굳센 진토가 인·묘·진의 봄을 양의 궁극인 사·오·미의 여름으로, 굳센 술토가 신·유·술의 가을을 음의 궁극인 해·자·축의 겨울로 중계·전환시킨다는 말이다. 축토와 미토는 겨울을 봄으로, 여름을 가을로 중계하여 전환시키는 것으로 보면 된다.

다른 무엇보다 우선 먼저 해자축·인묘진·사오미·신유술이 겨울·

봄·여름·가을로 나눠짐을 외워야 한다. 그다음에 위에서 설명했듯이 계절의 시작을 양으로 보고 계절의 중앙을 음으로 보며, 토에서 진토와 술토를 양으로 보고 축토와 미토를 음으로 보면 된다.

천간과 마찬가지로 지지의 인자 하나하나도 반드시 음양까지 알아야 하니 머리에서 저절로 떠오를 수 있도록 철저히 연습해 두어야 한다. 태어난 날의 천간인 일간日干이 양토陽土인 무토戊土인데 지지에 양목陽木인 인목寅木이 있을 경우, 인목이 무토를 극하는 동시에 양목이 양토를 극했다는 사실을 바로 계산하지 않고 알 수 있어야 앞으로 배울 명리의 꽃인 육친론이 쉬워진다.

다시 강조하지만 천간의 음양은 물론 지지의 음양에 대해서도 확실하게 알고 있어야 뒤에 사주를 문제없이 볼 수 있다. 명리학은 음양오행의 상생·상극이 그 바탕이기 때문에 이것을 바로 구분하지 못하면 사주를 볼 수가 없다. 6강에서 육친을 자세히 다루겠지만, 이를테면 양토인 무토戊土를 기준으로 극하는 수水에 대해 음과 양에 따라 다시 편재偏財와 정재正財로 구분하기 때문이다. 무토를 기준으로 보면, 양수陽水인 임수壬水나 해수亥水를 편재라고 하고, 음수陰水인 계수癸水나 자수子水를 정재라고 한다. 음과 양은 물론 상생과 상극의 관계까지 보는 즉시 머리에 떠오르지 않으면 그것을 따지느라 정작 중요한 그 이상의 다른 부분을 볼 수 없게 되니, 지금부터 열심히 연습해 두자.

뒤의 60쪽에서 10천간과 12지지의 글자에 대해 쓰는 순서까지 알려 주는 이유는 사주를 작성할 때 반드시 필요하기 때문이다. 명리학과 관계된 용어들은 눈으로 보고 읽을 수 있으면 그만이다. 그러나 한자에 관심이 없었던 분들은 여기의 몇 글자마저도 엄두가 나지 않을 수 있는데, 1~2시간씩 며칠만 연습하기 바란다. 이미 한문을 능숙하게 읽고 쓸 수 있는 분들이야 아무 문제가 없겠지만 그렇지 못한 분들은 반드시 쓰는 순서대로 연습해서 사주를 읽기 쉽게 또박또박 작성하는 것이 좋다. 간혹 철학관을 하는 분들조차도 남들이 알아보기 어려울 정도로 글자를 이상하게 적어 놓는 경우가 있는데, 이 책을 통해 공부한 분들은 그렇게 하지 않기를 바란다.

병원에서 진찰을 받으면서 의사들이 진찰카드에 영어인지 독일어인지도 알 수 없게끔 휘갈겨 작성하는 것을 보면서 영어를 아는 분들은 '또박또박 써 놓으면 나도 알아볼 수 있는데.'라고 생각한 경험들이 있을 것이다. 나중에 사주 감정을 할 수 있을 정도의 실력이 되었을 때, 사주 보러 온 분들이 같은 생각을 하지 않도록 배려해 주었으면 좋겠다. 그리고 또 22글자에 불과하니, 이것을 제대로 아주 멋지게 적어 "저렇게 한자를 잘 쓰는 걸 보면 공부를 많이 하신 분이겠지!"라는 존경과 감탄을 받았으면 한다. 그렇게 되면 아마도 상담자가 사주 감정을 훨씬 더 신뢰할 것이다.

10간 12지 한자 익히기

갑 甲 + : 丨 冂 冂 曰 甲
을 乙 - : 乙
병 丙 + : 一 厂 冇 丙 丙
정 丁 - : 一 丁
무 戊 + : 丿 厂 戊 戊 戊
기 己 - : 丁 コ 己
경 庚 + : 丶 一 广 庐 庐 庚 庚 庚
신 辛 - : 丶 亠 立 立 立 辛
임 壬 + : 丿 二 千 壬
계 癸 - : 丿 癶 癶 癶 癶 癶 癶 癸 癸

자 子 ☰ - : 丁 了 子
축 丑 ☱ - : 丁 刀 丑 丑
인 寅 ☲ + : 丶 宀 宀 宀 宁 宙 宙 宙 寅 寅
묘 卯 ☳ - : 丿 丿 丣 卯 卯
진 辰 ☴ + : 一 厂 厂 戶 辰 辰 辰
사 巳 ☵ + : 丁 コ 巳
오 午 ☶ - : 丿 仁 仁 午
미 未 ☷ - : 一 二 牛 未 未
신 申 ☷ + : 丨 冂 冂 曰 申
유 酉 ☷ - : 一 厂 冇 丙 西 西 酉
술 戌 ☷ + : 丿 厂 戶 戌 戌 戌
해 亥 ☷ + : 丶 亠 亣 亥 亥 亥

우주와 지구가 만나는 에너지 운동의 좌표

⊠

'갑甲·을乙·병丙·정丁·무戊·기己·경庚·신辛·임壬·계癸'의 10천간은 하늘의 기운이 우리의 정신에 영향을 미치는 것이며, '자子·축丑·인寅·묘卯·진辰·사巳·오午·미未·신申·유酉·술戌·해亥'의 12지지는 태양빛이 지상에 있는 모든 것에 구체적으로 직접 영향을 미치는 것으로 설명하였다.

간지는 갑甲에서 시작하는 천간과 자子에서 시작하는 지지를 하나씩 짝지어 구성된다. 천간과 지지는 함께 진행되기 때문에 그것을 하나로 묶어 갑자甲子·을축乙丑 등으로 언급하는 것이다. 천간과 지지를 하나씩 합하여 표시하면 모두 60갑자가 나온다. 이것은 시간의 흐름을 나타낼 뿐만 아니라 그 시간에 공간을 점유하고 있는 에너지의 운동 상태까지 나타내는 부호다.

사람이 태어난 연월일시를 간지로 표시하면 그 사람의 에너지 구조를 나타낼 수 있다. 그 에너지 구조는 천지의 흐름과 상호 작용을 하면서 일정하게 생장하고 소멸하니, 그 사람의 성격이나 부귀 등 운명을 알 수 있는 것이다. 또한 그 사주의 간지가 흘러가는 천지의 기질과 함께 서로 상생하고 상극하는 것을 보아 우리의 정신과 육체가 어떻게 움직이며 생장하고 소멸하는지를 추측할 수 있게 된다.

천간은 하늘의 기운으로 우리의 정신과 관계가 있고, 지지는 태양의 기운으로 우리의 육체와 관계가 있다. 옛날에 천원지방天圓地方, 즉 '하늘은 둥글고 땅은 모나다.'고 한 말은 천문과 지리에 대한 과학적인 지식이 부족해서 한 말이 아니라 하늘의 기운이 우리의 정신과 관계되며 태양의 기운이 우리의 육체와 관계된 것을 나타내기 위한 것으로 볼 수 있다.

그런데 여기서 곰곰이 생각해 볼 문제가 있다. 천간은 목木에서 시작되었는데, 지지는 왜 수水 곧 해亥·자子·축丑의 가운데인 자子에서 시작되었는지 그 이유다. 오행으로 보면, 빅뱅으로 처음 우주가 탄생하는 과정이 갑목甲木의 분출이고, 그 후에 천지가 나누어진다. 또한 지구에 생명이 움직이는 과정은 동지冬至에 속하는 자수子水에서 하나의 양┋이 처음 나오는 것이니, 천간과 지지의 첫 글자는 모두 양기가 처음 생겨나오는 과정을 상징한다. 곧 대우주와 지구에서 양기가 생성되어 나오는 것과 관련이 있다는 말이다. 더하여 인월寅月을 한 해의 시작으로, 자시子時를 하루의 시작으로 보는 것은 우주가 만들어지고 지구의 생명이 생겨나 하나의 양기가 나오는 것을 상징한 것이라고 할 수 있다.

수水의 응축으로부터 빅뱅으로 우주가 폭발하기 전까지는 아무 것도 없었으므로, 이것에 대해서는 말할 필요가 없다. 그리하여 빅뱅 곧 목木의 기운인 갑목의 분출로 우주가 탄생했으니, 하늘의 기운이 갑으로 시작하는 것은 당연하다. 폭발 후 가벼운 기운은 위로 올라가 하늘이 되고, 무거운 형질은 아래로 내려와 서로 뭉쳐 행성이 되니, 지구도 생기고 생명체도 나왔다.

지구의 자전과 공전으로 태양의 기운은 자월子月 동지▤부터 서서히 생겨나와 오월午月 하지▤에 절정을 이룬 다음 다시 약화되면서 동지를 향해 갔다가 다시 돌아가면서 쉼 없이 되풀이한다. 하루에서도 동일하게 양기는 자정에 가장 약하게 되었다가 다시 서서히 자라나 정오에 절정을 이루는 과정을 끊임없이 반복한다.

60갑자는 이처럼 하늘과 태양의 흐름을 음양오행으로 상징화시켜 바로 알아볼 수 있도록 표시한 것이다. 이때 태양빛이 생멸하는 것은 느낌으로 알 수 있고 더욱이 온도계로 측정해서 확인할 수 있기 때문에 지지로 그 흐름을 표시하면 바로 시간을 파악할 수 있다. 반면에 하늘의 기운인 천간은 태양처럼 강렬하지 않아 그 흐름을 감각적으로 느낄 수는 없지만 천문현상을 통해 알 수 있으니, 하늘의 흐름 곧 천간을 지지와 결합하여 60갑자로 표시하는 것이다. 그러니 간지는 하늘의 기운이 생장·소멸하고 태양빛에 의해 지상의 만물이 생장·소멸하는 것을 상징적인 기호로 표시한 것이라 말하는 것이다. 부록에서 소개한 『소문입식운기론오素問入式運氣論奧』는 중국 송나라 유온서가 편찬한 운기학 전문 의서인데, 이것을 보면 더 자세히 알 수 있을 것이다.

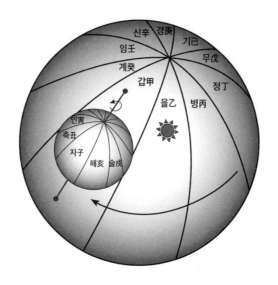

위의 그림[4]에서 지구는 태양의 기운을 직접적으로 강렬하게 받는 동시에 또한 하늘의 기운을 부드럽게 받고 있다. 작은 원인 지구에서는 지지가 시계 방향으로 돌아가면서 표시되고, 큰 원인 우주에서는 천간이 반시계 방향으로 회전한다. 이것은 우주와 지구가 순환하는 시간에 따라 서로 만나는 것을 쉽게 표시한 것이다.

가령, 지구에서 남쪽을 향해 앉아 있다면 동쪽에서 태양이 솟는 것은 하늘이 태양과 함께 시계방향으로 도는 것으로 보이고, 지구는 그 반대로 도는 것처럼 보였을 것이다. 지구가 반시계 방향으로 30번 자전하면서 오른쪽으로 약간 공전하면, 우주 공간이 시계 방향으로 자전하여 천간의 영역 한 칸을 지나가니, 이것이 30일로 1개월을 나

---

4) 심규철의 「명리학의 연원과 이론 체계에 관한 연구」130쪽에 성운산인星雲山人의 『팔자용신정의八字用神精義』(대만 삼의출판사, 1984년)에서 옮겨 놓은 그림을 참고하여 다시 그린 것이다.

타낸다. 그런데 천간은 10개, 지지는 12개이기 때문에 1년 12달 동안 천간은 한 바퀴를 모두 돈 다음 두 개의 영역을 더 지나가게 된다.

간지의 결합이 60갑자인 이유는 천간이 10개이고 지지가 12개인 관계로 그것들이 서로 결합하면서 60번째까지 계속 어긋나다가 61번째에 다시 처음부터 동일하게 시작되기 때문이다. 그러니 간지력으로 볼 때, 어떤 사람이 2016년 병신년丙申年에 태어났다면 60년 후인 2076년이 병신년으로서 같은 간지의 해가 되어 곧 환갑이 된다.

달을 기준으로 하면 1년은 12개월이니 60개월인 5년마다 간지가 반복되고, 날은 60일마다 간지가 반복되며, 2시간 단위인 시진을 기준으로 하면 하루 12시진이니 5일마다 간지가 반복된다. 여기서 한 해를 구성하는 달과 하루에 12라는 숫자가 들어가는 이유는 햇빛의 영향 아래 질質이 변하기 때문이다. 우리는 12지지를 통해 햇빛의 영향을 확실하게 알 수 있다.

만세력에 있는 24절기는 지구가 태양을 한 바퀴 공전하는 시간을 관측하여 24등분한 것이니, 양력이나 음력과 일치하지 않을 수밖에 없다. 사주를 볼 때 만세력을 참고해야 하는 이유가 여기에 있다. 조금 더 부연 설명하면, 지구가 태양 주위를 공전할 때 걸리는 시간을 12로 나누면 태양빛의 생멸을 음양오행으로 정확히 나눠 나타낸 것이다. 입춘·입하·입추·입동은 지구가 태양을 공전하는 시간을 4로 나눈 것이니, 봄·여름·가을·겨울의 사계절이 시작되는 정확한 시간 단위다. 24절기는 지구의 공전 시간을 15일 정도로 나눈 것이기 때문에 태양빛의 세기, 곧 생장과 소멸을 정확하게 나타내고 있다. 요즘 사람들은 이것을 몰라 절기를 무시하는데 알고 있으면 생활에 아주 편리하다.

이상의 설명에서 반드시 알아야 할 사항은 지구와 우주의 흐름을 천간과 지지로 표시한 것이 60갑자라는 것이다. 지구와 우주는 유기적인 관계 속에서 이처럼 기운과 형질의 생장과 소멸을 거듭하고 있다. 마찬가지로 사람을 포함하여 생명을 가진 모든 것들은 시간과 공간의 일정한 좌표 곧 태어난 연월일시의 좌표를 가지고 우주의 흐름에 따라 생장하고 소멸하니, 명리학은 바로 이와 같은 전제를 바탕으로 성립한다. 바로 이런 점에서 간지의 생멸을 통해 인간의 운명을 비롯하여 모든 것을 추리하는 명리학은 미신이 아니라 학문으로서 자리매김할 수 있다.

태어난 연월일시를 간지로 펼쳐 놓으면, 그것이 바로 사주팔자다. 천지가 흘러가면서 한 생명이 탄생할 때, 그 사람은 그때의 시간 좌표를 공간을 차지한 어떤 하나의 특성으로 갖게 된다. 팔자는 음양오행의 흐름을 상징적으로 표현한 것으로 일간日干을 중심으로 각 인자들의 상생·상극 관계를 따지면 그것이 바로 그 사람의 삶과 관계된 모든 것, 가령 부귀·부모·형제·처자식 등의 육친이다. 또한 태어난 사주 그 자체의 상생·상극 관계도 있지만 동시에 살아가게 되는 시간의 흐름과도 간지에 따라 상생·상극 관계를 가지니, 사람의 운명을 점치려면 먼저 그 육친을 알아야 한다. 2부에서 이어질 육친론이 명리학의 꽃인 이유가 여기에 있다.

2부 법칙편 ○

운명의 공식을 세우다

육친과 합충

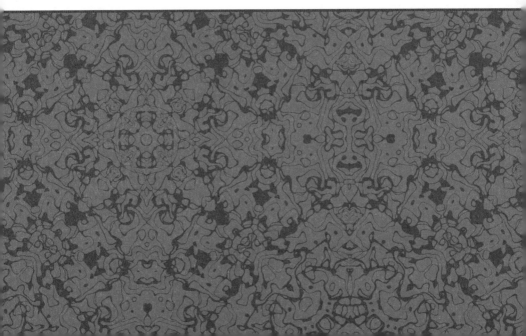

命理講名

관계를 분석하는 여섯 가지 기본 도구

⊠

오행과 간지의 육친

　육친론六親論은 사주를 구체적으로 해석하는 방법으로 일간日干을 기준으로 나머지 글자들과의 상생·상극을 따져 그 사람의 운명 하나하나를 자세히 유추하는 것을 말한다. 여기서 **육친은 사주를 해석하는 기본 도구**로 본인을 상징하는 일간과 나머지 글자들의 오행을 음양에 따라 나눈 것이다. 본인의 성격·부귀·건강·자식·배우자·부모 등을 거의 대부분 육친으로 해석한다.

　물론 이것이 가능하려면 사주를 보는 즉시 음양오행의 상생·상극 관계가 보여 그것이 재물인지 남편인지 자식인지 바로 알 수 있어야 한다. 앞에서 필자가 계속 음양오행의 상생과 상극 관계를 확실히 익혀 놓으라고 강조한 이유가 여기에 있다. 사주는 그 사람이 타고난 선천적인 기질의 구조인데, 그 사람이 살아갈 시간인 대운과 세운에 따라 사주의 글자 하나하나가 관계 맺으며 춤을 춘다. 그러니 그 글자들 하나하나가 무엇을 상징하는지 밝혀 그 사람이 어떤 배우자를 만나 어떤 자식을 낳으며 어떤 금전적인 환경과 직업을 가지고 어떤 운명의 굴곡을 겪으며 어떻게 살아갈지 등을 유추하여 해석할 수 있는 것이다. 사주의 시작은 육친이니, 확실히 익혀야 한다.

일간과 다른 간지의 상생·상극 관계를 토대로 한 육친이 무엇보다 중요하다. 사주에서 연·월·일·시의 위치를 곧 궁으로 보아 조상·부모·형제·배우자·자식으로 대응하여 보기도 하지만, 그 부분은 3부의 '적용 편'에서 더 자세히 보도록 하겠다.

時	日	月	年
丙	乙	庚	辛
戌	巳	寅	卯

위의 사주를 보자. 일주日柱 을사乙巳의 을목乙木이 일간으로서 본인이니, 경금庚金과 신금辛金은 관성官星에 해당한다. 관은 남자의 경우 자식·명예·직장과 관련되며, 여자의 경우 남편·애인·명예·직장과 관련된다.

목·화·토·금·수 중 무엇을 기준으로 하든지 상생과 상극 관계를 바로 떠올릴 수 있어야 육친을 빨리 파악할 수 있다. 예를 들어 목을 기준으로 하면, 내가 극하는 토는 재성財星이고, 나를 극하는 금은 관성官星이며, 나를 낳아 주는 수는 인성印星이고, 내가 낳아 주는 화는 식상食傷이며, 나와 함께 패거리가 되는 다른 목은 비겁比劫이다.

또한 금을 기준으로 하면, 내가 극하는 목은 재성이고, 나를 극하는 화는 관성이며, 나를 낳아 주는 토는 인성이고, 내가 낳아 주는 수는 식상관이며, 나와 함께 하는 다른 금은 비겁이다. 나머지 수와 화 및 토를 기준으로 해서도 동일하게 따질 수 있어야 한다. 사주를 볼 때는 간지의 오행이 아니라 음양까지 결합된 육친을 자유자재로 따질 수 있어야 한다.

인성을 어머니나 학문 등으로 보는 이유는 나를 육체적으로나 정신적으로 낳아 주는 것이기 때문이고, 식상관을 재주나 기술·팔다리 등으로 보는 이유는 내가 내놓는 것이기 때문이다. 또한 관성을 명예나 직장 등으로 보는 이유는 나를 통제하는 것이기 때문이고, 재성을 재물 등으로 보는 것은 내가 그것을 얻기 위해 몸부림치는 것이기 때문이며, 비겁을 형제나 동료 등으로 보는 이유는 나와 같은 것이기 때문이다.

음양오행의 상생·상극 관계를 곰곰이 생각해 보면 육친에 왜 이런 이름을 붙였는지 저절로 이해할 수 있게 된다. 재성을 아버지로 보는 이유는 어머니인 인성을 극하기 때문이니, 육친은 나를 기준으로만 볼 것이 아니라 각각의 육친을 기준으로 해서도 볼 수 있어야 한다.

육친에 대해 조금 더 부가적인 설명을 하자면, 남자에게 여자가 재성인 것은 남자들이 얻고자 몸부림치는 것에 여자도 포함되기 때문이고, 여자에게 남자가 관성인 것은 여자를 통제하려고 하는 것이 남자이기 때문이다. 또한 여자에게 식상이 자식인 것은 몸으로 직접 자

일간日干: 자신

① 비겁比劫
丙·丁
巳·午
火

木
⑤ 인성印星
甲·乙
寅·卯

土
② 식상食傷
戊·己
辰·丑
戌·未

水
④ 관성官星
壬·癸
亥·子

金
③ 재성財星
庚·辛
申·酉

① **비겁**: 나와 같은 오행 → 형제, 친구, 동료, 연적, 재물의 약탈자
② **식상**: 내가 생하는 오행 → 재주, 팔다리, 기술, 일터, 생식기, 자식(여자에게)
③ **재성**: 내가 극하는 오행 → 재물, 시장, 아버지, 부인이나 애인(남자에게)
④ **관성**: 나를 극하는 오행 → 명예, 직장, 자식(남자에게), 남편이나 애인(여자에게)
⑤ **인성**: 나를 생하는 오행 → 어머니, 학문, 종교, 문서, 자격, 학위, 종교, 스승

식을 낳기 때문이고, 남자에게 관성이 자식인 것은 재성 곧 여자의 식상이 관성이기 때문이다. 여자의 사주에서 종종 인성을 관성 곧 남자의 식상으로 보는 경우가 있는 것과 같다. 관성은 재성이 낳는 것으로, 인성은 관성이 낳는 것으로 바꾸어서 보라는 말이다. 육친을 이처럼 자유자재로 응용할 수 있어야 비로소 사주 공부가 재미있어지기 시작한다.

육친은 음양오행의 단순한 상생·상극 관계이지만 연습을 하지 않으면 곧바로 응용할 수 없다. 필자가 앞에서 명리학의 첫 번째 장벽이 육친론이라고 거듭해서 언급했던 까닭이다. 지금은 오행만으로 설명하지만 간지로 설명할 경우에는 음양까지 들어가서 더욱 복잡하니, 86~87쪽의 '육친 외우기'를 참조하여 읽는 속도를 잠시 늦추고 능숙해질 때까지 아주 충분히 연습하기 바란다.

사주를 볼 때는 여덟 글자의 육친에 대해 말하지 않고 바로 그 사람의 운명에 대해 설명하니, 오행의 상생·상극 관계를 충분히 연습하여 오행을 제외하고 설명해도 그것을 알아들을 수 있어야 한다.

오랫동안 명리학을 배웠으면서도 이것이 헷갈리면 머릿속으로 육친 관계를 따지느라고 사주 풀이를 거의 따라오지 못하게 된다. 내가 낳아 주는 것은 식상관이고, 나를 낳아 주는 것은 인성이며, 내가 극하는 것은 재성이고, 나를 극하는 것은 관성이며, 나와 무리를 지어 패거리가 되는 것은 비겁이라는 것을 오행을 바꿔 가며 능숙하게 떠올릴 수 있어야 한다. 이것이 마음대로 되지 않는다면 연습이 아직 부족한 것이다.

앞의 그림에서 화를 기준으로 내가 낳는 것은 토이고, 나를 낳는 것은 목이며, 내가 극하는 것은 금이고, 나를 극하는 것은 수이며, 나와 패거리가 되는 것은 화이니, 여기에 맞추어 육친을 바로바로 떠올릴 수 있도록 충분히 반복하며 연습해야 한다.

1. 간지의 육친

육친에서는 재성과 관성이 특히 중요한데, 일간을 중심으로 사주를 크게 음과 양으로 양분하면, 태극◯에서 음●과 양◠의 운동처럼 삶은 일간과 상극인 재성과 관성으로 달려가는 음양 운동에 불과하기 때문이다. 태극◯에서 아래의 검은 부분●은 수水를 상징하고 위의 흰 부분◠은 화火를 상징하는데, 가운데를 ◠모양의 선으로 표시한 것은 음인 수●와 양인 화◠가 소용돌이치면 서로에게 달려가는 것을 상징적으로 표시하기 위함이다. 왼쪽으로 수가 솟아오르고 오른쪽으로 화가 가라앉는 것은 음과 양이 시계 방향으로 회전하며 돌아가는 것을 상징한다. 이것을 다시 오행으로 세분하면, 솟아오르는 부분이 목木이고, 가라앉는 부분이 금金이며, 가운데의 ◠모양의 선은 토土다. 수에서 목이 나오고 화에서 토를 통해 금이 나온다는 것이니, 이렇게 태극 그림 하나로도 오행의 움직임을 설명할 수 있다. 화火에서 토를 통해 금金이 나온다는 말이 이해하기 어려우면, 여름에 이어 늦여름 다음에 가을이 온다고 생각하라.

간지의 육친은 앞서 말했듯 오행으로 이루어진다. 인성은 나를 낳아 주는 것이니, 육체적으로는 어머니이고 정신적으로는 학문·문서·자격·종교·수행이다. 식상은 내가 내놓는 것이니, 재주·기술·자식(여)이다. 재성은 내가 삶을 유지하기 위해 획득하려고 애쓰는 것이니 재물·부인(남)이다. 관성은 내가 살기 위해 의지하는 것이니, 직장·명예·남편(여)·자식(남)이다. 비겁은 나와 함께 무리를 짓는 것이니 형제·친구·동료·연적이다.

그런데 간지는 오행을 다시 음양으로 세분한 것이므로 오행의 상생·상극 관계에 음양까지 결합시키면, 비겁은 비견比肩과 겁재劫財로, 식상은 식신食神과 상관傷官으로, 재성은 정재正財와 편재偏財로, 관성은 정관正官과 편관偏官으로, 인성은 정인正印과 편인偏印으로 나눌 수 있다.

비겁과 식상을 제외하고 재성과 관성 및 인성을 정正과 편偏으로 나눈 까닭은 일간과 다른 간지가 서로 음양의 조화를 이루면 바르다고 보고, 서로 음양의 조화를 이루지 못하면 치우친다고 보기 때문이다. 그런데 식상과 비겁은 정과 편으로 나누지 않았으니, 그것은 우리의 삶에서 가장 중요한 인성·재성·관성을 중심으로 그것들의 명칭을 정과 편으로 분류하여 그 역할이 바로 드러나도록 하고, 나머지에서는 따로 명칭을 부여해 그 역할이 바로 드러나도록 하기 위함이다.

사주에서 음양 운동은 태극의 음양처럼 서로 반대되는 것을 향해 달려간다고 본다. 그리하여 나를 상징하는 일간이 재와 관을 추구하니, 사람들은 애써 돈을 벌어 부자가 되거나 열심히 공부하여 큰 벼슬을 얻으려고 한다. 그런데 상극 관계로 따져 보면, 겁재劫財는 내가 정당하게 얻은 재물과 여인 곧 정재를 약탈해 가는 것이고, 상관傷官은 내가 열심히 공부하여 올라간 벼슬 곧 정관을 허물어 버리는 것이니, 그 의미가 잘 드러나도록 겁재와 상관이라고 했던 것이다.

내가 갑목甲木이라면, 겁재 을목乙木과 상관 정화丁火가 정재인 기토己土와 정관인 신금辛金을 극해 버려 나의 삶을 크게 방해하거나 훼손한다.[5] 상관 정화와 정관 신금 및 겁재 을목과 정재 기토는 음양이 서로 같아 강렬하게 극하여 없앰으로써 나의 삶을 해치는 것이다.

겁재와 상관이 사주에서 부정적으로 작용하지만 식신과 비견은 긍정적으로 작용하니, 그것은 일간과 음양이 맞지 않아 일간 자신을 강하게 압박하는 편관과 떠돌아다니게 하는 편재를 식신과 비견이 극해 주어 삶을 안정되게 하기 때문이다.

일간이 갑목甲木이라면, 자신을 강하게 극하는 경금庚金을 식신인 병화丙火가 눌러 주고, 생업 활동을 안정되게 하지 못하도록 충동질하는 무토戊土를 일간 이외의 다른 갑목甲木이 극해 줌으로써 착실히 삶을 꾸릴 수 있도록 한다는 말이다.

요약하자면, 관성과 인성 및 재성은 일간과 음양의 조화가 올바르게 그대로 일어나 정正과 편偏으로 나누는데, 겁재와 상관은 그 반대

---

5) 일간이 양목인 갑목甲木일 경우, 양화인 병화丙火·사화巳火는 식신, 음화인 정화丁火·오화午火는 상관, 양토인 무토戊土·진토辰土·술토戌土는 편재, 음토인 기토己土·축토丑土·미토未土는 정재, 양금인 경금庚金·신금申金은 편관, 음금인 신금辛金·유금酉金은 정관이다. 오행이 극을 할 때 음양이 서로 같으면 강하게 극을 하고, 음양이 다르면 음과 양이 서로 조화를 이뤄 극이 약해진다. 곧 양목인 갑목은 음토인 기토·축토·미토와는 극을 하면서도 서로 조화를 이루는데, 음목인 을목·묘목이 있으면 음양의 조화를 이루지 못해 정재를 심하게 극해서 없애 버리니, 이 때문에 겁재劫財라는 흉한 이름을 붙였다. 마찬가지로 신금·유금은 갑목을 극하면서도 음양의 조화를 이뤄 정관이 되는데, 음화인 정화·오화가 있으면 정관을 심하게 극하여 없애 버리니 상관傷官이라는 이름을 붙여 바로 알게 하였던 것이다.

로 일어나기 때문에 그것에 맞추어 명칭을 따로 지었다는 말이다.

상관傷官이나 겁재劫財의 명칭이 부정적이어서 꼭 나쁘게만 볼 필요는 없다. 이와 같은 육친의 명칭은 직업과 삶이 단순했던 구시대의 산물이다. 오늘날처럼 각양각색의 다양한 직업이 있으면, 상관과 겁재도 그 특색에 맞게 유용하게 사용하면 긍정적으로 쓰일 수 있다. 상관을 예로 들면, 비록 그것이 정관을 극할지라도 자신 곧 일간과 음양이 맞아 내놓는 재주나 솜씨가 화려한 측면이 있다. 따라서 상관이 좋게 사용되면 기술·솜씨·말재주 등이 화려하여 영업·연예인·기술자 등으로 더없이 풍요로운 삶을 살 수도 있다.

농업을 위주로 하던 옛날에는 가문에 따라 삶이 거의 그대로 정해졌으니, 단조로울지라도 근면하고 성실한 것이 삶의 우선이어서 상관을 부정적으로 보았던 것이다. 그러나 직업의 종류만 해도 엄청나게 많은 현대에는 뛰어난 기술이나 영업력 하나만 있어도 얼마든지 자신을 드러내면서 화려하게 살아갈 수 있으니, 관을 해친다는 상관이라는 명칭을 군이 옛날과 마찬가지로 꼭 나쁘게만 볼 필요는 없다. 마찬가지로 겁재도 경쟁에서 그 위력을 드러내니 꼭 나쁜 것은 아니다.

2. 육친론

오행은 시계 방향으로 돌아가면서 상생하는 관계이니, 비견은 식상을 낳고, 식상은 재를 낳으며, 재는 관을 낳고, 관은 인을 낳으며, 인은 나와 비겁을 낳는다. 오행은 한 칸 건너뛰면 별을 그리며 상극하는 관계이니, 나와 비겁은 재를 극하고, 재는 인을 극하며, 인은 식상을 극하고, 식상은 관을 극하며, 관은 나와 비겁을 극한다. 앞에서 살펴봤듯이 오행은 이처럼 상생·상극하면서 끝없이 순환하기 때문에 천지만물이 영원히 계속 유지되는 것이다. 육친은 사주에서 일간인 나를 중심으로 다른 인자들과의 생극 관계를 음양과 오행으로 나눠 명칭을 붙인 것에 지나지 않는데, 이와 같은 관계를 자유자재로 응용할 수 있어야 사주에 비로소 눈이 뜨인다.

① 비겁—나와 같은 오행

비견比肩: 비견은 일간과 오행이 같고 음양이 같은 간지를 말한다. 오행이 같으니 나와 동일한 방향으로 운동하므로 금전과 같은 재를 극하여 취하는 경쟁 상대로서 남자에게는 애인을 빼앗으려는 연적이기도 하면서, 식신이나 상관을 생하는 데에 도움을 주어 강화시키기도 한다. 형제·친구·동료로서 함께 놀고 일하는 것이니, 형제애·우정·동업·협동·분배·지출·소비를 상징한다. 비견은 나와 같은 운동 방향 곧 뜻이 서로 일치해 재성을 극하니, 소비라면 자발적인 소비라고 할 수 있다. 갑甲 일간이 천간에서 갑을 만나면 정신적으로 서로 경쟁하니 일의 지연이나 번거로움으로 해석한다. 반면 지지에서 인寅을 만나면 하늘이 땅에서 자신의 뿌리를 얻은 격으로, 곧 뒤에서 설명할 12운성의 건록에 해당하니 건강함을 상징한다.

겁재劫財: 겁재는 일간과 오행이 같고 음양이 다른 간지다. 남자일 경우, 재성인 여자나 금전을 취하는 경쟁 상대이지만 오행으로는 식

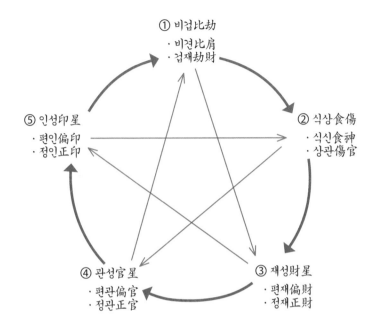

일간日干: 자신

① 비겁比劫
・비견比肩
・겁재劫財

② 식상食傷
・식신食神
・상관傷官

③ 재성財星
・편재偏財
・정재正財

④ 관성官星
・편관偏官
・정관正官

⑤ 인성印星
・편인偏印
・정인正印

신이나 상관을 강화시켜 준다. 겁재는 나의 운동 방향을 살짝 비틀어 재성을 약탈하니, 경쟁·다툼·약탈·타의적 낭비·끈질긴 승부·손재·불화·파탄을 상징한다. 겁재는 운동 방향을 약간 비틀어 버림으로써 재물을 단번에 빼앗거나 빼앗기니, 큰 부자에게는 대부분 겁재가 있다. 겁재 운에는 현금 유동성이 나빠질 수 있다. 이복형제나 성이 다른 형제를 상징하기도 한다. 천간에서는 정신적으로 잔인함을 상징하는 인자로 본다. 양간 일간에 지지 겁재는 양인羊刃으로서 기운이 강하게 뭉쳤으니, 전문 자격이나 기술을 이룰 수 있는 근본적인 힘이다.

② **식상관**──내가 생하는 오행

식신食神: 식신은 일간이 생하는 오행 중 일간과 음양이 같은 간지다. 이것은 일간의 활동력을 높여 주는 건전한 표현수단·재주·생산수단·기술을 상징한다. 이것은 편관을 제어하여 일간을 지켜 주고 생산수단이 있게 하니, 이것이 있으면 느긋하고 명랑하며 활동적이다. 식신은 나의 기운을 빠져나가게 하지만 일간과 음양이 맞지는 않아 상관보다 훨씬 덜 빠져나가게 한다. 식신은 건전한 유흥과 잡기·표현력·창의력·지혜·장수·식복을 상징한다. 음양이 맞는 상관이 약삭빠르고 간교한 것에 비해 음양이 맞지 않는 식신은 성실하고 순진하다. 여자에게는 편관 곧 난폭한 사람에게서 나를 안전하게 지켜 주는 무뚝뚝한 아들이다. 그것이 딸이라면 그 성격이 아들처럼 씩씩하다.

상관傷官: 상관은 일간이 생하는 오행 중 일간과 음양이 다른 간지다. 상관은 식신처럼 일간이 내놓는 재주나 기술이지만, 나와 음양이 맞아 조화를 이루니 식신보다 훨씬 더 현란하고 화려하다. 나의 기운을 모두 빠져나가게 하면서 제멋대로 절제 없이 함부로 날뛰며 일간을 안전하게 지켜 주고 보호하는 정관을 극한다. 자신과 집안을 화려하게 꾸미고 말을 잘하는 사람은 일단 상관이 잘 발달된 사람이라고 보면 된다. 지나친 유흥과 잡기·천재성·불화·일반규칙이나 법규의 위반·파격적 창의력·정치적 행위·언론방송·구설·반발력을 상징하고 여자에게는 옆에서 기분을 잘 맞춰 주는 딸이다. 아들이라면 그 성격이 딸처럼 유순하다.

③ 재성—내가 추구하는 오행

편재偏財: 편재는 일간이 극하는 오행 중 일간과 음양이 같은 간지다. 그것은 일간의 음양 운동을 강하게 일으키지만 음양이 맞지 않아 이곳저곳으로 떠돌게 만드니, 직장이 불안정하고 소득이 일정하지 않은 것이다. 조직을 이탈하여 안정된 직장 없이 여기저기로 떠돌아다니며 온갖 일을 경험하니, 세상을 사는 데 총명함과 수완으로 큰 사업가가 되기도 하고, 세상에 내 것은 없다는 생각에 더 열심히 노력하고 분발하기도 한다. 또한 그것이 정인 곧 어머니를 극하니, 아버지를 상징하기도 한다. 남자의 사주 구조에서 음양의 조화를 이루지 못하는 편재가 부인이고, 음양이 조화로운 정재가 또 있을 경우에 바깥 여인에게 눈 돌릴 일이 자주 생겨 가정생활이 평탄하지 않다.

남자에게 재가 여러 개 있을 경우 자식을 상징하는 관 가까이 또는 부부궁에 있는 재가 부인이다. 이것이 편재인데 다른 곳에 정재가 또 있을 경우에, 편재 부인에게는 음양의 조화가 이루어지지 않아 애틋한 마음이 생기지 않고, 정재에게는 음양이 조화를 이뤄 가슴이 뛰니 가정생활이 평탄하지 않다.

정재正財: 정재는 일간이 극하는 오행 중 일간과 음양이 다른 간지니, 일간의 음양 운동을 가장 활기차게 일으킨다. 일간이 양간일 때 정재와 좋은 구조를 이루면, 뒤에서 설명하겠지만 합이 되어 더욱 좋다. 고정적이고 안정적인 소득이나 재물을 벌어 오는 활동이니, 월급과 같은 고정소득을 상징한다. 근검절약하고 확실히 줄 것은 주고 받을 것은 받는다. 또한 처덕이 있고 책임을 완수하며, 공과 사를 분명히 구분한다. 남자에게 정재는 음양이 맞는 부인이나 연인이다. 사주 구조가 좋아 이것이 부인이라면 금실이 아주 좋은 꾀꼬리 부부다. 편재가 정인인 어머니와 부부관계로 아버지를 상징하니, 편재와 음양이 다른 정재는 아버지의 형제로서 숙부나 고모를 상징하기도 한다.

④ 관성—나를 제어하는 오행

편관偏官: 편관은 일간과 음양이 같고 일간을 극함으로써 제어하고 억누르는 간지다. 일간과 음양의 조화를 이루지 않아 정착하지 못하니, 불안정한 직장을 의미하고, 열광적이거나 일시적인 지지자들 혹은 구설이다. 직업으로서는 치우친 것 곧 군인·무관·경찰·검찰·특수기관·힘든 조직이나 일을 상징하고, 여자에게는 음양이 한쪽으로 치우쳤기 때문에 경제력·사랑·동거를 모두 주지 않고 한쪽으로 치우치게 주는 남편이나 애인이다. 남자에게는 아들로 일종의 권력·정치적 통치행위·과감성·개혁성·살인·권모술수·월권·사법이다. 여자의 사주에서는 일지나 식상과 같이 있는 관이 남편인데, 편관이 남편으로 있고 정관이 또 있을 경우, 남자에게 편재와 마찬가지로 바깥으로 눈돌릴 일이 자주 생길 수 있다.

정관正官: 정관은 일간과 음양이 다르고 일간을 극하는 간지다. 일간과 음양의 조화를 이루니, 안정적인 직장이나 지지자들이다. 일간이 음간일 때, 정관과 좋은 구조를 이루면 더욱 좋다. 정관은 일간과 음양의 조화를 이루면서 통제하는 것이니, 행정·공평무사·질서·보수·정의로운 사회·득세·단정·기초행정조직·바꿀 수 없는 규칙이다. 일간과 음양의 조화를 이루어 여자에게는 경제력·사랑·동거를 골고루 주는 남편이고, 남자에게는 딸이다. 여자는 정관이 사주에 아름답게 자리 잡고 있으면 남편을 내조하며 평생을 행복하게 보낼 수 있다. 학생일 경우 자존심이 강하기 때문에 공부는 실력보다 등수 그 자체를 중요하게 여긴다고 본다.

⑤ 인성 — 나를 생하는 오행

편인偏印: 편인은 일간을 생하여 주는 오행 중 일간과 음양이 같은 간지다. 식신을 극함으로써 편관이 일간을 마음대로 제어하도록 두니, 모든 것이 정지되어 답답하고 암울한 세월을 뜻한다. 식신이 극을 당해 팔다리를 사용하지 못하고 살아가야 하므로 눈치가 발달하고, 인문학과 같은 일반적 분야가 아닌 의약이나 이공계 또는 예술에서 신통한 기술이나 기능을 발휘할 수 있다. 음양이 치우쳐 집중력이 강하기 때문에 순간적으로 힘을 사용하는 승부에 강하고, 종교나 철학과 같은 전문 분야에서 발달한다. 부가적으로 설명한다면 관성을 중심으로 할 경우, 인성은 관성의 식상 곧 여자에게 남자의 식상으로 사용될 수도 있다.

정인正印: 정인은 일간을 생하여 주는 오행 중 일간과 음양이 다른 간지이니, 보편적이고 안정적인 학문이나 문서다. 상관을 극하여 정관이 활발하게 움직이게 한다. 음양의 조화를 이루어 내 편인 어머니에게 의지할 수 있으니 당당하다. 문서 형태의 재산·자격증·인허가·도덕성·학문성·정통성·적당한 제어·조절력·학자·선비적 기질·예절·덕망이다. 사주 자체에 인성이 발달했을 경우에는 팔다리를 움직이지 않는 것이니 게으른 사람으로 보면 된다. 남녀 모두 어머니에 대한 의타심이 강해 자신이 직접 일을 하기보다는 남에게 의지하거나 남을 시켜서 처리하려고 한다. 결혼한 남자의 경우에 가만히 앉아 있으면서 모든 일을 부인에게 시킨다고 보면 된다.

3. 육친론 응용

사주의 해석에서는 육친보다 먼저 간지의 특성을 고려해야 한다. 육친론은 사주 감정의 핵심이지만 그보다 먼저 확실하게 알고 있어야 할 사항이 10천간과 12지지의 특성이다. 육친은 반드시 항상 10천간과 12지지의 특성을 먼저 고려한 다음에 해석해야 하기 때문이다. 예를 들어, 같은 인성일지라도 간지의 특성에 따라 다르게 해석해야 한다. 육친으로는 동일하게 인성일지라도 사巳를 인성으로 사용하는 사람과 해亥를 인성으로 사용하는 사람은 그 해석을 아주 다르게 해야 한다. 곧 사巳를 인성으로 사용하면, 인성에 사화巳火의 확산하는 특성을 살려서 해석해야 하고, 해亥를 인성으로 사용하면 인성에 해수亥水의 응축하고 저장하는 특성을 고려해서 감정해야 한다.

뿐만 아니라, 생활에서 일어나는 모든 것을 육친으로 응용해서 생각할 수 있어야 사주를 자유자재로 해석할 수 있다. 창작이나 생산 활동 및 표현 활동에 관련된 것은 식상이다. 극한다는 것은 제어한다는 의미인데, 일상에서 우리가 시간에 따라 움직이는 것은 곧 시간의 제어를 당하는 것과 같으므로 시간은 관성이다. 교통순경은 편관, 신호등은 정관이다. 머리는 내 몸을 조정하고 통제하니 관성이다. 안방·휴식공간·교도소·주차장·브레이크는 나를 꼼짝 못하도록 멈춰 있게 하고 제어하니 인성이다. 액셀과 마이크는 내가 달려가거나 말할 수 있는 수단이니 식상이다. 굽은 길은 차를 서행하게 하니 관성이나 인성이다.

재성이 인성을 극하니, 남자에게 재와 관련된 사고는 지나가는 미인이나 함께 차에 탄 여자에게 한눈팔다가 제때에 브레이크를 밟지 못한 것이다. 식상이 관성을 극하니, 식상과 관련된 사고는 과속이나 법규 위반이다. 이와 같이 육친을 응용하여 자동차 사고가 과속하기 쉬운 식상관 날이나 식상관을 돕는 비겁 날에 발생하기 쉬움을 알아야 한다. 편관 날은 남의 심한 간섭을 뜻하니 다른 차가 끼어들어 사고가 날 수 있다. 그러므로 그날은 다른 차량을 더욱 조심해야 한다. 비겁 날은 재가 극을 당하니, 이 날의 사고는 아깝지만 금전을 사용해서라도 뒷일이 생기지 않도록 깨끗이 처리해야 한다.

육친 외우기

아래의 도표를 이용하여 간지를 보고 생각하지 않아도 육친이 저절로 떠오를 정도로 충분히 연습하기 바란다.

천간으로 육친 연습하기 (가로 줄을 기준일간으로)

	甲	乙	丙	丁	戊	己	庚	辛	壬	癸
甲	비견	겁재	편인	정인	편관	정관	편재	정재	식신	상관
乙	겁재	비견	정인	편인	정관	편관	정재	편재	상관	식신
丙	식신	상관	비견	겁재	편인	정인	편관	정관	편재	정재
丁	상관	식신	겁재	비견	정인	편인	정관	편관	정재	편재
戊	편재	정재	식신	상관	비견	겁재	편인	정인	편관	정관
己	정재	편재	상관	식신	겁재	비견	정인	편인	정관	편관
庚	편관	정관	편재	정재	식신	상관	비견	겁재	편인	정인
辛	정관	편관	정재	편재	상관	식신	겁재	비견	정인	편인
壬	편인	정인	편관	정관	편재	정재	식신	상관	비견	겁재
癸	정인	편인	정관	편관	정재	편재	상관	식신	겁재	비견

간지로 육친 연습하기 (가로 줄을 기준일간으로)

	甲	乙	丙	丁	戊	己	庚	辛	壬	癸
子癸	정인	편인	정관	편관	정재	편재	상관	식신	겁재	비견
丑己	정재	편재	상관	식신	겁재	비견	정인	편인	정관	편관
寅甲	비견	겁재	편인	정인	편관	정관	편재	정재	식신	상관
卯乙	겁재	비견	정인	편인	정관	편관	정재	편재	상관	식신
辰戊	편재	정재	식신	상관	비견	겁재	편인	정인	편관	정관
巳丙	식신	상관	비견	겁재	편인	정인	편관	정관	편재	정재
午丁	상관	식신	겁재	비견	정인	편인	정관	편관	정재	편재
未己	정재	편재	상관	식신	겁재	비견	정인	편인	정관	편관
申庚	편관	정관	편재	정재	식신	상관	비견	겁재	편인	정인
酉辛	정관	편관	정재	편재	상관	식신	겁재	비견	정인	편인
戌戊	편재	정재	식신	상관	비견	겁재	편인	정인	편관	정관
亥壬	편인	정인	편관	정관	편재	정재	식신	상관	비견	겁재

육친에서 대음양의 조화

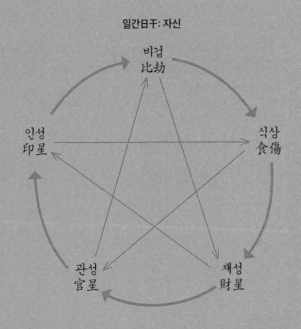

일간日干: 자신

비겁
比劫

식상
食傷

인성
印星

관성
官星

재성
財星

육친은 일간과 다른 인자들과의 힘의 방향이나 행위를 분석하는 수단이다. 이미 설명했듯이 여기서 중요한 것은 음양의 화합이니, 우선 육친들끼리 크게 음양의 화합을 이루고 있는지를 반드시 살펴봐야 한다.

위의 그림에서 알 수 있듯이 식상과 인성은 일간과 직접 기운을 주고받는 관계로 연결되어 있어 아주 중요하니, 이것을 잘 활용해야 한다. 또한 일간의 음양 운동은 일간이 재성을 극하는 방향과 관성이 일간을 극하는 방향으로 이루어지니, 재성과 관성이 나와 가장 활발하게 움직이게 하는 연결 통로로 반드시 인성과 식상이 있어야 좋다. 명리학에서 흔히 언급되는 식상관생재食傷官生財와 관인상생官印相生이라는 말이 이 때문에 있음을 명심해야 한다.

그러나 관이 인을 낳는 관인상생이 아무리 잘 연결되어 있을지라도 관이 식상과 조화를 이루지 못하면, 음양 운동이 활발하지 않아 제대로 작용하지 않는다. 마찬가지로 식상관이 재를 생하는 식상관생재가 아무리 훌륭한 구조를 갖추고 있을지라도 재가 인성과 음양의 조화를 이루지 못하면, 역시 음양 운동이 위축되어 활기차게 움직이지 않는다. 조직 생활에서는 윗사람들이나 남들과의 관계가 중요하니 자신을 드러내는 식상이 필요하고, 사업에서는 생산 시설을 넓혀 상품을 만드는 것도 중요하지만 또한 문서로 큰 재산을 보관해야 하니 필요에 따라 인성도 반드시 있어야 한다는 것이다.

일간을 기준으로 크게 음양 관계에 있는 것이 재와 관이고, 일간을 제외한 상태에서 다시 재와 관을 기준으로 크게 음양 관계에 있는 것이 식상과 인성이다. 그러니 어떤 간지이든 사주 자체 곧 원국에서 음양 관계에 있는 것이 그 인자를 가장 활발하게 움직이게 하는 것임을 염두에 두고 잊지 말자. 다만 이런 설명은 초보자에게는 아직 이해되기 어려운 내용이니, 사주가 어느 정도 익숙해지고 나면 다시 곰곰이 생각해 보길 바란다.

하늘의 두 가지 운동 법칙

❋

천간의 합合과 충沖을 이해하려면 천간과 지지의 탄생 배경을 다시 생각해 보아야 한다. 빅뱅으로 우주가 생성되고, 그 우주의 어느 한쪽에서 태양 주위를 도는 지구는 하늘과 태양의 기운을 받는다. 빅뱅과 함께 그 속에 응축되어 있던 모든 것들이 흩어지면서 가스와 같은 기운은 그것들끼리 뭉쳐 별이 되었고, 흙이나 광물질 같은 형질은 그것들끼리 뭉쳐 행성이 되었다. 별과 행성은 처음 폭발하는 힘이 분산되면서 그 힘의 크기에 따라 각기 다른 위치에 자리를 잡았고, 각 영역별로 분산되어 그 속에 있는 별자리와 행성들이 어느 곳을 중심으로 순환하게 되었다.

그 수많은 별 무리들 중에서 지구는 태양을 중심으로 일정하게 회전하면서 하늘의 기운과 태양의 영향을 동시에 받고 있는데, 태양의 빛이 지구에 미치는 영향은 피부로 직접 느낄 수 있으나 하늘의 기운이 미치는 영향은 느끼기 어렵다. 이처럼 간지는 어느 영역에서 하늘의 기운과 태양의 영향을 어떻게 받는지에 대해 음양오행의 기호를 사용하여 상징적으로 표시한 것이다.

하늘의 기운과 태양빛의 영향을 음양오행으로 나눈 것이 10천간과 12지지다. 곧 10천간은 하늘의 기운을 음양오행의 상징적인 기호로 나타낸 것이고, 12지지는 태양빛의 영향을 역시 음양오행의 상징적인 기호로 나타낸 것이다. 지구의 공전과 자전에서 하늘의 기운은 10개의 영역으로, 태양의 기운은 12개의 영역으로 나누어져 주기적으로 삼라만상에 영향을 미치니, 천간과 지지를 하나로 엮어 함께 표현한 것이 바로 60갑자다. 하늘의 기운과 태양의 영향이 서로 10과 12로 달라지는 것은 앞에서 설명했듯이 기氣의 변화는 쉽고 질質의 변화는 어려워 토의 중계·전환이 다소 달라지기 때문이다. 곧 하늘의 기운 변화는 목의 분출과 화의 확산에서 금의 수렴과 수의 응축으로 전환될 때만 토의 중계·전환이 필요하고, 태양빛의 영향을 받는 사물의 형질 변화는 목·화·금·수의 각 단계마다 토의 중계·전환이 필요하기 때문에 10천간과 12지지로 달라진다는 것이다.

10천간과 12지지는 그 둘의 차이 때문에 서로 뒤엉키면서 무수한 변화를 일으킨다. 천간은 자신을 생하는 지지를 만날 때 힘을 얻고 극하는 지지를 만날 때는 쇠약해지며, 음양의 조화를 이루는 천간을 만날 때는 합을 하고 그렇지 못한 천간을 만날 때는 서로 배척한다. 그런데 지지는 천간보다 훨씬 더 복잡하게 변화하며 생장·소멸한다.

그래서 결국 '특정한 시간의 공간에너지를 점유하고 태어난 인간의 운명'인 사주는 간지의 흐름에 따라 생장·소멸할 수밖에 없으니,

명리학은 바로 이와 같은 간지의 운동을 연구하는 학문이다.

짚고 넘어가자면, 상생은 오행의 흐름에서 서로 낳으며 계속 이어지는 것이고 상극은 오행의 흐름에서 한 칸 건너의 것을 극하며 계속 이어지는 것이니, 상생과 상극은 오행의 흐름으로 만물의 생멸을 설명하는 것이다. 그런데 합과 충은 상생·상극과 다르다. 천간의 합은 우주가 돌아가는 원리를 나타내고, 지지의 육합은 남극에서 북극으로 이어지면서 자기장이 생성되는 원리를 설명한 것이다.

천간이나 지지의 충은 서로 완전히 상반되는 기운들끼리 부딪히는 것이니, 오행에서 한 칸 건너 극하는 것과는 다름을 알아야 한다. 이를테면 목이 오행의 연속에서 한 칸 건너 토를 극하는 것은 간지에서 완전히 상반되는 기운끼리 부딪히는 갑경충甲庚沖이나 인신충寅申沖과는 다르다는 것이다.

1. 천간의 합

천간의 운동을 보면 목·화의 분출·확산 운동이 토의 중계·전환을 거쳐 금·수의 수렴·응축 운동으로 바뀐다. 목·화와 금·수는 그 특성이 크게 다르니, 목·화를 분산하는 양의 운동구간이라고 하고, 금·수를 수축하는 음의 운동구간이라 한다. 그런데 목·화와 금·수는 가깝게 서로 연결되어 있으면서 음과 양으로 운동 방향이 달라 분출·확산에서 수렴·응축으로 넘어가기 위해서는 무토戊土와 기토己土의 중계·전환을 거쳐야 한다. 목·화의 분출·확산 운동은 갑甲에서 1의 힘으로 시작되어 무戊에서 5의 힘으로 마무리되고, 금·수의 수렴·응축 운동

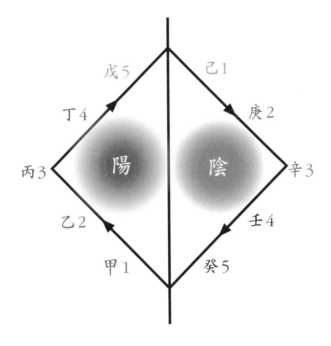

은 기己에서 1의 힘으로 시작되어 계癸에서 5의 힘으로 끝난다.

그런데 여기서 **운동하는 힘이 같고 서로 다른 영역에 있으면서 음양이 다른 것은 장성한 남녀가 만나서 좋아하며 결혼하듯이 서로 합을 하여 변하니, 이것을 천간의 합合이라고 한다.** 곧 양운동의 시작인 갑甲 총각은 다른 영역에 있는 음운동의 시작인 기己 처녀를 만나면 서로 같은 힘을 가지고 반대로 운동하는 것에 끌려 합을 해서 토로 변하니, 이것을 갑기합토甲己合土라 한다.

을乙과 경庚이 만나도 동일하게 서로 합을 하여 금으로 변하니, 이것을 을경합금乙庚合金이라 한다. 동일하게 병丙이 같은 힘으로 반대 방향의 운동을 하는 신辛과 서로 합하는 것을 병신합수丙辛合水라 하고, 정丁이 임壬과 합하는 것을 정임합목丁壬合木이라 하며, 무戊와 계癸가 합하는 것을 무계합화戊癸合火라 한다.

　이것들이 서로 합하는 것을 상극의 논리로 보면, 양목 갑목甲木은 음토 기토己土를 극하고, 경금庚金은 을목乙木을 극하는 입장이다. 이렇게 양간이 같은 힘을 가진 다른 운동 구간의 음간을 만나면 양간이 음간의 남편이 되는 것으로 보아 부부의 합이라고 한다. 곧 극하는 것은 남편이 되고 극을 당하는 것은 부인이 되니, 갑목을 기토의 남편이라 하고 기토를 갑목의 부인이라 하며, 경금을 을목의 남편이라 하고 을목을 경금의 부인이라 한다. 나머지도 동일하게 병화丙火는 신금辛金의 남편이 되고 신금은 병화의 부인이 되며, 무토戊土는 계수癸水의 남편이 되고 계수는 무토의 부인이 된다.

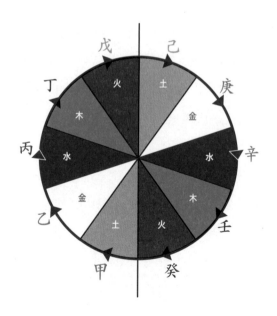

앞의 그림을 보면 알겠지만, 합은 합하여 새로운 것이 되므로 천간의 합은 둥근 하늘에서 각 영역의 기운이 맞은편 영역과 함께 하나의 오행을 이뤄 상생하며 순환하게 된다. 곧 갑甲은 맞은편 영역의 기己와 합하여 토土가 되고, 이어지는 을乙은 맞은편 영역의 경庚과 합하여 금金이 되며, 이어지는 병丙은 맞은편 영역의 신辛과 합하여 수水가 되고, 이어지는 정丁은 맞은편 영역의 임壬과 합하여 목木이 되며, 이어지는 무戊는 맞은편 영역의 계癸와 합하여 화火가 된다. 그리하여 계속해서 이어지는 기己·경庚·신辛·임壬·계癸 역시 각기 맞은편의 갑甲·을乙·병丙·정丁·무戊와 합해 토土·금金·수水·목木·화火가 되니, 오행이 계속 상생하며 순환하는 것이다.

천간이 맞은편에 있는 것과 합하여 상생하며 순환하는 것은 태극◐에서 음●과 양◔이 서로 반대로 움직이는 것과 연관시켜 생각해야 한다. 곧 하늘의 기운으로 볼 때, 태극의 음과 양이 서로 반대쪽으로 움직이며 회전하는 까닭은 모든 천간이 서로 맞은편에 있는 천간과 합을 하여 상생하며 움직이기 때문이다. 태극에서 목木·화火·금金·수水로 분출과 수렴을 하는 것과 마찬가지로 각 천간의 합도 동일하게 변화한다. 그리하여 병丙과 신辛이 합한 수가 이어져 정丁과 임壬의 합인 목을 낳고, 무戊와 계癸가 합한 화가 이어져 갑甲과 기己의 합인 토를 거쳐 을乙과 경庚의 합인 금을 낳는다.

대음양이 다르고 소음양까지 서로 조화를 이루어야 합이 발생한다. 곧 위로 솟아오르는 갑목은 수렴을 준비하는 기토와 운동 방향이 다르고 음양이 맞아 합을 한다는 것이다. 을목과 경금으로 말하면, 분출 운동이 다소 약해져 옆으로 휘는 을목의 양운동이 밑으로 꺾여 내려오는 경금의 음운동과 방향이 반대이지만 정면으로 서로 부딪히지 않으니, 음인 을목이 양인 경금을 남편으로 받아들이는 것이다. 서로 비슷한 힘을 가지고 있지만 음간의 받아들이는 특성과 양간의 뻗어나가는 힘이 적절히 조화를 이루어야 합을 하게 된다는 말이다. 이런 관계를 육친으로 보면 하나의 천간이 정재나 정관을 만나 아름답게 합하는 경우에 해당한다.

기己(-)와 임壬(+) 혹은 을乙(-)과 무戊(+)는 음양이 맞아도 맞은편이 아닌 서로 같은 운동 구간에 있어 합이 되지 않는다. 대음양의 양운동이나 음운동 구간 안에 같이 있는 것들은 가족이나 친인척이 서로 결혼하지 않는 것처럼 서로 합이 발생하지 않는다고 보면 된다. 기토탁임己土濁壬이라 하여 '기토가 임수를 흐려놓는다.'고 하는 것이 이런 관계를 이른다. 천간의 합은 양간陽干의 입장에서는 재財 곧 여인을 맞이하고 음간陰干의 입장에서는 관官 곧 남자를 맞이하여 부부가 되는 것인데, 대음양이 같고 소음양만 다를 경우 근본적으로 음양의 조화가 맞지 않아 합이 적극적으로 일어나지 않는다는 말이다.

> **천간의 합**: 갑기합토甲己合土 을경합금乙庚合金 병신합수丙辛合水
> 정임합목丁壬合木 무계합화戊癸合火

2. 천간의 충

분출하는 목木(↑)과 수렴하는 금金(↓)이 서로 반대방향으로 운동하고, 응축하는 수水(→←)와 확산하는 화火(↔)가 서로 반대로 운동한다는 것을 염두에 두고 다시 화살표 방향을 유심히 보기 바란다. 갑甲과 기己처럼 하나는 양이고 하나는 음으로 음양이 서로 다른 구간에 있으면서 움직이는 힘이 같으면, 음양의 조화를 이뤄 남녀가 짝이 되어 결혼하듯이 합하여 부부가 된다. 그러나 갑甲과 경庚이나 을乙과 신辛처럼 양과 양 또는 음과 음이 만나면 음양이 조화를 이루지 못하고 도리어 정면으로 충돌한다. 천간의 충沖은 이처럼 서로 반대되는 기운이 부딪히는 것을 말한다. 일곱 번째에서 부딪히기 때문에 칠살七殺이라고도 한다.

갑목은 솟아오르며 분출하는 양운동의 시작이고 경금은 꺾여 내려오며 수렴하는 음운동의 시작이니, 대음양은 다를지라도 소음양이 같아 정면으로 서로 충돌한다. 정면으로 충돌하면 힘이 약한 쪽이 꺾일 수밖에 없다. 갑목은 양운동의 처음이라 1의 힘으로 분출하고, 경금은 음운동의 두 번째라 2의 힘으로 수렴하니, 옆에서 도와주는 것 없이 일대일로 서로 충돌할 경우 갑목이 경금에게 꺾일 수밖에 없다. 처음에 충돌할 때는 분출하는 힘과 수렴하는 힘이 서로 맞서기 때문에 어느 쪽이 강한지 알 수 없지만 시간이 지나면 결국 강한 기운에 눌려 약한 기운이 사라지게 된다. 충은 서로 다른 기운이 조화를 이루지 못해 충돌하는 것이다.

충은 운동 방향이 서로 달라 정면으로 충돌하는 것으로, 금金과

목木, 수水와 화火가 서로 정면으로 부딪히는 것이다. 따라서 갑甲과 경庚이 부딪히고, 을乙과 신辛이 부딪히며, 병丙과 임壬이 부딪히고, 정丁과 계癸가 부딪히게 된다. 천간에서 단순히 서로 부딪힐 때, 경·신·임·계가 갑·을·병·정을 힘의 크기로 이긴다고 보면 된다. 그런데 옆에서 도와주는 것이 있거나 뿌리의 역할을 하는 지지가 더 강하게 도와줄 경우에는 그 힘을 다시 계산해서 판단해야 한다.

사주 자체에 충이 많으면 부딪히기를 좋아하는 성격이라고 볼 수 있다. 운에서 들어온 간지가 사주에 있는 간지를 충하면 그것이 사라질 수 있으니, 육친에 따라 명예나 재물, 자식, 배우자 등이 다치거나 없어질 수 있다. 그렇다고 꼭 나쁘게만 볼 것은 아니니, 가령 나를 괴롭히는 무엇을 충이 와서 제거했다면 오히려 잘 되었다고 할 수 있다. 좋은 일인지 나쁜 일인지는 상황에 따라 얼마든지 달라지니, 섣부른 판단은 자제해야 한다.

천간의 충: 갑경충甲庚沖 을신충乙辛沖 병임충丙壬沖 정계충丁癸沖

땅의 다양한 운동 법칙

✕

『주역』에서 '-'획 기호는 하나로 이어지므로 양을 상징하고, 또한 '--'획 기호는 둘로 나뉘어져 있으므로 음을 상징한다. 이것들이 아래에서 위로 여섯 겹으로 쌓이면 하나의 괘를 나타내는 것이다. 이를 이용해 1년 12달 혹은 하루 12시진에서 음양의 기운이 들어오고 나가는 것을 차례로 표시한 것이 다음 쪽의 그림에서 자▐▐나 축▐▐과 같은 여섯 획의 괘다.

괘 모양이 낯설겠지만 전혀 어렵게 여길 필요가 없다. 양기가 전혀 없는 해▐▐에서 일양의 자▐▐와 이양의 축▐▐으로 이어지면서 양기가 하나씩 쌓이는 쪽으로 진행된다. 또 음기가 전혀 없는 사▐▐에서 일음의 오▐▐와 이음의 미▐▐로 흘러가면서 음기가 하나씩 불어나는 것으로 보면 된다. 육합을 설명하기 위해 지지 옆에 괘를 배치했으니, 이것으로 지지에서 음양의 기운이 어느 정도인지 헤아려 보길 바란다.

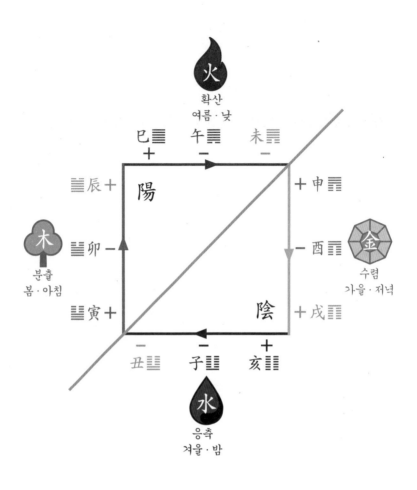

1. 지지의 합

① 방합

한 계절을 이루면서 동서남북으로 같은 방향에 있는 세 개의 지지들끼리 한편이 되어 어려움을 극복하는 것이 방합方合이다. 평소에는 각기 자신의 역할을 수행하다가 그중 어떤 지지가 충과 같은 어려움을 당하면 친화력이 있는 같은 방향의 지지들이 단결하여 도우니, 형제나 친구·동료들이 협력하여 문제를 해결하는 것과 같다. 길을 가다가 형제나 친한 친구가 불량배들에게 맞고 있다면 그냥 지나치지 못하고 함께 싸우는 것과 같다. 물방울이 다른 물방울과 만나면 서로 뭉치고 물과 불이 만나면 서로 배척하는 것처럼, 천지의 기운도 사람들처럼 같은 것들끼리는 서로 뭉치고 반대되는 것들끼리는 서로 충돌한다고 보면 된다.

방합: 인묘진寅卯辰 사오미巳午未 신유술申酉戌 해자축亥子丑

---

② 육합

육합六合은 지구의 에너지장이 오행으로 상생하며 이어지는 것을 보여 주는 지지의 합이다. 곧 자子와 축丑이 합하여 수水·토土가 되고, 해亥와 인寅이 합하여 목木이 되고, 묘卯와 술戌이 합하여 화火가 되고, 진辰과 유酉가 합하여 금金이 되고, 사巳와 신申이 합하여 수水가 되고, 오午와 미未가 합하여 화火·토土가 되어 서로 상생하며 이어지는 것을 말한다.

먼저 육합이 서로 어떻게 상생하며 순환하는지 보고, 개별 육합들을 살펴보도록 하자. 자축합인 수·토, 오미합인 화·토는 양극단에서 달과 태양의 역할을 하며 수와 화를 중계·전환한다. 곧 자축합으로 수·토인 달이 사신합인 수의 기운을 받아 해인합인 목의 기운으로 중

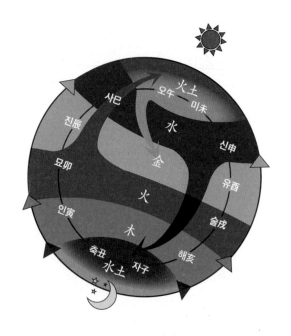

계·전환하고, 오미합으로 화·토인 태양이 술묘합인 화의 기운을 받아 진유합인 금의 기운으로 중계·전환한다.

위의 그림처럼 육합을 통해 오행이 상생하며 이어진다. 해인합목은 묘술합화로 이어지는데, 그다음에 토가 없어 진유합금으로 이어지지 않는다. 진유합금은 사신합수로 이어지는데, 그다음인 해인합목이 멀리 떨어져 있어 서로 이어지지 않는다. 이렇게 이어지지 않는 오행을 자축합인 수·토와 오미합인 화·토가 양극단에서 중계하여 연결시킴으로 오행이 순환하게 하는 것이다. 자축합의 수·토가 사신합의 수를 이어받아 해인합의 목으로, 오미합의 화·토가 묘술합의 화를 이어받아 진유합의 금으로 연결하면 오행은 끊임없이 순환하게 된다.

지지의 육합은 남극에서 북극으로 이어지는 자기장의 순환을 오행으로 나타낸 것으로 볼 수 있다. 지구의 자전축이 23.5° 기울어짐으로 사계절이 뚜렷이 나타나고, 또한 에너지 장이 남극에서 북극으로 형성되어 태양에서 쏟아지는 자기장을 막아 생명들이 살아갈 수 있게 되었다. 어떤 사람들은 지구의 자전축이 똑바로 서면 사람들이 바른 마음을 먹어 지상낙원이 이룩된다고 하는데, 필자가 과학자는 아니지만 그것에 동의하지 않는다.

지구의 자전축이 똑바로 설 경우에는 사계절이 지금처럼 뚜렷이 나타나기 어렵고, 그 영향으로 남극에서 북극으로 이어지는 에너지장도 약해져 태양에서 오는 자기장을 막을 수 없기 때문에 지구에 생명체들이 살기 어려워질 것으로 본다. 그러니 기울어진 지구의 자전축은 태양과의 관계에서 생명체들에게는 생명을 유지할 수 있는 적절한 환경이라고 볼 수 있다.

육합을 자세히 살펴보면 다음과 같다.

자축합子丑合은 일양의 자☵와 이양의 축☷의 합인데, 곧 사내아이들이 자라나는 자신들의 신체를 단련하기 위해 모여서 장난치며 노는 것으로 합하여 수水·토土로 변한다. 자축합에서 우리가 배워야 할 교훈은 아이들은 놀이터나 산과 들에서 마음껏 장난치면서 놀아야 한다는 점이다. 그런데 요즘 부모들은 아이들이 개구지게 놀지 못하게 하고 주로 학원에 보내니, 몸의 발육이 제대로 진행되지 못해 아이 때는 물론 성인이 되었을 때도 그것이 자주 병으로 나타난다. 주로 어른들에게 나타나는 당뇨·대머리·암과 같은 질병이 아이들에게까지 나타나는 이유에 대해 진지하게 받아들이고 아이들에게 마음껏 놀

수 있는 환경을 만들어 주어야 한다.

오미합午未合은 일음의 오午와 이음의 미未의 합으로, 곧 계집아이들이 음기를 기르기 위해 모여서 재잘거리는 것으로 합하여 화火·토土로 변한다. 그런데 가득한 열기의 확산하는 특성 때문에 합이 강력하지 않다. 가득한 음기의 응축하는 특성 때문에 좀체로 떨어지지 않으려고 하는 자축합과 비교하여 생각하기 바란다. 식사 때 밖에서 놀고 있는 아이들을 불러들여 밥을 먹이면, 사내아이들은 혹시 그 사이에 친구들이 돌아가진 않을까 하여 밥을 먹으면서 잠시도 마음을 놓지 못하는데, 계집아이들은 그렇게까지 애를 태우지 않는다. 이렇게 음양오행의 법칙을 실생활에 대입해 볼 때, 자연의 섭리가 참으로 신비하고 묘하다는 것을 알 수 있다.

해인합亥寅合은 음이 끝까지 간 육음☷의 할머니가 이제 겨우 사내 구실을 할 수 있는 삼양☳의 숫총각과 함께 하는 것으로 합하여 목木으로 변한다. 삼양☳의 인월寅月은 봄이지만 아직 추워서 양기가 활발하지 않다. 숫총각은 여인에 대한 그리움이 깊지만 힘도 약하고 그 방법을 몰라 허둥대며 실수를 연발하니, 음기가 무르익을 대로 무르익은 육음☷의 할머니가 능숙하게 인도하여 합해 주면 좋다. 동물의 세계에서 매력을 잃어 버림받은 늙은 암컷과 춘정을 이기지 못해 몸부림치는 젊은 수컷이 대장의 눈을 피해 구석진 한쪽에서 서로 합하는 것으로 봐도 좋다. 동물의 경우만이 아니라 사람에게도 원시의 상태에서는 이런 일이 자주 일어났을 수 있다.

사신합巳申合은 양이 끝까지 간 육양☰의 할아버지가 아무것도 모르는 삼음☷의 숫처녀를 부드럽게 인도하며 함께하는 것으로 합하여 水수로 변한다. 삼음☷의 신월申月은 가을이라고는 하지만 아직 양기가 많이 남아 있어 음기가 제대로 활동하지 못한다. 숫처녀는 남성이 그립지만 두렵기도 하니, 양기가 넘치도록 무르익은 육양☰의 할아버지가 천천히 음기를 북돋우며 느긋하게 합하는 것이 좋다. 동물의 세계에서 젊은 암컷은 거칠고 성급한 수컷의 갑작스러운 행동에 몹시 당황스러워 하는데, 서두르지 않는 늙은 수컷이 와서 서서히 암컷의 몸을 달게 하여 합하는 것으로 봐도 좋다. 역시 사람에게서도 원시의 상태에서 이런 일이 빈번하게 일어났을 수 있다.

묘술합卯戌合은 완전히 성숙한 오음☷의 여인이 힘 있는 사양☴의 남성을 부드럽게 인도하여 합하는 것으로 火화로 변한다. 음과 양이 모두 무르익어 서로 합하는 것이지만 사양☴의 남성보다 오음☷의 여성이 주도적으로 이끌어가니 거친 남성의 힘이 여성의 부드러움과 조화를 이뤄 그 관계가 세련되고 아름다울 수밖에 없기 때문에 춘추春秋 곧 문합文合이라고도 한다. 인간사에서 중년의 남성과 여성의 교제인데 여성이 남성보다 좀 더 나이도 많고 힘이 있어 주도권을 가졌다고 보거나, 누나가 남동생과 함께 어떤 일을 하면서 세심하고 부드럽게 이끌어가는 것으로 보면 된다.

진유합辰酉合은 세상풍파 다 겪어 능수능란한 오양☱의 사내가 무르익은 사음☴의 여인을 우격다짐으로 범하여 합하기 때문에 무합武合이라고 하는데, 금金으로 변한다. 묘술합과 마찬가지로 음과 양이 모두 무르익어 합하지만 남성이 거칠게 주도하기 때문에 무합이라고 하는 것이다. 합의 결과로 볼 때 묘술합은 펼치는 기운의 화火가 되어 화려하고, 진유합은 거둬들이고 수렴하는 금金이 되어 살벌하다. 인간사에서 중년 남녀의 교제인데 남성이 여성보다 나이가 더 많고 힘도 있어 주도권을 쥐었다고 보거나, 오빠가 여동생과 어떤 일을 함께 하면서 거칠고 성급하게 이끄는 것으로 보면 된다.

정리하자면, 위에서 설명한 지지의 육합은 지구 자기장의 영향 아래 사물이 어떻게 움직이는지를 『주역』의 괘를 적용하여 구체적으로 언급한 것에 지나지 않는다. 이것은 지구의 자전축이 23.5° 정도 기울어져 생긴 것으로 볼 수 있다. 자전축이 기울어짐으로 돌면서 지지의 각 기운이 서로 섞여 합한다는 것이다.

> **육합**: 자축합수土子丑合水土 해인합목亥寅合木 묘술합화토卯戌合火土
>
> 진유합금辰酉合金 사신합수巳申合水 오미합화토午未合火土

③ 삼합

음양오행은 시간의 흐름에 따라 생장·소멸을 거듭하며 순환하는 이치다. 10천간과 12지지는 매 순간 한편으로는 사물을 낳아 주고 길러 주며, 다른 한편으로는 약화시키고 없애 버리니, 분출하는 목이 나오면 응축하던 수가 약화되고 화가 자라나며 금은 사라진다. 여기에는 일정한 법칙이 있으니, 자신을 낳아 주는 계절에서부터 자라기 시작하여 자신의 계절에 가장 왕성하게 꽃피었다가 자신이 낳아 주는 계절에 쇠약해지기 시작하여 반대의 계절에서 사라지는 것이다.

분출↑하는 갑목甲木을 기준으로 설명하면, 자신을 낳아 주는 겨울의 응축→←하는 힘을 바탕으로 자라기 시작하여 봄에 가장 왕성하게 분출하다가 확산↔하는 여름부터 쇠약해지기 시작하여 반대의 계절인 수렴↓하는 가을에 사라지는 것이다. 화살표가 흘러가는 방향을 보고 분출하는 힘이 그 반대로 수렴할 때 사라지는 것을 알 수 있어야 한다.

이렇게 생장하고 소멸하는 오행을 지지에서 크게 세 단계로 구분하여 탄생하는 순간과 가장 왕성하게 꽃피는 시점과 그리고 사라지는 때로 구분하여 이를 삼합三合이라 한다. 갑목甲木을 기준으로 보면 앞 계절인 겨울이 시작되는 해수亥水에서 탄생하여 봄의 정점인 묘목卯木에서 가장 왕성하게 자랐다가 반대의 계절인 가을이 오기 바로 직전에 있는 미토未土 속으로 들어가 숨어 버린다.

명리학에서 말하는 **해묘미亥卯未 삼합은 이처럼 갑목이 탄생하고 가장 왕성하게 번성하며 사라지는 기점을 12지지로 가리켜 표시한 것이다.** 수水가 응축될 때 이미 그 속에서 목의 분출이 시작되기 때문에 해수亥水에서 갑목이 나오고, 목의 계절 중앙에서 분출하는 힘이 최고의 정점에 오르기 때문에 묘목에서 갑목이 왕 노릇하며, 반대로 수렴하는 계절이 오면 사라져야 하기 때문에 여름의 끝자락인 미토未土에서 갑목이 무덤으로 들어가는 것이다. 12지지에서 세 개의 지지가 서로 짝을 지어 동일하게 목·화·금·수의 운행 궤도를 이루니 이것이 바로 지지의 삼합이다. 덧붙여, 토는 화와 같은 궤도 운동을 한다.

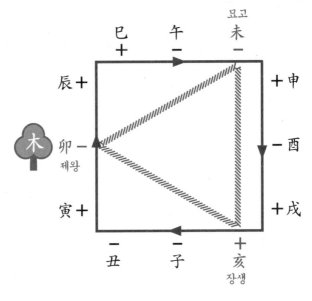

해묘미亥卯未 삼합 — 갑목

해묘미亥卯未 삼합은 이처럼 목木을 탄생시켜 번성시키고 또 묻어 버리는 기점이기 때문에 그 지지 속에 모두 목의 기운이 들어 있을 수밖에 없다. 나중에 10강에서 지장간地藏干 곧 지지 속에 들어 있는 천간에 대해 배우면 보다 잘 알게 될 것이다. 해수의 지장간이 무戊·갑甲·임壬이고, 묘목의 지장간이 갑甲·을乙이며, 미토의 지장간이 정丁·을乙·기己인 것은 그 속에 이미 갑목甲木의 기운이 있기 때문이다. 다만 미토의 지장간에 을목이 있는 것은 갑목의 운동성이 약화되어 양목이 음목인 을목으로 변했기 때문이다. 위의 그림을 통해 갑목의 삼합이 어떻게 연결되어 있는지 이해하기 바란다.

사주에 혹 미토가 있을 경우, 그 위치가 연·월·일·시의 어디인지에 따라 갑목이 사라지기 쉬운 때가 있으니, 운의 변화를 주목해서 봐야한다. 사주에 미토가 있는 데다가 운에서 갑목을 약화시키면 사라지기 쉬우니, 그것이 남편이면 남편이 사라지기 쉽고, 자식이면 자식이 사라지기 쉽다. 10년씩 가는 대운에서 미토가 오면 갑목을 묻어 버리는 환경이 조성되어 그것을 세운에서 조금만 약화시켜도 버티기 어렵다고 보면 된다. 연지에 미토가 있고 또 대운에서 초년에 미토가 들어왔다면, 갑목 일간일 경우 형제가 사라지기 쉽다. 만일 금金 일간일 경우 목木이 육친으로 재財에 해당하여 아버지가 잘못될 확률이 아주 높으니, 생계 수단을 잃거나 돌아가시는 등의 일이 발생할 수 있다.

거꾸로 사주에 해수亥水가 있거나 운에서 오면 갑목은 탄생의 힘을 받아 잘 자란다. 갑목은 해수를 기점으로 탄생하여 차례대로 자子·축丑·인寅을 거쳐 성장하고 묘목에서 최고의 힘을 자랑하다가 진辰·사巳·오午를 지나며 시들고 가을의 수렴하는 신申·유酉·술戌이 오기 직전에 미토未土 속으로 들어가 숨으니, 나중에 다시 꺼내 쓸 수 있으면 미토가 창고庫가 되고 영원히 사라지면 묘지墓가 된다. 사주에서 진辰·술戌·축丑·미未에 대해 묘지나 창고 곧 묘고墓庫라고 표현하는 이유는 이 때문이다. 갑목은 신申에서 기운이 완전히 끊어졌다가 유酉·술戌에서 차츰 힘을 길러 해亥에서 다시 나온다.

인오술寅午戌 삼합은 병화丙火가 탄생하고 왕성하게 번성하며 사라지는 시점을 12지지로 표시한 것이다. 병화는 봄이 시작되는 인목寅木에서 탄생하여 묘卯·진辰·사巳를 거쳐 성장하고 오화午火에서 찬란한 빛을 내고, 미未·신申·유酉를 거치며 서서히 빛을 잃어 가다가

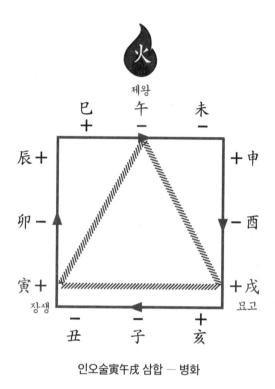

인오술寅午戌 삼합 ─ 병화

겨울의 수水의 응축하는 기운이 오기 직전에 술토戌土 속으로 들어가 숨어 버린다. 해亥·자子·축丑의 긴 겨울을 지나 인목이라는 봄이 올 때, 술토에서 다시 병화를 꺼내 사용할 수 있으면 술토가 창고로 쓰이고 완전히 사라지면 묘지가 된다. 곧 사주에 술토가 있으면 그곳에 병화를 숨겼다가 인목처럼 화의 기운을 살리는 지지가 올 때 다시 사용할 수 있다.

사유축巳酉丑 삼합과 **신자진**申子辰 삼합 역시 동일하게 태어나고 번성하고 숨어드는 궤도 운동을 한다. 사유축 삼합에서 경금庚金은

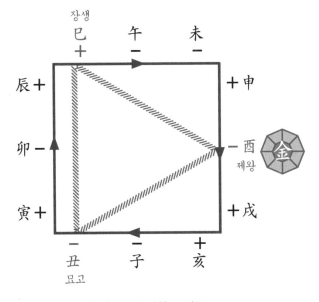

사유축巳酉丑 삼합 — 경금

앞 계절인 여름이 시작되는 사화巳火에서 나와 오午·미未·신申을 거쳐 성장하고 유금酉金에 열매가 한껏 무르익었다가 술戌·해亥·자子를 통해 얼어붙고, 봄이 오기 직전 축토丑土 속으로 들어가 인寅·묘卯·진辰의 봄을 견딘다.

신자진 삼합에서 겨울의 임수壬水는 가을이 시작되는 신금申金에서 나와 유酉·술戌·해亥를 거쳐 자라다가 자수子水에서 절정에 오르며 축丑·인寅·묘卯를 지나 서서히 약화되고, 여름이 오기 바로 전인 진토辰土 속으로 들어가 가을이 올 때까지 뜨거운 열기를 견딘다. 경금이 축토를, 임수가 진토를 창고나 묘지로 사용하는 것도 또한 다른 천간과 동일하게 해석하면 된다.

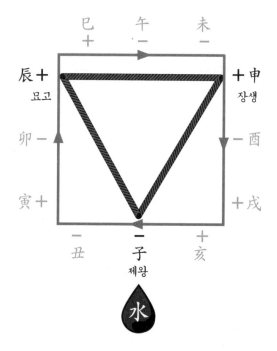

신자진申子辰 삼합 ― 임수

　지금까지 10천간 중에서 양천간인 갑甲·병丙·무戊·경庚·임壬이 12지
지를 차례대로 돌면서 생장하고 소멸하는 것을 보았다. 그런데 음간
에도 삼합이 있다. 을乙·정丁·기己·신辛·계癸는 12지지를 거꾸로 돌면
서 생장하고 소멸하는데, 양간의 삼합과 동일한 기점으로 궤도 운동
을 한다.

　을목乙木은 오화午火에서 나와 인목寅木에서 최고로 번성하였다가
가을이 오기 전 술토戌土 속으로 들어가 숨으니, 병화丙火와 동일하게
인오술寅午戌 궤도 운동을 한다. 다만 술토를 묘지나 창고로 하는 것

은 같지만 탄생하고 번성하는 기점이 서로 바뀌어 있다. 을목과 병화의 관계가 육친으로 서로 상관과 정인이니, 엄마가 자식과 같은 궤도 운동을 한다고 보면 된다.

이상의 설명이 처음에는 다소 복잡하게 보일지라도 하나의 원리로 궤도 운동을 하는 것이니, 반복하여 연습해서 이 원리가 머리에서 저절로 응용되도록 충분히 익혀야 한다.

사실 이것만 제대로 익혀 놓으면 뒤에서 설명할 12운성까지 거의 이해한 것이니, 앞으로 명리학에서 원리 파악 때문에 고생할 일은 거의 없다. 다시 말해 명리학에서 넘기 어려운 고비가 둘 있으니, 하나는 오행의 생극 관계로 육친을 파악하는 일이고 다른 하나는 10천간이 12지지를 따라 생멸하는 것으로 운을 파악하여 사주를 바로 해석하는 일이다. 그러니 후자인 삼합에서 운이 어떻게 흘러가는지 이해할 수 있으면, 사주의 기초에서 어려움은 거의 남지 않은 셈이다.

그다음에 배워야 할 것은 사주의 구조를 파악하는 것인데 별로 어렵지 않다. 이를테면 임수壬水가 있을 때, 그것이 신금申金 위에 있느냐 아니면 진토辰土 위에 있느냐 등의 구조를 따지는 것이다. 곧 임수가 자신을 탄생시키는 신금 위에 임신壬申으로 있을 때와 임수가 묘지나 창고로 들어가는 진토辰土 위에 임진壬辰으로 있을 때와의 차이를 구분하는 것이다. 말할 필요도 없이 신금 위의 임수는 힘이 세고, 진토 위의 임수는 힘이 없다고 보면 되는데, 벌써부터 이것을 알아야할 필요는 없다. 먼저 앞에서 육친 관계를 익혀야 하는데, 을목에게는 병화가 상관이고 병화에게는 을목이 정인이라는 것이 바로 머리에

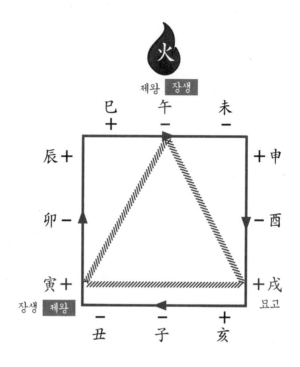

인오술寅午戌 삼합 ― 병화, 무토, 을목

떠오르지 않아서는 안 되니 충분히 연습하기 바란다.

다시 음천간의 삼합에 대한 설명으로 돌아가자. 위의 그림에서 을목乙木과 병화丙火가 같은 자리에 있는 것은 인오술寅午戌이라는 같은 삼합의 궤도 운동을 하기 때문이다. 외우기 어려우면 어머니는 그 자식과 같은 길로 돌아다닌다고 생각하라. 병화丙火(무토戊土)는 을목乙木이, 갑목甲木은 계수癸水가, 경금庚金은 기토己土(정화丁火)가, 임수壬水는 신금辛金이 정인이다. 무토와 병화가 함께 있고, 기토와 정화가 함께 있는 것은 토가 화와 같은 궤도를 운동하기 때문이다. 다만 화

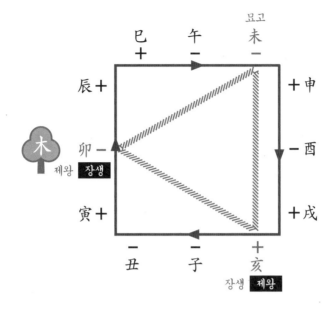

해묘미亥卯未 삼합 — 갑목, 계수

가 토를 낳는 화생토火生土 관계이기 때문에 사주 해석에서 토土의 반응이 화火의 반응보다 다소 늦게 일어난다고 보면 된다.

계수癸水는 갑목甲木과 같은 궤도를 거꾸로 도는 운동을 한다. 다만 갑목이 왕성한 곳 곧 묘목卯木에서 탄생하여 갑목이 나오는 해수亥水에서 가장 왕성하니, 탄생하는 곳과 가장 왕성한 곳이 갑목과 서로 바뀌었다고 보면 된다. 갑목은 12지지를 차례로 돌기 때문에 반대 계절인 가을이 오기 전에 미토로 들어가 숨고, 계수는 12지지를 거꾸로 돌기 때문에 반대 계절인 여름이 오기 전에 미토 속으로 들어가 숨는다. 자신과 반대 계절을 맞이하면 그 계절을 맞이하기 직전에 바로 들

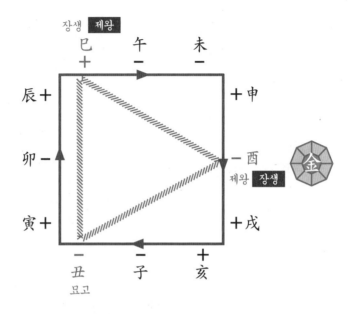

사유축巳酉丑 삼합 — 경금, 기토 , 정화

어가 숨기 때문에 계수나 갑목은 모두 미토를 묘고墓庫 곧 묘지나 창
고로 사용하는 것이다. 이를 일컬어 외우기 쉽게 자식이 죽는 곳에서
어미가 죽는다고 말하기도 한다.

　사유축巳酉丑 삼합의 기점을 경금庚金과 정화丁火·기토己土가 함께
하는 것 역시 마찬가지다. 순행順行하는 경금은 12지지를 차례로 돌
기 때문에 앞선 계절인 여름이 시작하는 사화巳火에서 탄생하고 자신
의 계절인 유금酉金에서 아름다운 결실을 맺고 반대 계절인 봄이 오
기 직전에 축토丑土로 들어가 숨는다. 음간인 정화는 12지지를 거꾸
로 돌기 때문에 가을의 유금酉金에서 나와 자신의 계절인 사화巳火

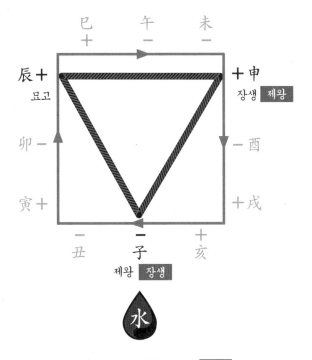

신자진申子辰 삼합 — 임수, 신금

에서 찬란한 빛을 내다가 반대 계절인 겨울이 본격적으로 닥치기 전에 축토丑土로 들어가 숨는다. 금金은 목木이 오기 전에 피하니, 순행하는 경금은 축토 속으로 들어가 숨고, 역행하는 신금辛金은 진토 속으로 들어가 목과 부딪히지 않는다. 기토己土가 정화丁火와 같은 궤도 운동을 하는 것은 무토戊土가 병화丙火와 같은 궤도 운동을 하는 것과 같다고 보면 된다.

　신자진申子辰 삼합의 기점을 두고 임수壬水와 신금辛金도 역시 동일한 궤도 운동을 한다. 임수는 12지지를 순행하며 신금申金에서 나와 자신의 계절인 자수子水에서 절정에 올랐다가 여름이 오기 직전에 진토辰土 속으로 들어가 숨는다. 신금辛金은 12지지를 역행하기 때문에 다음 계절인 자수子水에서 나와 자신의 계절인 신금申金에서 아름다운 열매를 맺고 반대의 계절인 봄이 오기 직전 진토 속으로 들어가 목木과의 충돌을 피한다. 수水는 그 반대인 화火가 오기 전에 피하니, 순행하는 임수는 진토 속으로, 역행하는 계수는 미토 속으로 들어가는 것이다.

사람이 태어난 그 시점의 연월일시는 그 사람의 운명을 나타낸다. 그때 사용되는 10천간과 12지지의 간지는 기운氣과 형질質의 변화를 음양오행으로 표시한 것이다. **어떤 사람이 시간의 흐름 속에 태어나 어떤 공간을 차지할 때, 그 순간 음양오행의 흐름 곧 간지가 그 사람의 정신과 신체를 구성하면서 오행의 흐름과 함께 생장하고 소멸하니, 사주는 바로 그 사람의 운명이라는 의미다.**

연·월·일·시라는 네 개의 기둥 곧 사주四柱는 단순히 태어난 시간만을 표시하는 것이 아니라 인간의 삶을 표현한 것이기도 하다. 곧 수많은 조상님들年柱이 계셔서 본인의 부모님月柱을 낳으시고, 부모님이 본인日干을 낳으시니, 그 본인이 배우자日支를 맞이하여 자식들時柱을 낳고 살다가 사라지는 것이 인생이기 때문이다.

이처럼 명리학은 오행의 변화인 간지를 바탕으로 인간의 운명을 연구하는 학문이다. 사람이 어느 시점에 태어나 어떤 공간을 차지하는 순간 그 당시의 기운과 형질은 바로 그 사람의 정신과 신체를 구성하여 천지의 흐름 속에서 함께 소용돌이치며 변화하게 되니, 명리학은 바로 이와 같은 음양오행의 변화를 파악하는 학문이다. 필자가 이 책을 몇십 쪽만 읽어도 명리학을 알 수 있다고 큰소리친 이유를 이제 독자들은 어느 정도 알 수 있을 것이다. 이후의 설명은 간지로 표현된 음양오행의 사소한 흐름과 변화를 설명한 것에 지나지 않으니, 크게 어려울 것도 없다. 재삼 당부하는 것으로 육친으로 음양오행의 관계를 파악해야 하니 생각하지 않아도 먼저 육친이 바로 머리에 떠오를 수 있도록 아주 충분히 연습하길 바란다.

신금辛金이 해수亥水를 보면 육친으로 무엇인지 답해 보라. 상생상극 관계를 따져본 뒤에 머리에 떠올라서는 안 되고 보는 즉시 바로 상관이라는 것을 알 수 있어야 한다. 그렇지 않으면 이것을 따지느라 더 중요한 사주 구조를 파악할 수 없게 된다.

육친으로 사주 구조를 파악하는 것이 저절로 되어야 비로소 운의 흐름과 함께 사주의 인자들이 어떻게 변화하는지 보이기 시작한다. 명리학을 익히려면 구구단을 외워 곱셈과 나눗셈을 익히는 데 들인 노력 정도는 투자하라는 필자의 당부를 명심하기 바란다. 사람의 운명을 아는 엄청난 학문을 익히면서 이 정도의 노력도 하지 않으려고 한다면 아주 이상한 일이다.

삼합: 해묘미亥卯未 → 갑甲·계癸

인오술寅午戌 → 병丙·무戊·을乙

사유축巳酉丑 → 경庚·정丁·기己

신자진申子辰 → 임壬·신辛

---

2. 지지의 충

충沖은 힘의 크기는 같지만 음양은 반대인 것들끼리 서로 부딪히는 것이다. 곧 일양의 자子와 일음의 오午가, 이양의 축丑과 이음의 미未가, 삼양의 인寅과 삼음의 신申이, 사양의 묘卯와 사음의 유酉가, 오양의 진辰과 오음의 술戌이, 육양의 사巳와 육음의 해亥가 서로 정면으로 부딪히는 것이다.

충은 반대 방향으로 운동하는 기운이 서로 부딪힌 것이니, 이런 기운이 운에서 올 때 정면으로 부딪히지 않으려면 태어난 나라와 기운이 다른 먼 외국에 다녀오는 것이 좋다. 원국에 있는 경우는 삶의 환경에서 두 기운이 서로 부딪히면서 떠미는 형태다. 이 경우에는 왔다갔다 하는 직업을 택하는 등 삶의 환경을 역마로 사용하는 것이 좋으니 자신의 선천적 특성을 그대로 발휘하는 것이다.

사주 원국에 충이 많으면 서로 부딪히는 원초적인 특성 때문에 성격이 까칠하다고 보면 되고, 합이 많으면 서로 합하는 원초적인 특성 때문에 성격이 좋다고 보면 된다. 이어서 설명할 형이나 파·해·원진이 많아도 성격이 좋지 않다.

충과 합이 반반씩 있을 경우에는 인간관계에 아주 능숙한 사람으로 보면 될 것이다. 부딪히는 성격과 합하는 성격이 동시에 있으니, 때려 놓고 달래거나 달래면서 때릴 수 있다. 정치적인 속성이 뛰어난 사람들은 자신의 목적을 이루기 위해 한편으로 협박을 하면서 또 다른 한편으로 화해의 표시를 보내기도 하니, 충과 합을 자신의 목적을 위해 동시에 사용한다고 보면 될 것이다.

3. 형

① 인사신 삼형

인사신寅巳申 삼형은 병화丙火의 인오술寅午戌 삼합, 경금庚金의 사유축巳酉丑 삼합, 임수壬水의 신자진申子辰 삼합에서 인寅·사巳가 다음 계절로 빨리 달려가 각기 병화의 왕국, 경금의 왕국을 만들려는 성급함 때문에 인목寅木이 사화巳火를 오화午火로 착각하고, 사화巳火가 신금申金을 유금酉金으로 착각하여 발생하는 것이다.

인오술寅午戌 삼합에서 인목은 봄이 오면 술토戌土 속에 들어 있는 천간인 지장간 신辛·정丁·무戊에서 정화丁火를 불씨로 자신의 몸에 불을 붙여 찬란한 병화를 만들기 위한 여름날을 애타게 기다린다. 그러다가 여름 곧 사화巳火가 오는 순간 그것이 오화午火라고 착각하여 바짝 달라붙어 이제 우리의 때가 되었으니 병화를 화려하게 꽃피우자고 속삭인다. 그런데 사화는 사유축巳酉丑 궤도를 돌며 경금庚金을 만들어야 하기 때문에 인목의 요구를 거부하지만 인목은 막무가내로 매달려서 이들 사이에 양보하고 타협해야 할 불편한 관계가 형성되니, 그것이 바로 인사형寅巳刑이다.

이어지는 설명도 원리는 동일하다. 경금庚金은 사유축巳酉丑이라는 삼합의 궤도 운동을 하니, 사화의 작열하는 열기 속에 열매 맺기 시작하여 유금에 무르익어 열매를 맺은 후 인묘진寅卯辰이라는 봄이 오기 직전에 축토 속으로 들어가 봄을 안전하게 보내다가 여름이 오면 다시 열매 맺기 시작한다.

그런데 사화는 언제나 유금酉金을 만나 열매 맺기를 간절히 기다리기 때문에 가을의 시작인 신금申金이 오면 유금酉金으로 착각하여 그것에 달라붙어 놓아 주지 않는다. 그러나 정작 신금은 신자진申子辰 궤도를 돌며 임수壬水를 만들어야 하기 때문에 인寅과 사巳처럼 또 양보하고 타협해야 할 불편한 관계가 형성되니, 그것이 사신형巳申刑이다.

인사신寅巳申 삼형은 인사신해寅巳申亥에서 발생하는 것이지만 신申과 해亥 사이와 해亥와 인寅 사이에서는 발생하지 않는다. 응축하는 기운이 강한 해亥의 참는 특성으로 인해 그 불편한 관계가 다소 약하게 드러나 형刑이 되지 않고 그보다 약한 파破나 해害 정도로 나타나기 때문이다.

자세히 말하자면 임수壬水는 신자진申子辰 삼합의 궤도를 운동하니, 신금申金의 서늘한 가을바람에 이슬이 맺히기 시작하여 자수子水에서 왕성한 물이 되었다가 화火가 오기 직전에 진토辰土 속으로 들어가 여름을 무사히 보낸다. 그러다 가을이 오면 진토 속에 들어 있던 천간 계수癸水로 밑천을 삼아 다시 서서히 물을 만들기 시작한다. 그런데 신금申金은 임수의 왕국을 만들고 싶은 강렬한 욕망 때문에 겨울이 오자마자 해수亥水를 자수子水로 착각하여 결합하려 한다. 그런데 서로 원하는 삼합 운동이 달라 갈등이 나타나지만 해수의 응축 작용으로 인해 약하게 해害 정도로 나타나는 것이다.

갑목甲木의 해묘미亥卯未 삼합에서도 역시 해수亥水가 인목寅木을 묘목卯木으로 오해하여 달라붙는다. 그런데 해묘미亥卯未와 인오술寅午戌의 삼합 운동이 달라 서로 불편한 관계가 형성되지만 그렇게 심각하지 않아 형刑까지 가지 않는다. 정리하자면 신해해申亥害와 해인파亥寅破는 모두 해수의 응축하는 힘 때문에 갈등이 크게 드러나지 않는 것으로 보면 된다.

이어서 설명할 축술미丑戌未 삼형도 마찬가지인데, 형살은 서로 조금씩 양보함으로써 조정해야 하는 상황이 발생하는 것이다. 그러니 형살이 원국에 있으면 이것과 저것을 조금씩 양보하게 만들어 조정하는 특성이 그 사람에게 원천적으로 있다고 본다. 또 이를 적극적으로 활용해 의료·법률·보험·가공을 직업으로 하면 좋다. 의료는 몸의 불균형을, 법률은 사람들 사이의 분쟁을 바로 잡는 것이니, 원국에 형살이 있으면 그것에 능숙할 수밖에 없다. 약하게는 사고를 조정하는 보험과 물품을 서로 조립하는 가공으로 사용할 수 있다. 운에서 형살이 들어오면 형사소송이나 수술할 일이 생길 수 있다. 인사신이나 축술미의 삼형살이 원국에 있으면서 운에서 또 들어오면 그 특성이 더 강하게 드러난다고 보면 된다.

② 축술미 삼형

축술미丑戌未 삼형은 경금庚金의 사유축巳酉丑의 삼합, 병화丙火의 인오술寅午戌 삼합, 갑목甲木의 해묘미亥卯未 삼합에서 축丑·술戌·미未가 각기 삼합의 인자를 묻으려고 하고 방합의 인자를 보호하려고 하는 충돌 때문에 발생하는 것이다. 곧 축토丑土가 경금을 묻으려고 하는데 술토戌土가 방합으로 막으려고 하고, 술토戌土가 병화를 묻으려고 하는데 미토未土가 방합으로 막으려고 하기 때문에 서로 마찰을 빚는 것이다. 각기 그 하나하나가 어떻게 되는지 살펴보자.

12지지에서 토土를 담당하는 진술축미辰戌丑未는 다음 계절이 오기 전에 그 반대 계절의 양간을 창고나 묘지에 감추거나 묻어 둠으로써 안전하게 보호하는 역할을 한다. 술토戌土는 해자축亥子丑이라는 겨울이 오기 전에 여름의 상징인 병화丙火를 묻거나 감춤으로써 겨울을 넘겼다가 봄이 오면 인목寅木에게 불의 씨앗을 전해 주어 사오미巳午未라는 활활 타는 여름을 만들게 한다. 그런데 미토未土가 술토戌土와 함께 있으면 미토가 사오미巳午未로 방합을 이루기 때문에 술토가 여름의 상징인 병화를 묻어 버리는 상황을 형제나 친구가 창고나 무덤으로 들어가는 상황처럼 가만히 두고 볼 수만은 없으니, 술토와 미토 사이에 서로 양보·조정해야 할 일이 생긴다.

축토丑土와 술토戌土 사이에도 같은 상황이 벌어진다. 축토는 인묘진寅卯辰이라는 봄이 오기 전에 경금庚金을 감추거나 묻어 두었다가 사화巳火가 오면 금의 씨앗을 전해 주어 신유술申酉戌 가을에 다시 결실을 맺게 한다. 그런데 술토가 축토와 함께 있으면 술토가 신유술申酉戌로 방합을 이루기 때문에 가을의 상징인 경금을 묻어 버리는 일을 방관할 수 없어 서로 양보하고 조정해야 할 일이 생긴다.

인사신寅巳申 삼형이 성급하게 삼합을 이루려다가 생긴 소란이라면 축술미丑戌未 삼형은 삼합을 이루어 묻어 버리는 것에 반발하여 생긴 분란이니, 두 가지 경우 모두 서로의 이권을 조금씩 양보·조정해야 하는 상황을 뜻한다.

다음 계절로 달려가는 인사신해寅巳申亥 중에서 해수亥水는 그 응축하는 특성 때문에 형살이 아니라 그보다 약한 것으로 되었듯이, 진술축미辰戌丑未의 묻어 버리는 작용에서도 그러한 것이 있다. 곧 진토辰土는 확산하는 성질 때문에 묻는 특성이 약화되니 진토를 중심으로 축토와 미토의 형살은 그보다 약한 파破가 된다.

진토는 여름인 화火의 확산을 강하게 매개하기 때문에 묻는 작용이 약화된다. 그러하여 축토와 진토가 임수壬水의 해자축亥子丑 방합 때문에 서로 조정해야 할 문제가 발생할지라도 덜 심각하다. 마찬가지로 진토가 사오미巳午未의 미토와 갑목甲木의 삼합 때문에 만날지라도 축술미丑戌未처럼 강력하게 작용하지 못하니, 결국 형이 그대로 드러나지 않고 진미파辰未破나 진축파辰丑破로 약화되어 나타나는 것이다.

정리하자면 **인사신寅巳申 삼형은 삼합을 위해 다음 계절로 달려가려는 특성 때문에 생긴 형살이고, 축술미丑戌未 삼형은 방합과 관련하여 형제나 친구를 묻지 못하게 하는 특성 때문에 생긴 형살이다.** 인사신 삼형에서 해亥가 제외된 것은 해수의 응축하는 특성이 다음 계절로 나아가려는 특성을 다소 약화시켜 파破나 해害로 작용하기 때문이고, 축술미 삼형에서 진辰이 제외된 것은 진토의 확산하는 특성이 묻으려는 특성을 약화시켜 파나 해로 작용하기 때문이다. 인사신 삼형과 축술미 삼형은 삼합과 방합을 이루는 지지의 특성과 관련하여 생긴 형살이라고 정리하면 된다.

③ 자묘형과 자형

아래의 삼합 궤도에서 양간 오행의 상생 관계를 꼼꼼히 들여다보자.

> 신자진申子辰: 임수壬水 · 신금辛金
>
> 해묘미亥卯未: 갑목甲木 · 계수癸水
>
> 인오술寅午戌: 병화丙火 · 무토戊土 · 을목乙木
>
> 사유축巳酉丑: 경금庚金 · 기토己土 · 정화丁火

임수壬水의 신자진申子辰 삼합 궤도는 갑목甲木의 해묘미亥卯未 삼합 궤도를 수생목水生木으로 생해 주어 곧 신금申金은 해수亥水를, 자수子水는 묘목卯木을 생해 주어야 할 것처럼 보인다. 그런데 앞에서 설명했듯이 신금申金은 신자진申子辰 삼합운동을 염원하기 때문에 해수亥水를 생하기보다는 도리어 불편한 관계를 형성하니 그것이 신해해申亥害다. 자수子水도 묘목卯木을 생해 주어야 할 것 같지만 해자축亥子丑이라는 겨울의 왕국을 지키고 있어야 함은 물론 수水의 강한 응축으로 수생목水生木을 하지 않아 불편한 관계가 형성되니, 이것이 자묘형子卯刑이다.

말이 나온 김에 자수子水와 관련해서 바로 이어 설명할 유자파酉子破까지 한꺼번에 설명할 수 있다. 경금庚金의 사유축巳酉丑 삼합 궤도는 임수壬水의 신자진申子辰 삼합 궤도를 금생수金生水로 생해 주어야 할 것처럼 보인다. 곧 사화巳火는 신금申金을, 유금酉金은 자수子水를 생하게 해야 할 것 같지만, 앞에서 설명했듯이 사화巳火는 사유축巳酉축을 꿈꾸기 때문에 신금申金을 생하기보다는 오히려 불편한 관계를 유발시키고 마니 이것을 사신형巳申刑이라 한다.

유금酉金도 자수子水를 생해 주어야 할 것 같지만 사유축巳酉丑이라는 가을인 금金의 왕국을 지키기 위해 꼼짝도 하지 않고 제자리에 머물러 있어야 하기 때문에 서로 불편한 관계가 형성되니 이것이 유자파酉子破다.

해묘미亥卯未 신자진申子辰

인오술寅午戌 해묘미亥卯未

사유축巳酉丑 인오술寅午戌

신자진申子辰 사유축巳酉丑

해묘미亥卯未 신자진申子辰

위의 삼합을 자세히 관찰하면서 인사신寅巳申 삼형과 축술미丑戌未 삼형에 대해 잠시 생각해 보길 바란다. 해인亥寅과 신해申亥가 해수亥水의 응축하는 특성 때문에 형이 되지 않고 파破와 해害가 되며, 역시 진미辰未와 진축辰丑도 여름의 확산하는 화火에 가까이 있는 진토辰土의 특성 때문에 형보다 약한 해害와 파破가 된다.

해묘미亥卯未 삼합 궤도와 인오술寅午戌 삼합 궤도에서 상생 관계를 동일하게 따지면 해인파亥寅破와 묘오파卯午破 및 술미형戌未刑이 나온다. 또 인오술寅午戌과 사유축巳酉丑의 관계는 다소 특이한데, 병화丙火가 무토戊土와 동일한 궤도 운동을 하여 화생토火生土한 다음에 이어서 토생금土生金한다고 보고 유추하면 된다.

또 앞의 삼합에서 삼형에 해당하는 것을 붉은 글씨로 쓰고 해亥와 진辰을 파란 글씨로 한 것은 해해亥亥·진진辰辰·오오午午·유유酉酉의 자형自刑도 함께 설명하기 위함이다. 인사신해寅巳申亥에서는 해수亥水와 관계된 것이 형이 되지 않고, 진술축미辰戌丑未에서는 진토辰土와 관계된 것이 형이 되지 않으니, 해수의 응축하는 특성과 진토의 확장하는 특성 때문이다.

그런데 이것들이 겹으로 중복되면 다소 애매하고 모순적인 특성이 내부에서 서로 충돌을 일으켜 스스로 자신을 형하게 되고 만다. 곧 해수의 물로서 응축하는 특성과 계절의 시작으로서 다음 계절로 나가려는 특성이, 또 진토의 토로서 묻어 버리는 특성과 여름의 확산시키는 특성이 겹쳐 문제가 되는 것이다. 이것을 해해亥亥와 진진辰辰의 자형自刑이라고 한다.

계절의 중앙인 자묘오유子卯午酉는 그 특성상 자신의 계절에 머물러 있어야 하는데, 여기에도 문제가 생길 수 있다. 먼저 자수子水를 살펴보면 자수는 강한 응축력 때문에 다른 것들과 더욱 담을 쌓는 관계를 만든다. 자수는 분출의 특성이 있는 묘목卯木과 수생목水生木이 되지 않아 형刑이 되고, 수렴의 특성이 있는 유금酉金과는 금생수金生水가 원활하게 되지 않아 파破가 된다.

묘목卯木과 오화午火도 근본적으로 분출·확산하려는 특성이 있는데 매끄럽게 목생화木生火가 되지 않으니 파破의 관계다. 오화午火와 유금酉金은 그 중간에 화생토火生土에서 토생금土生金의 단계를 거쳐야 하니 별 관계가 성립하지 않는데, 다만 그 대신 이것들이 겹쳐지면, 관계가 단절된 것 때문에 스스로 모순을 일으키니 이를 오오午午와 유유酉酉의 자형自刑이라 한다.

부가적으로 정리하자면, 자묘오유子卯午酉의 관계에서 자묘子卯는 형刑, 묘오卯午와 유자酉子는 파破의 관계에 있다. 자묘子卯는 수생목水生木의 관계지만 자子의 강한 응축이 목木의 분출과 서로 대립하여 자묘형子卯刑이 성립한다. 묘오卯午는 목생화木生火의 관계에서 목木의 분출과 화火의 확산이 어느 정도 방향이 맞아 형刑보다 약한 파破가 성립하고, 유자酉子 역시 금생수金生水의 관계에서 금金의 수렴과 수水의 응축이 어느 정도 방향이 맞아 형刑보다 약한 파破가 되었다.

오午와 유酉가 함께 있어도 아무런 일도 없는 것은 화火와 금金이 서로 생해 줄 일이 없기 때문인데, 대신 오오午午와 유유酉酉로 겹치면 화생금火生金이 되지 않은 것이 강하게 작용하여 스스로 형刑을 하게 된다.

자묘형: 자묘형子卯刑

자형: 해해형亥亥刑 진진형辰辰刑 오오형午午刑 유유형酉酉刑

4. 파

파破는 글자 그대로 서로의 작용을 파괴함으로써 방해하는 것으로, 그 인자의 기운을 제대로 사용하지 못해 불편한 관계가 되는 것이다. 내부적인 문제로 관련 인자의 역할을 제대로 발휘하지 못하게 하는 것이어서, 입시시험처럼 중요한 일을 할 때마다 체하거나 두통이 오는 경우처럼 주로 정신적인 문제로 드러난다.

파破는 칼로 베어 내는 수술처럼 뚜렷하게 드러나는 형살과 달리 긍정적으로 사용할 수도 있다. 이 경우에는 말이나 정신적으로 압력을 주어 움직이게 하는 힘이 될 수도 있는 것이다. 곧 내부적인 것을 움직여서 용도를 바꾸는 것이거나 내면적으로 약하게 형살을 사용하여 목적을 이루는 것으로 보면 된다.

진축파辰丑破에서 축토丑土는 진토辰土가 삼합으로 임수壬水를 감추려는 작용을 방해하고, 진辰은 축丑이 겨울이라는 수水로서 작용하지 못하게 방해한다. 진미파辰未破에서도 진辰은 미未가 삼합에서 목木을 감추려는 작용을 방해하고, 미未는 진辰이 목木의 방합으로 작용하지 못하게 방해한다. 마찬가지로 사신파巳申破는 사巳의 확산과 신申의 수렴이, 해인파亥寅破는 해亥의 응축과 인寅의 분출이 서로 조화를 이루지 못하는 것으로 보면 된다.

묘오파卯午破와 유자파酉子破는 자신의 계절을 지키려고 하는 수생목水生木과 금생수金生水가 원활하게 이루어지지 않은 것으로 보면 된다. 앞에서 형살의 설명과 함께 종합하여 생각해 보면, 간지의 특성에 대해 더욱 자세히 알게 될 것이다.

5. 해

해害는 형刑보다는 약하지만 말 그대로 해로운 영향을 끼치는 것이다. 앞에서 말한 신해해申亥害를 포함하여 육합하는 짝을 충으로 튕겨내어 방해하는 작용도 해다. 자子와 축丑이 합하여 수水·토土가 되는데, 오午가 자子를 충하고 미未가 축丑을 충해 서로 방해하니, 자미子未와 축오丑午가 해다. 역으로 오午와 미未가 합하여 화火·토土가 되는데, 자子가 오午를 충하고 축丑이 미未를 충하여 자미해子未害와 축오해丑午害가 발생한다.

해亥와 인寅이 서로 합하여 목木이 되는데, 사巳가 해亥를 충하고 신申이 인寅을 충하니, 인사寅巳와 신해申亥가 해다. 묘卯와 술戌이 합하여 화火가 되고, 진辰과 유酉가 합하여 금金이 되는데, 묘卯와 유酉가 진辰과 술戌이 서로 충하니 묘진卯辰과 유술酉戌이 해다. 사巳와 신申이 합하여 수水가 되는데, 해亥가 사巳를 충하고 인寅이 신申을 충해 인사寅巳와 신해申亥가 해다.

육합도 합의 일종이므로 그 목적은 음양이 합해 새로운 무엇을 만드는 것인데, 해害는 그것을 방해하여 망가지게 한다. 그러니 해가 있으면 합동해서 하는 작용을 방해해 공동의 일을 할 때 다른 사람들과 서로 마음이 잘 맞지 않아 곤란을 당한다. 그 대신 혼자 일하는 능력

2부 법칙 편 ○

131

이 발달하고 운을 만나면 그 능력을 십분 발휘하니 하늘은 공평하다고 할 수 있다. 곧 하나의 약점이 다른 상황에서는 남들보다 강한 장점이 될 수 있음을 알고, 사주에 이런 특성이 있으면 부정적으로만 보지 말고 그것에 맞추어 살 수 있도록 조언을 해 주어야 한다.

필자가 명리학을 연구하면서 살펴본 결과 천간의 합·충이나 지지의 합·형·충·파·해는 기운이 생장하고 소멸하면서 서로 특이하게 간섭하는 현상에 대한 것이다. 해亥를 기준으로 말한다면, 인寅과는 육합으로 합合도 하고 파破도 하는 현상이, 묘卯와는 삼합으로 합하는 현상이, 사巳와는 충돌하는 현상이, 신申과는 해害하는 현상 등이 발생하는 것이다. 합·형·충·파·해만 제대로 알고 있어도 얼마든지 사주를 잘 해석할 수 있으니, 이상의 내용을 충분히 이해하고 잘 익히길 바란다.

해: 자미해子未害 축오해丑午害 인사해寅巳害

묘진해卯辰害 신해해申亥害 유술해酉戌害

---

6. 원진

나는 상대와 충沖으로 한창 싸우고 있는데, 덕 볼 일이라도 찾는 것마냥 팔짱 끼고 구경하는 사람이 있다면 그가 한없이 미울 것이니, 이런 것이 원진元嗔이다. 자수子水와 오화午火가 또는 축토丑土와 미토未土가 충으로 전쟁을 하는데, 옆에서 재미있다는 듯이 보고 있어 서로 미워하는 관계가 자미子未와 축오丑午 원진이다. 인목寅木과 신금申金 또는 묘목卯木과 유금酉金이 충으로 부딪히며 싸우는데, 옆에서 즐겁게 보고 있어 서로 싫어하는 관계가 인유寅酉와 묘신卯申 원진이다. 진토辰土와 술토戌土가 또는 사화巳火와 해수亥水가 충으로 격돌하는데, 신나게 구경하고 있어 서로 얄밉게 보는 관계가 진해辰亥와 사술巳戌 원진이다.

지지의 운행 궤도를 살펴보면 원진을 더 잘 이해할 수 있다. 진해辰亥 원진의 경우, 진토辰土는 자신의 계절인 여름의 후반부부터 곧 사오巳午와 미월未月 중반부까지 해수亥水를 무덤이나 창고에 감추어 버려 사용하지 못하도록 하는 관계다. 곧 그때가 뒤에서 배울 12운성의 해수亥水(임수壬水)의 묘·절·태·양에 해당한다. 만약 해수亥水를 재나 관으로 중요하게 사용한다면, 진토辰土 때문에 진사오미辰巳午未 계절 동안 곧 12지지에서 3분의 1 정도는 그것이 제 역할을 하지 못한다고 보면 된다.

사술巳戌 원진에서도 술토戌土는 술해자축戌亥子丑에 사화巳火를 묻어 놓고 동일하게 12운성에서 사화巳火(병화丙火)의 묘·절·태·양까지 사용하지 못하도록 눈을 부릅뜨고 지키고 있다고 보면 된다.

그런데 음간은 양간과 달리 12운성의 쇠·병·사에 더 괴로우니, 자미子未 원진에서는 자수子水가 미신유술未申酉戌에서, 축오丑午 원진에서는 오화午火가 축인묘진丑寅卯辰에서 더 약해진다고 보면 된다.

나머지도 12운성으로 그 관계를 따져보면 되는데, 아마 이 부분은 독자들이 아직 이해하기 어려울 것이니, 바로 이어지는 뒤에서 12운성에 대해 어느 정도 이해를 한 다음에 다시 읽어 보기 바란다. 앞에서 삼합을 설명하면서 살짝 언급은 했지만 간지의 생장·소멸을 12지지로 표시한 것이 12운성이다. 명리학 공부에서 간지의 생장·소멸을 정확히 바로 알기 위해서는 반드시 12운성을 이해하고 저절로 머리에 떠올릴 수 있을 정도로 충분히 익혀야 한다.

> **원진**: 자미子未 축오丑午 인유寅酉
> 묘신卯申 진해辰亥 사술巳戌

천을귀인과 삼기귀인

필자는 명리 원리에 대해 가능한 신살神殺을 사용하지 않고 설명하려 한다. 오행의 생극과 간지의 생장·소멸 및 운동 법칙을 가지고 사주를 논리적으로 훌륭하게 설명하고 해석할 수 있다고 보기 때문이다. 그런데 긴 세월 동안 사주를 보면서 무슨 이유인지는 아직 모르겠지만 천을귀인과 삼기귀인의 적중률이 아주 높음을 체험했다. 그래서 특별히 독자들께서도 사주 해석에 참고하시라고 작은 지면이라도 할애하여 간략히 적어 두고자 한다. 필자는 아직까지 신살에 대해 논리적으로 설명할 실력을 갖추지 못하였다. 그러니 독자들께서 사주를 익혀 그 작용에 대해 연구하여 학계에 보고함으로써 많은 사람들의 명리 공부에 도움을 주시길 부탁드린다.

천을귀인
천을귀인天乙貴人이 드는 해에 특별한 일로 만난 사람은 그 관계가 좋아 오래도록 유지되고, 평상시에도 천을귀인의 띠를 만나면 그 사람과 하는 일이 잘 풀리고 도움을 많이 받으니, 가능하다면 천을귀인의 띠를 골라서 사귀면 좋다. 일간을 기준으로 갑甲·무戊·경庚은 축丑·미未가, 을乙·기己는 자子·신申이, 병丙·정丁은 해亥·유酉가, 신辛은 인寅·오午가, 임壬·계癸는 사巳·묘卯가 각기 천을귀인이다.

그런데 사주에 천을귀인은 하나만 있어야 좋다. 두 개 이상 있으면 그것에 의지하는 특성이 강해져 사람이 너무 느긋하거나 씀씀이가 사치스럽고 헤퍼 도리어 인생에 도움이 되지 않는 경우가 흔하다. 예를 든다면, 돈을 빌려주고도 상대방이 줄 때가 되면 줄 것이라고 생각하고 스스로 달라고 하지 않는 식이다.

삼기귀인

연월일이나 월일시를 중심으로 **갑무경甲戊庚**이나 **을병정乙丙丁**이나 **신임계辛壬癸**가 모두 있으면 삼기귀인三奇貴人으로 여기에 술해戊亥 천문이 있으면 아주 귀격 사주다. 인간관계에서 삼기귀인을 채워주는 상대를 만나면 정신적으로 서로 잘 통하니, 배필을 구할 때 이것을 서로 맞춰 주면 아주 좋다. **갑무경甲戊庚**은 **천상삼기天上三奇**로 음양이 하늘에서 시작되는 기점과 그 중간점을 나타내고, **을병정乙丙丁**은 **지하삼기地下三奇**로 땅에서 태양이 그 열기로 생명나무를 가꾸는 것을 나타내며, **신임계辛壬癸**는 **인중삼기人中三奇**로 찬 서리와 얼음 및 물이 함께 모여 있는 것을 나타낸다. 천간이 서로 조화를 이루는 것들끼리 모여 있는 것이니, 정신적으로 서로 잘 통하는 인자들이라고 보면 된다.

인생살이 안팎의 세목

⊠

천지의 기운과 지지의 형질이 음양오행의 좌표를 따라 공간을 지배하며 끊임없이 순환하고 있다. 사람이 연월일시의 좌표를 가지고 태어날 때도 그러한 것이 있다. 그러니 운명이란 바로 그 순간의 기운과 형질이 그 사람의 몸과 마음이 되어 천지의 흐름과 함께 생멸하며 흘러가는 것을 말한다.

지금부터 설명할 **12운성運星은 기운과 형질이 생장·소멸하는 흐름을 12지지에 따라 12단계로 표시한 것이다.** 운성이란 말이 다소 어렵게 들릴 수 있으나, 글자 그대로 풀이하면 회전하며 돌아가는 별이라는 말이니, 12지지라는 별을 회전하며 돌아가는 것 또는 12단계로 회전하며 돌아가는 것으로 이해하면 된다.

조금 더 자세히 이해하려면, 오행과 간지에 대해 다시 생각해 봐야한다. 오행은 글자 그대로 다섯 가지로 흘러가는 것이니, 사물이 주기적으로 일정하게 생장·소멸하는 것을 다섯 단계로 나눠 목·화·토·

금·수라는 상징적인 부호를 붙인 것이다. 간지는 오행을 다시 하늘의 기운과 땅의 형질로 나누어 10단계와 12단계로 세분한 것이다. 12운성 역시 생장·소멸하는 흐름을 12단계로 나눈 것인데, 태양빛의 영향이 구체화되어 우리의 피부로 보다 직접 느낄 수 있는 지지의 흐름에 따라 간지가 흘러가는 것을 알기 쉽게 표시한 것이다.

정리하자면 12운성은 10천간과 12지지가 12지지의 각 단계를 순환하며 생멸하는 흐름이다. **양천간과 양지지는 앞선 계절이 시작하는 지지에서 태어나 순서대로 성장해 번성한 후에 쇠약해지다가 반**

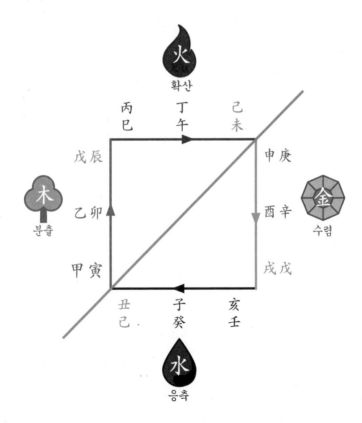

대 계절에서 사라진다. 이를테면 갑목甲木이나 인목寅木은 앞서 있는 수水의 계절인 해亥에서 자라나기 시작하여 자신의 계절인 인묘진寅卯辰에서 가장 화려하게 번성하다가 이어지는 화火의 계절부터 쇠락하기 시작하여 금金의 계절인 신유술申酉戌에서 사라진다.

반면에 **음천간과 음지지는 뒤에 있는 계절의 중간에서 태어나 지지의 순서를 역행하여 성장해 번성한 후에 쇠약해지다가 반대 계절에서 사라진다.** 이를테면 을목乙木이나 묘목卯木은 양목과 반대로 뒤에 있는 화火의 중앙인 사오미巳午未의 오午에서부터 자라나기 시작하여 자신의 계절인 인묘진寅卯辰에서 화려하게 번성하다가 앞서 있는 수水의 계절 해자축亥子丑부터 힘이 빠지면서 반대 계절인 신유술申酉戌에서는 소멸하여 사라져 버린다.

봄·여름·가을·겨울의 사계로 간략히 설명할 때, 양의 간지는 자신과 가까이 있는 앞의 계절 곧 갑甲과 인寅은 해자축의 해亥에서, 병丙과 사巳는 인묘진의 인寅에서, 경庚과 신申은 사오미의 사巳에서, 임壬과 해亥는 신유술의 신申에서 자라나기 시작하여 자신의 계절에서 가장 왕성한 힘을 자랑하다가 다음 계절부터 노쇠하기 시작하여 반대 계절이 오기 직전의 토土 속으로 들어가 숨어 있다가 그다음 계절에 다시 나와서 활동한다. 이것이 양천간과 양지지의 12운성이다.

양간이 순행하고 음간이 역행하는 것은 음과 양으로 흐르는 에너지가 고르게 평형을 유지하기 위함이다. 음의 간지는 자신의 뒤에 있는 계절의 중앙, 곧 을乙과 묘卯는 사오미의 오午에서, 정丁과 오午는 신유술의 유酉에서, 신辛과 유酉는 해자축의 자子에서, 계癸와 자子는 인묘진의 묘卯에서부터 역행하면서 거꾸로 자라나기 시작하여 자신의 계절에서 가장 왕성한 힘을 자랑하다가 앞에 있는 계절부터 노쇠하기 시작하여 반대 계절이 오기 직전의 토土 속으로 들어가 숨어 있다가 다시 뒤에 있는 계절의 중앙에서 나와서 활동하니, 이것이 음천간과 음지지의 12운성이다. 양의 간지가 앞선 계절의 처음에서 나오는 데 비해 음의 간지가 다음 계절의 중앙에서 나오는 이유는 음의 간지가 계절의 중앙에 있기 때문이다.

여기서 무토戊土와 기토己土 및 진술축미辰戌丑未에 대해서는 설명하지 않았는데, 일단 천간의 무토는 병화丙火와 기토는 정화丁火와 동일하게 12지지의 궤도를 생장·소멸하면서 운행된다고 보면 된다. 뒤에 있는 12운성표를 보면 같다는 걸 알 수 있다. 다만 사주 풀이에서는 화생토火生土가 이루어진 다음에 토의 기운이 드러나기 때문에 비록 12운성에서는 토土가 화火와 함께 동일하게 생장·소멸하며 흘러가지만, 통변할 때는 화보다 일단 반응이 다소 약간 늦게 나타나는 것으로 추리하면 된다. 지지에서 양토인 진술辰戌과 음토인 축미丑未는 묘지나 창고의 역할도 함께 봐야 하기 때문에 다소 까다로우니 3부 '적용 편'에서 자세히 설명하겠다.

앞의 설명을 이해하고 다음의 12운성표를 보면, 간지가 일정한 규칙대로 흘러가고 있음을 알 수 있으니, 그것이 바로 '장생·목욕·관대·건록·제왕·쇠·병·사·묘·절·태·양'이다. '장생'은 태어나서 자라는 것을, '목욕'은 사춘기에 씻고 닦으며 꾸미는 것을, '관대'는 의관을 갖추고 밖에서 활동하기 시작하는 것을, '건록'은 늠름하게 활동하

는 것을, '제왕'은 더할 수 없을 정도로 왕성하게 활동하는 것을, '쇠'
는 달도 차면 기운다는 노쇠를, '병'은 점점 더 쇠약해지는 병약함을,
'사'는 병들어 죽게 됨을, '묘'는 죽어서 무덤으로 들어감을, '절'은 사
라진 지 오래되어 모든 것이 끊어졌음을, '태'는 새로운 기운이 다시
돌기 시작함을, '양'은 새 기운이 속에서 힘차게 자람을 상징한다.

	甲	乙	丙	丁	戊	己	庚	辛	壬	癸
장생	亥	午	寅	酉	寅	酉	巳	子	申	卯
목욕	子	巳	卯	申	卯	申	午	亥	酉	寅
관대	丑	辰	辰	未	辰	未	未	戌	戌	丑
건록	寅	卯	巳	午	巳	午	申	酉	亥	子
제왕	卯	寅	午	巳	午	巳	酉	申	子	亥
쇠	辰	丑	未	辰	未	辰	戌	未	丑	戌
병	巳	子	申	卯	申	卯	亥	午	寅	酉
사	午	亥	酉	寅	酉	寅	子	巳	卯	申
묘	未	戌	戌	丑	戌	丑	丑	辰	辰	未
절	申	酉	亥	子	亥	子	寅	卯	巳	午
태	酉	申	子	亥	子	亥	卯	寅	午	巳
양	戌	未	丑	戌	丑	戌	辰	丑	未	辰

12운성표

장생長生: 힘이 생겨나는 것이다. 양간은 어머니의 원조로, 음간은 아들의 후원으로 밖으로 드러나기 시작한다.

목욕沐浴: 사춘기처럼 성장 과정의 어린 티를 벗어 버리고 어른으로 새롭게 태어나기 위해 몸부림치면서 다듬고 고치며 치장한다.

관대冠帶: 다른 것과 구분될 정도로 자신의 형체와 특성을 뚜렷하게 드러낸다.

건록建祿: 자신의 뜻을 있는 그대로 실현한다.

제왕帝王: 자신의 기운이 가장 강해질 때다. 왕처럼 절대 양보하지 않고 가장 활발하게 기운을 펼친다.

쇠衰: 겉으로 보기에는 자신의 운동을 전처럼 유지하고 있는 것 같지만 안으로는 힘이 빠지고 있다.

병病: 지금까지 유지된 힘으로 버티고 있지만 속으로는 힘이 거의 남아 있지 않다. 그렇지만 지상에서 가장 완벽하게 자신의 뜻을 실현하는 상태이기도 한데, 바꿀 수 없는 습관과 같다.

사死: 죽은 것과 다름없으니 힘없이 형태만 유지하고 있다.

묘墓: 자신의 형태는 사라졌지만 아직까지 그 기운의 영향이 다소 남아 있다.

절絶: 자신의 영향 곧 기운마저도 완전히 끊어져 사라졌다.

태胎: 처음의 약한 기운이 드러나지 않고 미미하게 생성되기 시작한다.

양養: 아직 형태로 드러나지는 않았지만 감촉에 의해 느낄 수 있을 정도로 존재가 확인된다.

앞에서 설명한 것으로 12운성을 쉽게 암기하기 위해서는 먼저 '생·욕·대·록·왕·쇠·병·사·묘·절·태·양'이라는 순서를 외운 다음에 삼합을 응용하면 된다. 삼합의 궤도가 곧 간지의 장생·제왕·묘지이기 때문이다. 갑목甲木과 인목寅木의 해묘미亥卯未 삼합을 예로 들면, 해수亥水가 생지 곧 장생지이고, 묘목卯木이 왕지 곧 제왕지이며, 미토未土가 묘지이니, 나머지는 순서대로 12운성을 넣으면 된다. 생지 다음이 목욕·관대·건록이니 해수亥水 이후의 자子·축丑·인寅은 목욕·관대·건록이 된다. 묘목卯木 왕지 다음이 쇠·병·사이니 진辰·사巳·오午는 쇠·병·사가 되고, 미토未土 묘지 다음이 절·태·양이니 신申·유酉·술戌은 절·태·양이 된다.

병화丙火와 사화巳火, 무토戊土와 진술토辰戌土의 운행 궤도인 인오술寅午戌 삼합을 예로 들면, 인목寅木이 생지이고 오화午火가 왕지이며 술토戌土가 묘지이니, 마찬가지로 12운성의 순서대로 나머지 간지를 넣으면 된다. 인목寅木 생지 다음이 목욕·관대·건록이니, 묘卯·진辰·사巳는 목욕·관대·건록이 된다. 오화午火 왕지 다음이 쇠·병·사이니, 미未·신申·유酉는 쇠·병·사가 되고, 술토戌土 묘지 다음이 절·태·양이니, 해亥·자子·축丑은 절·태·양이 된다.

경금庚金과 신금申金의 운행 궤도 사유축巳酉丑 삼합으로 보면, 사巳·오午·미未·신申이 장생·목욕·관대·건록이 되고, 유酉·술戌·해亥·자子가 왕·쇠·병·사가 되며, 축丑·인寅·묘卯·진辰이 묘·절·태·양이 된다. 임수壬水와 해수亥水는 신자진申子辰 삼합으로 따져 보면 된다.

양의 간지가 12지지를 순행하는 것에 비해 음의 간지는 역행한다.

을목乙木과 묘목卯木을 예로 들면, 오화午火에서 장생하여 역행하면서 인목寅木에서 제왕하며 반대 계절인 금金이 오기 전에 술토戌土 들어가 숨었다가 다시 오화에서 장생하며 12지지를 순환한다. 그러니 오午·사巳·진辰·묘卯가 장생·목욕·관대·건록이고, 인寅·축丑·자子·해亥가 왕·쇠·병·사이며, 술戌·유酉·신申·미未가 묘·절·태·양이다.

여기서 기억할 점은 을목과 묘목이 병화와 사화처럼 인오술 궤도를 역행하는데, 다만 장생지와 제왕지가 서로 바뀌었다는 것이다. 병화丙火와 사화巳火의 장생지는 인목이고 제왕지는 오화인데, 을목과 묘목의 장생지는 오화이고 제왕지는 인목이다. 술토戌土는 이것들 모두에게 묘지다. 육친으로 을목과 묘목은 병화와 사화에게 정인, 곧 어머니임을 기억하자.

이것은 다른 음의 간지에서도 동일하게 적용된다. 곧 양의 간지의 삼합 궤도를 육친으로 그것의 정인되는 것은 생지와 왕지를 바꿔 역으로 운행한다는 말이다. 갑목甲木과 인목寅木의 해묘미亥卯未 운행 궤도를 그것의 정인인 계수癸水와 자수子水가 역행하며 순환한다는 말이다. 갑목은 해수가 장생이고 묘목에 제왕이며 미토가 묘지인데, 계수는 묘목이 장생이고 해수가 제왕이며 미토가 동일하게 묘지다. 경금庚金의 정인은 기토己土이니, 사유축 궤도에서 경금은 사화가 장생이고 유금이 왕지이며 축토가 묘지인데, 기토는 유금이 장생이고 사화가 제왕이며 축토가 묘지다. 물론 정화丁火는 기토와 동일한 궤도를 운동한다.

마지막으로, 양의 간지와 음의 간지에서 12운성이 다르게 받아들여지는 부분도 기억하기 바란다. 양간지는 그 활발하게 움직이는 특성 때문에 쇠·병·사에서는 힘이 미약할지라도 희망을 품는데, 묘·절·태에서는 더 이상 어떻게 해볼 힘이 전혀 없어 절망하게 된다. 반면 음의 간지는 힘이 완전히 없어진 묘·절·태에서는 포기하고 다른 환경에 그대로 순응하여 편한데, 쇠·병·사에서는 어떻게 해 보려고 안간힘을 다하기 때문에 무척 고통스럽다고 본다.

동물의 왕국을 보면, 사자 무리에 다른 수사자가 나타나 같은 편의 수사자와 싸움이 붙어 이기는 경우가 있다. 다른 수사자가 승리하면 원래의 수사자를 쫓아내거나 죽이고 원래 있던 새끼들까지 모두 죽인다. 여기서 싸움이 벌어져 새끼들이 모두 죽기 전까지를 쇠병사로 보고, 그 이후를 묘절태로 보면 된다. 새끼들이 모두 죽으면 승리한 수사자와 가족이 되어 다시 새끼를 낳고 사니, 음간은 이렇게 양간과 다른 특성이 있다.

12운성의 응용

1. 경금庚金 일간의 남성이 술戌 편인년에 사업을 하려고 한다면 어떻게 조언해야 하겠는가?

편재인 갑목甲木이 12운성으로 어떤 기운을 향해 가고 있는지 살펴야 한다. 육친은 단지 음양오행의 관계에 대한 표현이지 기운의 강약에 대한 표현이 아니다. 같은 육친이 올지라도 기운의 강약에 따라 사주 감정이 달라지니, 육친보다는 기운의 강약으로 재財가 얼마나 강하게 오고 있는지를 살펴야 정확하다. 갑목은 해수가 장생이고 묘목이 제왕이며 미토가 묘지이니, 갑목이 술토戌土 양지에서 드러나지 않게 꿈틀거리고 있다가 해년에 드디어 장생하고 밖으로 터져 나오며 사업이 제대로 될 것이다. 사업이 묘목 제왕지까지 힘차게 상승하다가 진토辰土 쇠지를 지나면서 차츰 쇠퇴하기 시작하여 사화巳火 병지 후반부터 잘 되지 않을 것이니 그대로 조언하면 된다.

2. 신금辛金 일간의 노처녀가 축丑 편인년에 결혼하고 싶어 하면 뭐라고 말해 주어야 하겠는가?

마찬가지로 12운성에서 정관인 병화가 어떻게 움직이고 있는지 살피면 된다. 축년丑年에 식상관의 수水 기운이 강해져 자식을 낳고 싶은 마음에 결혼이 하고 싶은 것인데, 인년寅年에 병화丙火가 장생하며 일간과 합을 하니 마음에 드는 남자를 만날 것이다.

3. 정화丁火 일간이 사巳나 오午 비겁의 해에 취직하고 싶다면 어떻게 해야 하겠는가?

사년巳年과 오년午年에는 정화丁火의 정관 임수壬水가 12운성으로 절지에 있어 취직이 쉽지 않다. 이런 경우에는 인생에서 정말 하고 싶은 것을 택해 한눈팔지 말고 열심히 공부하라고 권해야 한다. 2~3년 후인 신년申年에 임수가 장생하며 떠오를 때 취직이 되기 때문이다. 다만 경금庚金 정재가 장생 목욕지에 있어 남자일 경우 연애를 하거나 아르바이트로 돈을 벌기 쉬우니, 여기에 한눈팔다가는 취직은 될지라도 좋은 직장이 되기 어려움을 아주 분명하게 일러 주어야 한다. 여자일 경우에는 아르바이트로 돈벌이에 한눈팔지 말라고 일러 주면 된다.

지지에는 천간이 들어 있다

※

지장간

지장간支藏干은 글자 그대로 지지에 들어 있는 하늘의 기운氣을 말한다. 지장간을 통해 지지에 관해 더욱 잘 알 수 있는데, 지지에 하늘의 기운이 구비될 때 그것을 세 가지로 구분할 수 있다. 이전 달의 기운이 남아 있는 여기餘氣와 삼합 운동을 하는 중기中氣, 그리고 자신의 모습을 천간으로 환원한 정기正氣 또는 본기本氣가 그것이다.

간지가 상황을 밖으로 드러나게 주도한다면, 장간藏干은 속에 숨어 있으면서 일이 드러나지 않게 이끌어가는 것이다. 지장간은 속에 들어 있는 것이므로 속마음을 뜻하는데, 특히 중기는 삼합을 나타내는 것으로 그 사람이 사회적으로 성취하려는 목표이기도 하다. 이해하기 어려우면 지지에는 하늘의 여러 기운이 함께 섞여 있는데, 그것들이 무질서하게 있는 것이 아니고 일정한 법칙 속에 있으니, 그것이 바로 지장간이라고 보면 된다.

지장간을 쉽게 이해하기 위해서는 계절과 삼합의 출발인 인사신

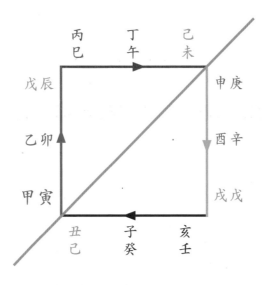

	子癸	丑己	寅甲	卯乙	辰戊	巳丙	午丁	未己	申庚	酉辛	戌戊	亥壬
여기	壬	癸	戊	甲	乙	戊	丙	丁	戊	庚	辛	戊
중기		辛	丙		癸	庚	己	乙	壬		丁	甲
본기	癸	己	甲	乙	戊	丙	丁	己	庚	辛	戊	壬

해寅巳申亥와 계절의 정점인 자묘오유子卯午酉와 자신의 계절을 그다음의 계절로 중계·전환하는 진술축미辰戌丑未로 나누어서 살펴보는 것이 좋다.

지장간에서 인사신해寅巳申亥는 사계와 삼합의 시작이고 자묘오유子卯午酉는 사계와 삼합의 중심이며 진술축미辰戌丑未는 사계와 삼합의 끝임을 염두에 두어야 한다. 그림에서 지지와 함께 천간을 표현한 까닭은 그것들이 지지의 대표인 본기, 정기이기 때문이다. 12운성에서 갑甲과 인寅의 운행 궤도를 함께 보는 것은 바로 지지의 본기를 기준으로 한 것이다.

그럼 사계와 삼합의 출발점인 인사신해寅巳申亥에서 인목寅木부터 살펴보자. 이전 달인 축월丑月의 본기가 아직 잔존하니, 남아 있는 음토陰土의 기운으로 기己가 여기가 된다. 그런데 표에서 보이듯이 실제 인목의 여기는 기己가 아니라 무戊다. 왜냐하면 지지의 음양을 살펴보았을 때처럼 인사신해寅巳申亥는 계절과 삼합의 출발점이어서 역동적으로 움직이기 때문이다. 곧 인목寅木은 봄이라는 자신의 계절을 시작하고 또 오화午火와 합을 하여 병화丙火의 왕국을 이루므로 기토己土를 양토陽土로 전환시켜 달려가야 한다. 인목寅木의 중기는 인오술寅午戌 삼합의 염원을 나타내기 때문에 병화丙火이고, 그 본기는 자신의 얼굴이기 때문에 갑목甲木이다. 그래서 인목寅木의 지장간은 무병갑戊丙甲이다.

사화巳火를 가지고 본다면, 전달 진월辰月의 무토戊土가 여전히 여기로 남아 있고, 사유축巳酉丑 삼합으로 경금庚金이 중기로 있으며, 자신을 천간으로 환원한 병화丙火가 정기로 있으니 사화巳火의 지장간은 무경병戊庚丙이다.

신금申金으로 본다면, 전달 미월未月의 정기 기토己土가 인목寅木에서처럼 그 역동성 때문에 양토인 무토戊土로 전환되어 여기로 있고, 신자진申子辰 삼합을 염원하므로 임수壬水가 중기로 있으며, 자신의 얼굴 경금庚金이 본기로 있다.

해수亥水도 술토戌土의 무토戊土가 여기로 있고, 해묘미亥卯未 삼합의 운동으로 갑목甲木이 중기로 있으며, 임수壬水가 본기로 있으니, 무갑임戊甲壬이 지장간이다.

자묘오유子卯午酉는 자신의 계절과 삼합의 중심이기 때문에 그곳에 그대로 머물러 있다. 하나씩 살펴보면 자수子水의 여기는 해월亥月의 임수壬水이고, 삼합과 계절의 중심으로서 움직이지 않기 때문에 중기로 음수陰水인 계수癸水가 오며, 본기는 자신의 얼굴인 계수가 오는데, 중기와 본기가 같아 임壬과 계癸로 줄여서 표시한다.

묘목卯木의 경우도 동일하게 여기는 인월寅月의 갑목甲木이고, 중기로는 삼합과 계절의 중심으로 움직이지 않는 을목乙木이 오며, 본기로는 자신의 얼굴이 와서 갑甲과 을乙이 묘목의 지장간이 된다.

유금酉金도 전달인 신월申月의 경금庚金이 여기로, 삼합과 계절의 중심으로 신금辛金이 중기이자 자신의 얼굴 그대로 본기로 온다.

오화午火의 설명을 뒤로 늦춘 것은 다소 복잡하기 때문이다. 여기로 사월巳月의 본기인 병화丙火가 오고, 본기로 자신의 얼굴 정화丁火가 그대로 오는 것은 동일하다. 다만 중기로 삼합의 정화丁火가 오지 않고 기토己土가 온다. 여름의 화기火氣가 너무 강해 그것을 미월未月의 기토己土에서 모두 꺾을 수 없기 때문에 미리 오화에서 다소 꺾어 놓기 위함이다.

그렇다면 동일하게 자수子水에서도 강한 수기를 꺾어 놓는 일이 있어야 할 텐데 그렇지 않은 것은 수기水氣가 너무 강하게 응축되면 도리어 양운동이 스스로 일어나기 때문이다. 겨울에 수도관이 터지고 사람이나 짐승을 지나치게 닦달하면 죽기 살기로 덤비는 이유를 생각해 보라. 처음에 두려움이 닥칠 때 몸이 오그라드는 것은 수기가 형성되는 것이고, 너무 맞아 죽을 것 같으면 이판사판이니 덤벼드는 것은 그 안에서 양기가 형성된 것이다.

정리하자면, 인寅과 신申에서 여기가 무토戊土인 까닭은 계절을 시작하고 다음 계절로 달려가는 강력한 양운동을 떠받쳐야 하는 기반으로 음陰이 아닌 양陽이 와야 하기 때문이다. 오午의 지장간 병기정丙己丁 중에서 기토己土는 자子로부터 시작된 양운동이 사巳에서 끝났기에 양을 수렴하는 음운동을 미리 준비하기 위함이다. 천간의 기운과 달리 지지에서는 오화午火의 열기가 너무 대단하여 미리 중계·전환하기 위한 준비가 필요하다. 반면 자子의 지장간에 오午에서처럼 음운동을 양운동으로 미리 전환하는 토土가 없는 이유는, 양운동과 달리 음의 강력한 응축은 그 자체에서 스스로 양운동을 일으키기 때문이다.

진술축미辰戌丑未는 자신의 계절과 삼합의 끝이기 때문에 자신의 계절을 다음 계절로 중계·전환시켜야 하는 동시에 삼합을 마무리 지어야 한다. 축丑의 경우, 여기로 전달인 자월子月의 본기 계수癸水가 남아 있고, 중기는 사유축巳酉丑 삼합을 마무리하며 다음 계절인 봄의 분출을 펼칠 수 있도록 금의 수렴하는 기운을 묻은 신금辛金이다. 경금庚金이 아니라 신금辛金인 까닭은 묻을 때는 잘 날뛰는 양간을 조용한 음간으로 바꿔 묻어야 편하기 때문이다. 인사신해寅巳申亥에서 인寅과 신申의 여기 기己가 잘 날뛰는 양간으로 바뀌는 것과 같은 논리다. 곧 묘지에서는 양간을 음간으로 바꿔 조용히 묻혀 있게 하는 반면 삼합의 출발지에서는 음간을 양간으로 바꿔 운동을 활발하게 한다. 축丑의 본기는 자신의 얼굴을 그대로 나타낸 기토己土다.

동일하게 진辰의 여기는 전달인 묘월卯月의 본기 을목乙木이고, 중기는 신자진申子辰 삼합을 마무리하는 음수陰水인 계수癸水이며, 본기는 자신의 얼굴인 무토戊土다. 미未의 여기는 전달인 오월午月의 본기 정화丁火이고, 중기는 해묘미亥卯未 삼합을 마무리하는 을목乙木이며, 본기는 자신의 얼굴 기토己土다. 술戌의 여기는 전달인 유월酉月의 본기 신금辛金이고, 여기는 인오술寅午戌 삼합을 마무리하는 정화丁火이며, 본기는 자신의 얼굴 그대로 무토戊土가 온다.

진술축미辰戌丑未의 지장간은 여기를 여기답게 전달의 기운으로, 본기를 본기답게 자신의 얼굴로 나타낸다. 그리고 중기는 삼합의 운동에서 음간이 온다는 것만 알고 있으면 된다. 인사신해寅巳申亥에서 양간이 오는 것과 같은 논리이니, 그 원리를 터득하여 바로 머리에 떠올릴 수 있도록 연습하는 가운데 저절로 외워지게 해야 한다.

지장간을 여기·중기·본기로 나눌 때 예외가 되는 것은 오직 인寅·신申·오午다. 인寅과 신申은 여기로 기토己土가 오지만 삼합의 출발점이기 때문에 운동이 활발한 양간 무토戊土로 바뀐다. 오午는 인오술寅午戌 삼합이니 중기로 무르익은 화의 기운인 정화丁火가 와야 하지만 뜨거운 열기를 미리 한 번 살짝 꺾어 주기 위해 기토己土가 온다. 이것을 염두에 두고, 더하여 인사신해寅巳申亥는 계절의 시작과 삼합의 출발점이기 때문에 지장간이 모두 양간으로 오고, 진술축미辰戌丑未는 계절의 끝이고 삼합의 마무리이기 때문에 중기가 모두 음간으로 온다는 점을 기억하고 있으면 된다.

　오고 가며 머리에서 지장간이 저절로 떠오를 수 있을 정도로 연습해야 사주를 볼 때도 능수능란하게 응용할 수 있다. 마지막으로 정리하자면 드러나지 않게 하는 일이 지장간의 흐름이라고 보면 된다.

　아래의 지장간 표에서 숫자는 한 달 30일을 기준으로 그 지장간이 미치는 영향을 날수로 표시한 것이다. 축토丑土로 설명하자면, 먼저 여기인 계수癸水가 9일 동안, 이어서 중기인 신금辛金이 3일 동안, 이어서 본기인 기토己土가 18일 동안 영향을 미친다는 말이다. 이것을 한 달 30일이 아니라 대운 10년에 적용할 경우에는 3으로 나눠 주어야 하니, 순행할 때는 계수癸水가 3년 동안, 이어서 신금辛金이 1년 동안, 이어서 기토己土가 6년 동안 영향을 미친다. 역행할 때는 기토부터 거꾸로 올라가면 된다.

	子癸	丑己	寅甲	卯乙	辰戊	巳丙	午丁	未己	申庚	酉辛	戌戊	亥壬
여기	壬 10	癸 9	戊 7	甲 10	乙 9	戊 7	丙 10	丁 9	戊 7	庚 10	辛 9	戊 7
중기		辛 3	丙 7		癸 3	庚 7	己 9	乙 3	壬 7		丁 3	甲 7
본기	癸 20	己 18	甲 16	乙 20	戊 18	丙 16	丁 11	己 18	庚 16	辛 20	戊 18	壬 16

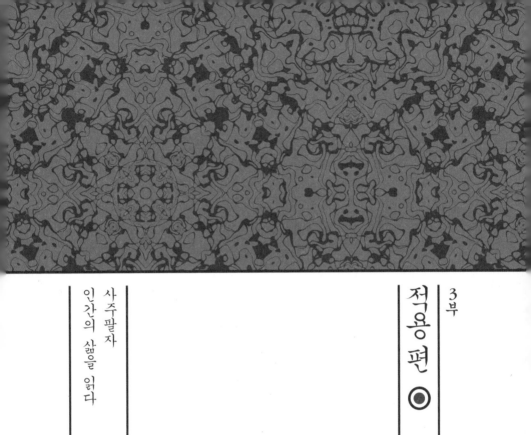

3부
적용편 ◉

사주팔자
인간의 삶을 읽다

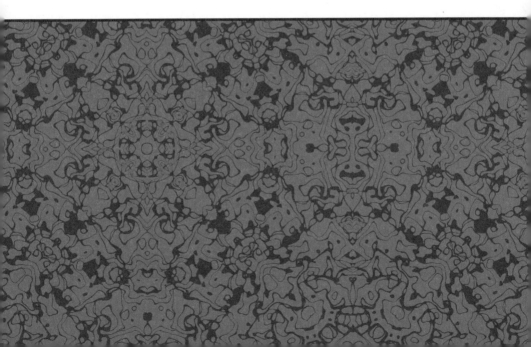

命理名講

사주 풀이는 태어난 시공간의 상태를 읽는 것이다

⊠

사주 세우기

사주를 보기 위한 기본 법칙은 이제 거의 다 설명했다. 필자는 사주를 합리적인 체계로 설명하기 위해 더 이상의 법칙은 동원하지 않으려 한다. 그러니 앞에서 설명한 기본 원리와 법칙들이 머리에서 저절로 돌아갈 수 있도록 연습하고 또 연습하도록 하자.

지금까지 설명한 하나하나의 작은 법칙들이 서로 연결되어 저절로 응용되면 사람의 운명은 저절로 보인다. 사주를 보면서 기본 법칙을 모르면 그것을 생각하는 데에만 골몰하게 되니 사주가 보일 리 없다. 사주를 잘 보는 고수라고 해서 사주의 기본 법칙 외에 특별한 비법을 가지고 있지 않다. 오히려 고수일수록 기본을 철저하게 익히고 또 익혀서 저절로 응용되게 할 뿐이다.

시간은 공간의 흐름이고

공간은 시간의 내용이다.

이 말을 다시 한번 곱씹어 보자. 빅뱅으로 은하계와 태양계 같은 우주가 형성되어 일정하게 순환할 때, 그 흐름의 변화를 기氣와 질質로 이분해서 이것들을 다시 각기 다섯 단계로 나누고 그 하나하나를 다시 둘 또는 넷으로 나누어 곧 음양오행으로 그것들에 상징적인 문자를 붙여 표시할 수 있으니, 그것이 바로 60갑자의 간지다.

천간과 지지 모두 기와 질을 오행과 음양으로 나눈 것이지만 기는 별의 기운이 우주에 파장을 남기면서 정신에 영향을 미치기 때문에 정신적인 일에 관여한다. 대음양에서 양운동을 음운동으로 토土가 한 번 전환시켜 주는 것에서 알 수 있듯이 천간은 그 변화가 순조롭다. 반면 질에서는 그 변화가 어려워 각 단계마다 토土의 중계·전환이 필요하여 12지지가 있는데, 태양빛이 지구의 온갖 것의 생멸에 직접 관여하면서 우리의 육체와 물질적인 일에 영향을 미친다.

별자리와 태양빛의 영향은 지구의 공전과 자전을 기준으로 정리된다. 1년 12개월의 간지는 지구의 공전을 기준으로 한 것이고, 하루 12시진의 간지는 지구의 자전을 기준으로 한 것이다. 천간과 지지 하나하나의 변화속도는 동일하다. 때문에 지지가 한 바퀴 태양을 공전 또는 자전하며 12지지가 한 바퀴 순환하는 동안 천간은 한 바퀴 돌고 2개가 더 흘러가니, 60갑자는 천간과 지지의 차이 때문에 서로 다르게 결합되다가 61번째부터 다시 처음처럼 결합하여 반복·순환하게 된다.

소강절의 『황극경세서』에 나오는 원元·회會·운運·세世도 음양오행을 기준으로 시간의 흐름을 정리한 것이다. 12시진이 모인 것이 하루고, 하루가 30개 모인 것이 1달이며, 1달이 12개 모인 것이 1년이며, 1년이 30개 모인 것이 1세이고, 1세가 12개 모인 것이 1운이며, 1운이 30개 모인 것이 1회이고, 1회가 12개 모인 것이 1원이다. 그러니 1원은 12만 9600년이다. 곧 30년이 1세이니, 1세가 12개 모인 1운은 360년이고, 1운이 30개 모인 1회는 1만 800년이며, 1회가 12개 모인 1원은 12만 9600년이다. 명리학을 깊게 연구하기 위해서는 결국 선현들이 연구한 모든 서적을 탐구하는 것이 당연하지만 여기에서는 기초를 공부하니, 그것까지 자세히 언급할 필요는 없다고 본다.

한마디로 60갑자는 시간의 흐름을 나타내는 부호로 공간의 운동을 상징하여 나타낸 것이다. 사람이 태어난다는 것은 어떤 순간의 간지를 부여받는 것이고, 부여받은 간지는 계속 이어지는 간지의 흐름과 뒤섞여 생멸하며 흘러간다. 따라서 간지의 변화 법칙을 알면 어떤 순간에 공간을 차지하게 된 것의 생멸을 알 수 있다는 전제가 성립한다. 이것이 음양오행으로 인생을 알 수 있는 엄청난 비밀이어서 현인들께서 그것을 알고 정리해 놨던 것이다.

고대 동양의 현인들이 어떻게 이런 생각을 하였는지는 알 수 없지만 충분히 공감할 수 있고 학술적으로 논리화시켜 정리할 수 있다. 천지가 태양과 별자리의 영향 아래 순환하면서 생장하고 소멸하는 것을 기氣와 질質로 나눠 표시한 것이 10천간과 12지지고, 60갑자는 이것들이 함께 일정하게 규칙적으로 운행되는 것을 하나의 간지로 바로 알아볼 수 있도록 표시한 것이다.

사람은 누구나 어머니 뱃속에서 태어난다. 바로 그 순간 간지의

흐름이 그 공간을 차지한 생명의 몸과 마음, 곧 기질이다. 시간과 공간의 변화는 무질서하게 흘러가는 것이 아니라 생장·소멸이라는 일정한 법칙에 따라 흘러가니, 그것을 음양과 오행으로 나눠 자세히 표시한 것이 바로 사주다. 사주를 보기 위해서는 만세력으로 간지력을 확인해야 한다. 만세력은 지구의 공전과 자전 주기를 관측하여 정확하게 해를 나누고 한 해를 12등분하여 12달로 배치하여 연월일시를 간지로 표시한 것인데, 요즘에는 핸드폰으로도 만세력을 다운받아 사주를 뽑을 수 있다.

태어난 연월일시의 간지로 사주를 세우는 것은 태어난 때와 장소를 음양오행의 10천간과 12지지로 치환함으로써 이상에서 배운 법칙을 적용하여 그것이 어떤 흐름 속에서 생멸하는지를 해석하기 위한 것이다. 기와 질의 생장·소멸은 무질서하게 흘러가는 것이 아니라 다소 복잡하게 얽히면서 변화하기 때문에 그 법칙을 알면 인간의 운명도 알게 된다. 기와 질의 복잡한 흐름을 연구하여 그것을 바탕으로 인간의 운명을 추측하는 것을 미신이라고 한다면, 그것은 음양오행을 몰라도 너무 모르는 무지에서 나온 것이니, 이제부터라도 현인들께서 물려주신 귀중한 문화유산을 잘 연구하고 발전시켜 인류의 문화와 삶을 더욱 풍요롭게 해야 할 것이다.

선현들께서 이처럼 음양오행론을 체계적으로 정리하여 우리에게 남겨준 것은 그 운을 알아 부귀영화를 누리도록 하기 위한 것이 아니라 정신 수행을 하기 위한 것, 곧 마음을 비우고 천리에 따라 살도록 하기 위한 것임을 알아야 한다. 사주를 오래도록 연구하다 보면 저절로 알게 되는 것 중 하나는 그 부모나 조상의 영향이 마치 유전자처럼 후손으로 계속 이어진다는 것이다. 굳이 "선한 일을 많이 하면 반드시 그 후손이 복을 받고, 악한 일을 많이 하면 반드시 그 후손이 화를 당한다."는 『주역』의 말을 생각하지 않을지라도 마음을 닦으며 천지의 흐름에 따라 바르게 살라는 것이 선현들께서 명리학을 남기신 절대적인 이유다. 운을 미리 알아 하늘의 복을 훔치면 결국 후손들이 그 이상으로 재앙을 당한다는 것을 명심해야 한다.

1. 사주 세우기

사주는 태어난 연월일시를 흔히 만세력으로 불리는 간지력으로 치환하여 나타낸 것이다. 2016년을 천간과 지지 곧 간지로 나타내면 병신년丙申年이다. 물론 월·일·시도 간지로 표시할 수 있는데, 그것이 글자 그대로 네 기둥이라는 사주四柱이고 여덟 글자라는 팔자八字다. 네 기둥 중 연의 천간과 지지를 합쳐 연주年柱라 하고 나머지 월·일·시의 천간과 지지를 합쳐 각각 월주月柱·일주日主·시주時柱라고 한다. 사주의 여덟 글자를 다시 하나하나 분류하면, 연주의 간지를 다시 연간과 연지로, 월주의 간지를 다시 월간과 월지로, 일주의 간지를 다시 일간과 일지로, 시주의 간지를 다시 시간과 시지로 나눌 수 있다.

	시주	일주	월주	연주
천간	시간	일간	월간	연간
지지	시지	일지	월지	연지

사주 감정은 일간을 중심으로 한다. 그 이유는 일간이 자기 자신을 나타내기 때문이다. 곧 누구나 그냥 태어나는 것이 아니고 연주라는 수많은 조상님이 계셔 월주인 우리 부모님을 낳으시고, 그 부모님이 나라는 일간을 낳으시니, 내가 일지라는 배우자를 만나 시주의 자식을 낳고 잠시 살다가 사라지는 것이 인생이기 때문이다. 물론 나 자신인 일간을 중심으로 그것의 상생과 상극에 따라 비겁·식상·재성·관성·인성이라는 육친도 나눠지니, 일간은 사주의 중심일 수밖에 없다. 사주에서 연월일시 각 간지의 위치를 궁宮이라고 하는데, 사주 감정은 육친과 궁의 움직임을 대운과 세운에 적용하여 보는 것이다.

궁에 대해 조금 더 설명하자면, 연주를 조상궁으로 보아 조부모와 조상으로 해석하고, 월주를 부모·형제궁으로 보아 부모와 형제로 해석하며, 일지를 배우자궁으로 보아 배우자로 해석하고, 시주를 자식궁으로 보아 자식으로 해석한다. 사주에서 간지의 위치로 대응시키는 궁은 육친보다 다소 약하게 작용하는 것으로 해석하지만 태어난 연월일시인 사주 원국의 해석에서는 중요하다.

이를테면 무토戊土 일간인 필자는 일지와 시지가 인사형寅巳刑이어서 간호사 출신의 배우자를 만나 살고 있다. 사주 당사자가 의료나 법률과 관계된 일로 직접 사용할 수도 있고, 이처럼 배우자궁에 있으면 그 궁에 해당하는 배우자가 사용할 수도 있다.

12강에서 자세히 보겠지만 후천운인 대운과 세운에 따라 인성印星에 변화가 생기면, 그것이 상징하는 어머니나 문서 등에 변화가 생긴다. 또한 그 인성이 자리 잡고 있는 궁에도 적용할 수 있는데, 곧 인성이 배우자궁에 자리 잡고 있다면 배우자의 신상에 변화가 생길 수도 있다. 혹 인성이 부모궁에 자리 잡고 있다면 궁과 육친이 모두 어머니를 상징하니, 어머니께 변화가 생길 확률이 아주 높아진다. 사주의 감정은 육친과 궁을 위주로 해석하는 것인데, 궁과 육친이 동일하게 하나를 나타내면 그것이 상징하는 일이 발생할 확률은 매우 높아진다는 것이다. 육친과 궁이 따로 나누어져 있을 경우 필자는 육친을 위주로 보고 궁을 부수적으로 보며 해석한다.

2. 12개월의 절기

사주를 정확히 세우기 위해서는 음력이든 양력이든 그 사람의 태어난 연월일시가 절기를 넘어갔는지 그렇지 않은지를 시와 분까지 반드시 살핀 다음 연주·월주·일주·시주를 세워야 한다. 사주를 세우기 위해서는 먼저 1년 곧 지구의 태양 공전을 12등분한 절기를 정확히 알아야 하는데, 만세력에 그것에 대한 정확한 시간이 적혀 있다. 음력이나 양력으로 해가 바뀌었다고 기운이 다르게 바뀐 것이 아니라, 반드시 태양이 한 바퀴 돈 시점 곧 입춘立春이 새해의 기운임을 알아야 한다. 띠를 말할 경우, 음력으로 12월말이나 1월초에 태어난 사람들은 반드시 입춘을 확인해야 한다. 양이 처음 나오는 대설을 한 해의 시점으로 잡아야 한다는 설도 있지만 그렇지 않다.

아무리 명리 실력이 출중할지라도 잘못 세운 사주로 그 사람의 운명을 봤다면 맞을 수가 없으니, 사주를 뽑고 나서도 다시 확인하는 습관이 몸에 배이도록 해야 한다. 그리고 태어난 시간이 다른 시간과 경

월	1월	2월	3월	4월	5월	6월	7월	8월	9월	10월	11월	12월
절기	입춘 立春	경칩 驚蟄	청명 淸明	입하 立夏	망종 芒種	소서 小暑	입추 立秋	백로 白露	한로 寒露	입동 立冬	대설 大雪	소한 小寒

12 절기표

계선에 있을 때는 태어난 지역까지 참조하여 시주를 세워야 한다. 또 서머타임이 적용된 해도 있고 그렇지 않은 해도 있으니, 만세력 윗부분에 기록된 서머타임 적용 표시도 확인하면서 사주를 정확히 세워야 한다.

태어난 지역과 서머타임을 확인했으면, 연월일시의 간지를 만세력에서 찾아 그대로 기록하면 된다. 다시 반복해서 강조하는 것으로 사주의 기준은 절기이니, 음력 1월생일 경우, 입춘 이전에 태어났으면 전년의 간지를 기록하고, 입춘 이후에 태어났으면 당년의 간지를 기록해야 한다. 월주도 태어난 날이 당월의 절기를 지났으면 당월의 간지를 기록하고, 지나가지 않았으면 전월의 간지를 기록해야 한다. 일주는 그날의 간지를 찾아 그대로 기록하고 그 아래 적혀 있는 대운의 수도 함께 기록해야 한다. 그리고 시주는 시간에 따라 해당 천간을 계산하여 기록해야 하니, 손가락의 마디를 이용해서 계산해야 한다.

손가락의 마디를 사용하면 시나 월의 천간을 알 수 있으니 익혀 두면 좋다. 우선 오른쪽 그림에서 12지지의 위치를 암기해야 한다. 시의 천간은 일간의 합을 극하는 양천간이 자시子時이니, 이를 시작으로 해당 시까지 헤아려 나가면 된다. 곧 을묘일乙卯日의 묘시卯時일 경우,

을경합금乙庚合金의 금金을 극하는 양천간은 병丙이니, 순서대로 엄지손가락을 이용해서 병자丙子, 정축丁丑, 무인戊寅, 기묘己卯로 짚어 나가면 을묘일의 묘시는 기묘시己卯時라는 것을 알 수 있게 된다.

월의 천간은 연간의 합을 생하는 양천간이 인월寅月이니 이를 시작으로 해당 월까지 헤아려 나가면 된다. 음력으로 기축년己丑年의 3월 곧 진월辰月일 경우, 갑기합토甲己合土의 토土를 생하는 양천간은 병丙이니, 순서대로 짚어나가면 병인丙寅, 정묘丁卯, 무진戊辰으로, 무진월戊辰月이다.

요즘은 핸드폰에 만세력을 다운받아 음력이든 양력이든 연월일시를 넣으면 바로 사주를 알 수 있어 참 편리한데, 아직 명리학에 능숙해진 독자가 아니라면 그렇게 하지 않기를 권한다. 편리한 만큼 기초

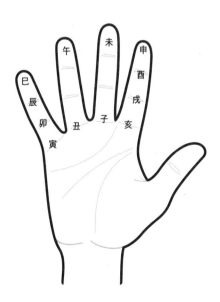

원리를 덜 익히게 되기 때문이다. 만세력에서 직접 찾아 기록하다 보면 이런저런 원리에 대해 생각하게 되고 생각한 만큼 기본기가 탄탄해진다. 그런데 핸드폰으로 그냥 기록하다 보면 그런 과정이 생략되어 기초에 충실할 수 없게 되니, 몇 달 정도라도 만세력에서 직접 찾아 사주를 세우길 바란다. "무슨 기초 원리를 생각하게 된다는 것인가?"하고 질문하는 독자가 있다면 "대운의 수가 어떻게 정해지는지 생각해 본 적이 있느냐."고 되묻겠다.

시간은 5일, 곧 60시진마다 60갑자가 한 번 순환한다. 하루 12시진은 지지가 한 바퀴, 천간이 1바퀴 돌고도 5분의 1바퀴를 더 회전한 것이다. 갑자일甲子日의 첫 시진이 갑자시甲子時이니, 그 다음날인 을축일乙丑日은 천간이 5분의 1바퀴를 더 회전하여 자시子時의 천간이 병丙이 됨으로써 병자시丙子時가 된다. 동일하게 병인일丙寅日은 무자시戊子時, 정묘일丁卯日은 경자시庚子時, 무진일戊辰日은 임자시壬子時가 된다. 기사일己巳日은 다시 갑자시甲子時, 다음은 병자시丙子時, 그다음은 무자시戊子時로 반복되므로, 천간이 갑기일甲己日에는 자시子時의 천간으로 갑甲이 오며, 을경일乙庚日에는 병丙이, 병신일丙辛日에는 무戊가, 정임일丁壬日에는 경庚이, 무계일戊癸日에는 임壬이 온다.

시간을 찾아 세우는 일은 사주를 세울 때마다 한 번씩 해야 하는데, 바로 앞에서 설명한 것처럼 시간의 시작은 일간의 합을 극하는 오행의 양간陽干과 일치한다. 따라서 갑기합토甲己合土, 을경합금乙庚合金, 병신합수丙辛合水, 정임합목丁壬合木, 무계합화戊癸合火라는 간합干合을 외워서 사용하면 편리하다. 간지를 사용하던 옛날에는 하루를 12

시진으로 보았기 때문에 천간이 두 개 모자라서 이런 일이 생긴 것이다. 하루를 12시진으로 보는 이유는 질質의 변화를 음양오행으로 나눌 경우 12단계로 나누어지기 때문이다. 이것에 대해서는 앞에서 설명하였으니, 깊이 생각하여 원리를 철저히 이해하길 바란다.

3. 연월일시의 의미

앞에서 말했듯이 연주·월주·일주·시주의 각 자리를 조상궁·부모와 형제궁·본인과 배우자궁·자식궁이라고 하는 이유는 연주를 기반으로 월주가 있고, 월주를 기반으로 일주가 있으며, 일주를 기반으로 시주가 있기 때문이다.

또 연주와 월주를 합해 선천궁, 일주와 시주를 합해 후천궁이라고도 하니, 연주와 월주는 나를 낳아 주시는 조상과 부모에 해당하고, 일주와 시주는 내가 태어난 이후의 삶에 해당하기 때문이다. 허무맹랑한 것 같지만 이치로 보면 말이 되는 소리이니 "수많은 조상님들이 부모님을 낳으시고 부모님이 나를 낳으시니, 내가 일지의 짝을 만나 시주의 자식을 낳으며 살아가는 것이 인생이더라!"라고 연주·월주·일주·시주의 상징에 대해 외우길 바란다.

사주는 궁과 육친을 주로 본다고 했다. 일간을 기준으로 다른 간지와 오행의 상생과 상극을 따져 비겁·식상·관성·재성·인성으로 나눈 것이 육친이고, 궁은 바로 앞에서 말한 것처럼 연·월·일·시의 의미를 따져 조상궁·부모와 형제궁·나와 배우자궁·자식궁으로 보는 것이다.

배우자궁을 때리는 지지가 오면 배우자가 교통사고를 당하거나 병원에 입원하는 등으로 사고가 생기고, 자식궁을 흔드는 간지가 오면 자식이 공연히 반항하며 말썽을 부리는 등의 일이 생기곤 한다. 마찬가지로 인성을 극하거나 충하는 간지가 오면 갑자기 일이 생겨 집을 팔 일이 생기거나 어머니가 사고를 당하기도 하고, 관을 돕는 기운이 오면 남편이 진급하거나 사업이 잘 되는 등으로 좋은 일이 생기곤 한다. 물론 전자의 예시가 궁이고 후자의 예시가 육친이다.

시時	일日	월月	연年
실實	화花	묘苗	근根
말년(61~80세)	장년(41~60세)	청장년(21~40세)	초년(0~20세)
자식	본인과 배우자	부모와 형제	조상
사지	몸통	어깨	머리
하급자	본인	상급자	사장

연주·월주·일주·시주를 위의 표에서처럼 확장하여 보기도 하니, 표를 기준으로 이것에 대해 깊이 생각할수록 얼마든지 더 넓게 응용할 수 있다. 그리고 연·월·일·시를 20년씩 계산한 것은 현재의 평균 수명인 80세를 기준으로 한 것이다. 예전에는 15년씩 하여 전체를 간지가 한 바퀴 다 돌고 돌아오는 60년으로 보았다는 것도 상식적으로 알고 있어야 한다.

운명의 변수를 놓치지 말아야 한다

※

1. 공망

천간은 10개이고 지지는 12개다. 일반적으로 천간과 지지를 음과 양으로 나누면, 맑고 가벼운 천간은 양, 탁하고 무거운 지지는 음으로 본다. 곧 일반적으로 천간을 양으로 지지를 음으로 본다. 그러므로 천간과 지지를 짝지어 하늘의 기운과 땅의 형질이 동시에 순환하도록 표시하는 것 역시 음양의 조화다. 그런데 이것들의 수가 서로 맞지 않아 천간이 한 바퀴 돌고 오는 동안 아직 미처 짝을 짓지 못한 지지가 생길 수밖에 없으니, 이를 공망空亡이라 한다.

이미 짝을 지은 지지의 언니들 열 명은 짝짓지 못한 지지의 동생을 불쌍하고 측은하게 여기고, 아직 짝을 짓지 못한 동생 두 명은 짝을 지은 언니들에게 원망하는 마음이 강하다. 다시 말해 같은 식구들끼리 가련하고 측은하게 여기는 심정과 원망하고 증오하는 마음이 서로 뒤섞여 집착함에도 일이 제대로 되지 않는 것이 공망이라고 보면 된다. 사주 통변에 적용해 보면 알겠지만 아주 잘 맞는다.

좀 더 쉽게 설명하자면, 공망은 비어 있다는 글자의 뜻 그대로 있어도 없는 것과 같아서 나에게 그 영향과 작용이 별로 없게 된다. 사실 말로는 실감이 별로 나지 않을 것인데, 자식이나 부모가 공망이라면, 멀쩡하게 살아 있는데도 없는 것과 같으니 서운하고 속상할 일이 무척 많이 생긴다는 것이다.

자식이 공망일 경우에는 그 자식과 떨어져 사는 기간이 많고, 이혼을 하면 거의 배우자가 그 자식을 데리고 간다. 자식이 공망인데 데리고 살 경우에는 부부가 헤어질 일이 발생하거나 자식을 잃을 수도 있으니, 이럴 경우에는 사정이 허락하면 가능한 빨리 유학을 보내고, 또 그곳에서 취직할 수 있으면 취직을 하고, 배우자도 만날 수 있으면 만나 돌아오지 말고 그곳에서 살게 두라고 조언해 준다.

172쪽의 공망표와 179쪽의 공망 뽑는 공식을 통해 무엇이 공망인지 알아 두자. 원국에 공망이 있으면 오행에서는 그 작용이 그대로 살아 있지만 짝을 짓지 못한 앙갚음으로 다른 간지에 냉담하기 때문에 공망에 해당하는 간지의 육친 작용이 약화되어 없는 것처럼 된다. 다소 신비한 말로 들릴 수 있겠지만 천지의 기운도 사람들과 동일하게 감정이 있다고 보면 된다. 지지가 공망이면 그 위의 천간도 함께 공망이니, 연민과 원망을 가진 지지와 같이 있어 그 천간에까지 연민과 원망이 발생하기 때문이다. 그런데 원국에서 공망 맞은 글자는 충을 당하면 도리어 그 인자가 활성화되니, 이미 나와 관계없던 것이 도리어 제대로 되는 것으로 본다.

일주를 기준으로 공망을 보는 것이 기본이고, 그 나머지 주를 기준으로 공망을 봐도 된다. 이를테면 일주를 기준으로 연주가 공망이면 조상과 인연이 박해 제사를 지내지 않는 일이 잘 발생하고, 월주가 공망이면 부모와의 인연이 좋지 못하고, 시주가 공망이면 자식과의 인연이 나쁘다.

또한 어떤 육친이 공망이면 그 육친과 인연이 박하다고 보면 된다. 궁과 육친이 겹칠 경우에는 그 확률이 더 높다고 보면 된다. 예를 들어 월주에 인성이 있고 월주가 공망이면 부모 특히 어머니와의 인연이 박하다고 여기면 된다. 겹치지 않을 경우에는 상담을 하면서 어느 쪽으로 공망이 발생할지 참작하여 설명해 주면 된다.

대운에서 공망을 만나면 오행으로는 영향이 있으나 육친으로는 영향이 없다. 팔자에 공망이 없으면 육친으로 공망의 작용은 없다는 것이다. 그런데 유년에서 공망을 만나면, 원망과 애착이 교차해 다른 해와는 달리 상당히 혼란을 겪으니, 공망이 오는 해에는 가능한 큰일을 벌이지 말아야 한다. 공망 유년에 죽는 사람도 많다. 공망에 해당하는 육친만이 아니라 사주에 있는 간지 어느 곳에서도 생길 수 있다. 곧 공망 유년에는 사주 전체에 영향을 미쳐 무슨 일이 생길지 모른다는 말이다.

사주의 원국 자체에 간지가 있음에도 공망 때문에 육친의 작용이 약화된 것이 아쉬워서 그것을 채우려고 노력하고 또 노력하지만 결국 제대로 되지 않는 것이 바로 공망이니, 여기에 집착하여 인생을 아주 길게 허비하는 경우가 많다. 이를테면 관 공망일 경우, 자신도 모

일주										공망
甲子 1924 1984	乙丑 1925 1985	丙寅 1926 1986	丁卯 1927 1987	戊辰 1928 1988	己巳 1929 1989	庚午 1930 1990	辛未 1931 1991	壬申 1932 1992	癸酉 1933 1993	戌·亥
甲戌 1934 1994	乙亥 1935 1995	丙子 1936 1996	丁丑 1937 1997	戊寅 1938 1998	己卯 1939 1999	庚辰 1940 2000	辛巳 1941 2001	壬午 1942 2002	癸未 1943 2003	申·酉
甲申 1944 2004	乙酉 1945 2005	丙戌 1946 2006	丁亥 1947 2007	戊子 1948 2008	己丑 1949 2009	庚寅 1950 2010	辛卯 1951 2011	壬辰 1952 2012	癸巳 1953 2013	午·未
甲午 1954 2014	乙未 1955 2015	丙申 1956 2016	丁酉 1957 2017	戊戌 1958 2018	己亥 1959 2019	庚子 1960 2020	辛丑 1961 2021	壬寅 1962 2022	癸卯 1963 2023	辰·巳
甲辰 1964 2024	乙巳 1965 2025	丙午 1966 2026	丁未 1967 2027	戊申 1968 2028	己酉 1969 2029	庚戌 1970 2030	辛亥 1971 2031	壬子 1972 2032	癸丑 1973 2033	寅·卯
甲寅 1974 2034	乙卯 1975 2035	丙辰 1976 2036	丁巳 1977 2037	戊午 1978 2038	己未 1979 2039	庚申 1980 2040	辛酉 1981 2041	壬戌 1982 2042	癸亥 1983 2043	子·丑

공망표

르게 그것에 대한 허전함을 만회하려고 고시와 같은 큰 벼슬에 집착하여 인생을 걸고 오랫동안 노력하지만 끝내 이루지 못하고 젊음과 시간만 낭비하게 되는 식이다.

사주가 원래 어떤 형태로 있든지 그것은 그 사람이 타고난 본성이다. 그렇기 때문에 그와 같은 형태의 삶을 살면 본성적인 능력을 발휘하며 사는 것이다. 그러니 사주에 공망이 있으면 공망 형태의 삶을 살면 된다. 식상 공망이면 속이 빈 것을 만들어 내는 것이니 곧 속이 빈 과자 뻥튀기나 솜사탕 같은 것을 만들어 팔면 된다. 식상 공망에 형이나 충과 같은 것이 더해졌으면, 형과 충이 가공을 더하는 것에 해당하니, 충격을 주어 모양을 다듬는 뭔가를 만들면 된다. 이를테면 속이 빈 과자에 충격을 주어 아름다운 색깔을 입히거나 다듬어서 팔면 본성을 그대로 발휘하는 것이 되어 남보다 뛰어나게 된다. 곧 형과 공망을 있는 그대로 사용해서 반드시 기술까지 넣어야 성공한다는 것이다.

공망이 관이나 재 및 인성 등에 어떤 형태로 오든지 상관이 없다. 곧 어떤 육친이 공망이든지 생긴 모양 그대로 삶의 형태를 만들면, 자신의 본성을 있는 그대로 사용하는 것이니, 천부적으로 뛰어난 능력을 발휘할 수 있게 된다. 마찬가지로 사주에 형살이 있으면 형살과 관계된 삶을, 충이 있으면 충이 있는 모양의 삶을, 합과 충이 함께 있으면 그런 모양의 삶을 찾아 살면 된다. 타고난 본성을 제대로 발휘하는 것이어서 남들과의 경쟁에서 강할 수밖에 없다. 오랫동안 사주를 보다 보면 발견하게 되는 것이지만, 성공한 사람들은 거의 대부분 사주의 특성을 제대로 발휘하여 좋은 영향 쪽으로 살고 있다는 것이다.

천간이 염치없이 지지를 취하는 것에 대해 다른 천간들이 싫어하는 것이 음양차착살陰陽差錯殺이다. 공망을 확장해서 보면 되는 것으로, 왼쪽 공망표의 붉은 간지에 해당한다. 천간이 지지를 취함에 있어 한 바퀴 돈 다음의 갑甲과 을乙이 아직 시집 못간 술戌과 해亥를 취하는 것은 괜찮지만 이어서 지지 세 개가 지나는 한 계절도 지나지 않아 병丙·정丁·무戊마저 계속해서 지지를 취하는 것은 보기에 좋지 않다. 그래서 병자丙子·정축丁丑·무인戊寅이 음양차착살에 해당한다. 이어서 한 계절이 지난 뒤에 기己가 묘卯를 취하는 것부터 또 한 바퀴 돈 다음 기己와 경庚이 아직 시집 못간 축丑과 인寅을 취하는 것은 괜찮지만 이어서 신辛·임壬·계癸까지 계속해서 지지를 취한다면 이것 역시 보기 좋은 일은 아니다. 그래서 신묘辛卯·임진壬辰·계사癸巳가 음양차착살에 해당한다. 이어지는 뒤의 것들도 이렇게 동일하게 보면 된다.

음양차착살은 음 가운데 양의 기운을 대표하는 인자로서 곧 외삼촌이나 처남의 몰락이나 고독을, 개인적으로는 일신의 고독을 의미한다. 음양으로 볼 때, 정축丁丑·신묘辛卯·계사癸巳·정미丁未·신유辛酉·계해癸亥 곧 천간을 음으로 가지는 **음착陰着은 형질의 몰락을 의미하여 외삼촌이나 처남이 없고,** 병자丙子·무인戊寅·임진壬辰·병오丙午·무신戊申·임술壬戌 곧 천간이 양인 **양차陽差는 기운의 고독을 의미하여 외삼촌이나 처남이 독자다.** 궁으로 해석할 경우, 일주에 있으면 나의 혈족과 관계된 일이라 외삼촌을, 시주에 있으면 문밖의 일이라 처가 곧 처남을 의미한다. 가령 무인戊寅일주인 필자는 외삼촌도 독자이고 처남도 독자다.

2. 대운의 수 계산하기

운에는 세운과 대운이 있는데, 세운은 2016년을 병신년, 2017년을 정유년으로 부르는 것처럼 해마다 흘러가는 운을 말하고, 대운은 월주를 기준으로 10년씩 순행 또는 역행으로 흘러가는 운을 말한다. 순행은 60갑자를 갑자·을축·병인처럼 순서대로 흘러가는 것이고, 역행은 병인·을축·갑자처럼 거꾸로 흘러가는 것이다.

사람의 운을 볼 때는 세운도 중요하지만 대운이 아주 중요하다. 왜냐하면 크다는 글자의 뜻 그대로 10년이나 지속되는 큰 운이기 때문이다. 만일 재운이 중요한 사업가에게 세운에서 재운이 들어온다면 2~3년 지속된다고 보지만 대운이 잘 들어오면 길게는 30년 이상 지속된다고 본다. 곧 목木을 재성으로 사용하는 사업가라면 대운의 천간에 갑甲·을乙이 오는 데다가 지지까지 인寅·묘卯·진辰으로 목이 이어지면 길게는 50년까지도 이어진다는 것이다.

현대 과학에서 사람의 최대 수명을 120년 정도라고 본다. 몸이라는 형질의 생장·소멸을 오행 곧 12지지로 나누면 각 지지에 10년이라는 세월이 해당된다. 몸을 아주 잘 관리하는 사람은 12지지로 생장·소멸을 마친 다음 생을 마감한다고 볼 수 있다. 사주에서 대운이 10년마다 변하는 이유는 최대 수명을 기준으로 형질, 곧 몸이 생장하고 소멸하는 것을 오행으로 표시한 것에 지나지 않는다.

대운은 사주에서 내가 속한 환경이자 바탕인 계절을 나타내는 월주에서 시작해야 한다. 그런데 대운은 월주를 차례대로 순행하는 것과 거꾸로 역행하는 것으로 방향에 차이가 있으니, 그것은 사주의 바탕이 되는 연주와의 문제 때문이다.

그것에 대해 다시 생각해 보면, 연주는 수많은 조상으로 사주 당사자의 토대다. 그 토대가 사주 당사자와 음양이 맞으면 월주에서부터 60갑자가 순행하고 어긋나면 역행한다. 사주 당사자와 바탕이 어긋나는지 여부는 간단하게 알 수 있다. 남자는 양陽이니, 그 바탕인 연간이 양이면 사주 당사자와 음양이 맞아 순서대로 돌아간다. 여자는 음陰이니, 그 바탕인 연간이 음이면 사주 당사자와 음양이 맞아 차례대로 돌아간다. 반대로 남자의 사주에서 연간이 음이거나, 여자의 사주에서 연간이 양이면 바탕이 서로 맞지 않으니 거꾸로 돌아간다. 그러니 일단 사주 당사자와 연간 음양의 동이同異로 순역을 살피고 월주에서부터 차례로 60갑자를 기록해 놓으면 된다.

순행이든 역행이든 월주를 기준으로 기록해 놓은 대운은 사람의 최대 수명을 오행으로 나눈 것이니 10년씩 흘러간다. 그런데 만세력을 보면 처음 태어났을 때를 기준으로 대운이 시작하는 햇수 곧 대운의 수가 있으니, 그것은 아이가 처음 태어나서 그달에 해당하는 절기의 기운을 얼마나 받았는지를 따지는 것이다. 태어난 달에 해당하는 절기의 기운을 한 달 내내 받았으면 받은 기운만큼 그 기운이 유지되어 10년 후에 다음 대운으로 바뀔 것이고, 만일 4~5일 정도 받았다면 1~2년 지나서 바로 다음 대운으로 바뀔 것이다.

가령 갑오년인 2014년 양력 2월 5일(음력 1월 6일)에 사내아이가 태어났다면, 입춘인 양력 2월 4일(음력 1월 5일)을 하루 지나 태어난 것으로, 경칩인 양력 3월 6일(음력 2월 6일)까지는 29일로 대운의 수는 10년이다. 지구가 태양을 공전하는 주기를 12로 나누면 한 달의 절기는 30일이 조금 넘으니, 이것의 기운을 모두 받을 경우를 계산해 보면 대운의 수는 10년이 된다. 이때 29일 동안 기운을 받을 경우에도 그 수를 10년으로 하는데, 30일을 10년으로 계산해서 그 수를 줄여 가다 보니 절기의 기운을 받은 날짜를 3으로 나눠 나머지가 2이면 그 몫에 1년을 더해야 하고 나머지가 1이면 그냥 버려야 하기 때문이다. 만세력에 적혀 있는 대운의 수는 바로 이렇게 계산한 것이다.

예를 하나 더 들어 보자. 만약 2014년 양력 2월 28일(음력 1월 29일)에 여자아이가 태어났다면, 사내아이의 대운이 순행하는 것과 달리 역행하니, 그날부터 입춘인 음력 1월 5일까지의 날짜수가 24일이다. 그렇다면 입춘이 있는 인월寅月 곧 병인월丙寅月의 기운을 24일 동안 받은 것이므로, 8년 동안 그 기운이 유지되어 만 8세 되는 해 생일 이후부터 을축乙丑대운으로 들어가 기운이 바뀐다고 보면 된다.

물론 앞의 예시에서 2월 5일에 태어난 사내아이는 만 10세가 되는 생일 이후부터 정묘丁卯대운으로 들어간다고 보면 된다. 물론 3으로 나눈 나머지 수와 시간의 차이를 모두 날짜로 환산하여 가감함으로써 대운의 수를 정확하게 계산할 수 있지만 너무 복잡한 관계로 이처럼 간단하게 했던 것이다.

이것에 대해 조금 더 자세히 설명하면 가령 절기를 받은 날짜의 수가 25일이라면 3으로 나눈 몫이 8이고 나머지가 1이다. 그런데 3일은 대운에서 1년의 흐름이니, 1일은 4개월이고 2일은 8개월이다. 그리하여 몫은 대운이 바뀌는 햇수를 나타낸다고 보고, 나머지가 있을 경우엔 그 나머지가 1이면 생일로부터 4개월 후에, 나머지가 2면 생일로부터 8개월 후에 대운이 바뀐다고 보면 된다.

물론 절기가 들어오는 시간과 태어난 시간과의 차이까지 날짜의 수로 따져 더 정교하게 계산할 수도 있다.

　만세력을 가지고 사주를 세우다 보면, 그 원리에 대해 생각하게 되어 이런 것까지 자연스럽게 깨닫게 될 것이다. 그 때문에 앞에서 만세력으로 사주를 세우라고 강조했던 것이기도 하다.

공망 뽑는 공식

일간	木(甲·乙)	火(丙·丁)	土(戊·己)	金(庚·辛)	水(壬·癸)
일지	-2	-4	±6충	+4	+2

목木 일간의 경우에는 일지에서 -2, 화火 일간은 -4, 토土 일간은 일지의 충, 금金 일간은 +4, 수水 일간은 +2로 공망을 계산할 수 있다. 앞의 공망표를 참고하면서 공식을 활용하는 연습을 해 보자.

갑술甲戌일주의 경우, 천간 갑목에는 -2를 적용해 술戌에서 뒤로 두 지지를 물러나면 유酉·신申이니, 신유申酉가 공망이다. 신미辛未일주의 경우, 천간 신금에는 +4를 적용해 미未에서 앞으로 4개 지지를 전진하면, 신申·유酉·술戌·해亥이니, 술해戌亥가 공망이다. 무인戊寅일주의 경우, 지지에서 ±6인 충을 찾으면 인신충寅申沖이니, 신유申酉가 공망이다.

다만 자축子丑·인묘寅卯·진사辰巳·오미午未·신유申酉·술해戌亥를 하나의 무리로 공망을 적용해야 한다. 곧 경인庚寅일주는 +4하면 묘卯·진辰·사巳·오午로 끝에 오午가 오니 오미午未를 공망으로, 을해乙亥일주는 -2하면 술戌·유酉로 유酉가 오니 신유申酉를 공망으로 보라는 말이다. 그렇게 어렵지 않으니, 조금만 연습하면 된다.

이미 설명했듯이 공망을 궁과 육친에 응용하면, 사주를 보는 순간 바로 알 수 있는 것이 아주 많다. 이를테면, 여인에게 식상이나 자식궁이 공망이면 자식복이 없다. 특히 자식궁에 식상관이 있으면서 공망이면 재주가 없음은 말할 것도 없고 거의 틀림없이 자식복이 없다고 보면 된다.

타고난 운명의 뼈대 확인하기

✗

  필자가 지금까지 공부한 경험과 강의를 토대로 명리학에 꼭 필요한 핵심만을 뽑아서 논리적이고 학문적으로 설명했다. 신살에 대해 거의 언급하지 않은 것은 아직 필자의 명리학에 대한 학문적인 역량이 모자라 이해는 물론 논리적으로 설명할 수 없기 때문이다. 그 대표적인 것이 천을귀인이니, 사주에 적용해 보면 신기할 정도로 너무 잘 맞지만 그 이유가 무엇 때문인지 아직 논리적으로 명쾌하게 이해되지 않는다. 앞으로 연구가 더 깊이 진행되면 아직까지 이해하지 못한 것까지 연구해서 세상에 전하겠으나 현재까지 연구된 것만으로도 사주를 어느 정도 볼 수 있다고 여겨 감히 글을 썼다.

  세상에서는 명리학을 어리석은 사람들이 믿는 미신쯤으로 취급하고 있다. 그런데 필자가 앞에서 설명했듯이 명리학은 처음부터 끝까지 철두철미하게 음양오행의 상생상극과 그 운행법칙을 전제로 하고 있다. 이처럼 체계적인 명리학을 미신 취급하는 것은 미신으로 보는 사람들의 잘못이 아니다. 명리학을 연구하는 사람들이 아직까지 그 학문적 구조를 자세히 밝혀내지 못한 것에도 책임이 있기 때문이다. 이제 감히 이것으로 명리학의 모든 것을 밝혔다고 할 수는 없지만 그래도 이상과 같은 객관적이고 논리적인 틀을 가지고 있다는 것을 어느 정도 설명할 수 있다고 여겨 한 권의 책으로 세상에 전하고자 하였다.

필자는 대학원·동사무소·사회교육원 등에서 명리학을 강의할 때에도 언제나 원리 파악에 힘쓰도록 중점을 두었으니, 이 책에 설명된 내용이 바로 그것들이다.

명리는 처음부터 끝까지 음양오행의 상생상극과 몇 가지 운행 법칙을 적용하여 인생을 바라보며 수행하는 학문이다. **명리를 모를 때는 타고난 기운 때문에 어쩔 수 없이 천지의 기운에 휩쓸려 그렇게 살아간다. 그렇지만 그 기운 때문에 인생이 그렇게 요동친다는 것을 알 때 비로소 조용히 내 자신을 돌아보며 몸과 마음을 다스릴 수 있는 여유가 생기게 된다.** 그러니 명리학을 미리 길흉화복을 알아 부귀를 추구하는 세속의 잡된 술수로 봐서는 안 되고 수행을 시작하게 하는 거룩한 학문으로 봐야 한다.

이 책을 통해 명리를 익히는 독자들은 명심하길 바란다. 명리를 알면 알수록 인과응보의 고리가 아주 질기고 처절하게 얽혀 있음을 깨닫곤 한다. 그러니 명리를 통해 좋은 것을 찾아가고 나쁜 것을 피해갈 것이 아니라 그대로 받아들여 수행으로 극복해야 한다. 내 운명이 이 삶을 택했다면 그것을 아름답게 승화시켜야 다음 생에서 현재의 삶을 반복하지 않고 한 걸음 더 나아갈 수 있다.

수강생들 중에 간혹 이혼한 분들이 있는데, 어느 정도 강의를 듣고 자신의 사주를 되돌아볼 능력이 생기면, 그토록 미운 배우자에게 도리어 미안하다는 생각이 든다는 말을 하곤 한다. 조금만 시각을 달리 보면 인생의 많은 문제가 남이 아니라 바로 자기 자신 때문에 생긴 것임을 직시하게 되기 때문이다.

명리학은 젊은 시절에 익히기보다는 빨라도 인생의 희비를 다소 맛본 40대 후반 이후에 익히는 것이 좋다고 본다. 세상에는 의지를 가지고 성실하게 살아도 되지 않는 일도 많고, 어쩌다 시작한 사업이 승승장구하여 성공하는 일도 종종 있는데, 사주를 보면 이미 그렇게 판이 정해져 있다. 사회적으로 성공한 사람들은 대부분 사주를 믿지 않는데, 역시 사주를 보면 그 구조가 사업가로 혹은 직업인으로 잘 살 수 있도록 만들어져 있으니, 부처님 손바닥에 있는 손오공이라고 할 수밖에 없다. 그렇다고 모든 사람의 사주를 모두 다 해석할 수 있는 것은 아니다. 필자의 경험으로는 100명 중에 2~3명 정도로 알 수 없는 사람들이 있으니, 더 연구해야 할 일이다.

1. 원국 파악하기

원국은 태어난 연월일시를 10천간 12지지의 간지로 나타내어 사주로 구성한 것을 말한다. 사주를 본다는 것은 원국에서 간지가 어떤 형태로 배열되어 있는지 먼저 살피고, 이어 이것을 대운·세운과 연결하여 어떻게 변화하며 흘러가는지를 파악하는 것이다.

원국은 그 사람이 타고난 선천적인 특성이나 환경으로서 그 사람의 성격을 비롯하여 타고난 모든 것을 알려 주는 상징적인 부호다. 원국에 충이나 형이 많으면 성격이 까칠하여 인간관계가 원만하지 못하다고 보고, 합이 많으면 다정다감하고 인간관계가 좋다고 본다. 성격 외에도 가령 재성이 식상관의 도움을 받는 형태로 조화를 이루고 있으면 대운이 좋을 때는 많은 돈을 벌 수 있고, 그다지 운이 좋지 않을지라도 망하지는 않는다.

원국에 있는 것은 평생 그 사람에게 영향을 미치고, 운에서 오는 것은 운이 끝나면 사라지기 때문에 먼저 원국에 어떤 특성이 있는지 파악하는 것이 중요하다. 원국대로 살게 되는 것은 선천적으로 자신의 기질 구조에 따라 세상을 그렇게 바라보고 상황에 그렇게 대응하기 때문이다. 원국에 배우자가 병약한 구조로 있으면 그 사람은 건강한 이성에게 매력을 느끼는 것이 아니라 병약한 이성에게 매력을 느끼고 구애하게 되어 있다.

이것에 대해 우리 선조들은 동기상응同氣相應이라 하여 같은 기운은 서로 호응한다고 했다. 천지는 음양오행으로 기운을 뿌리면서 흘러가고, 어느 순간 태어난 생명은 그 시점에서 오행의 기질을 받아 그것을 가지고 세상과 반응하면서 죽을 때까지 사는 것이다.

다시 강조하지만 사주는 사람이 태어난 연월일시를 음력이나 양력이 아니라 간지력으로 기록한 것이다. 간지력으로 사주를 기록하는 이유는 기와 질의 변화를 음양오행으로 표시하여 그 상생상극을 비롯해 기운의 변화를 알기 위함이다.

여기서 무엇보다 가장 중요한 것이 먼저 사주를 정확히 작성하는 일이다. 그다음은 일간을 기준으로 다른 간지들의 육친을 파악하는 일이며, 그다음은 사주의 구조가 어떻게 짜여 있는지를 바라보며 그것이 대운이나 세운과 함께 어떻게 요동치며 흘러가는지를 파악하는 일이다. 앞에서 배운 것들이 저절로 떠오를 정도가 되면 자세한 설명이 번거로울 수 있으나 아직 그렇지 못한 독자들을 위해 세세한 부분까지 모두 설명할 것이니 집중해서 보기 바란다.

월	1월	2월	3월	4월	5월	6월	7월	8월	9월	10월	11월	12월
절기	입춘 立春	경칩 驚蟄	청명 淸明	입하 立夏	망종 芒種	소서 小暑	입추 立秋	백로 白露	한로 寒露	입동 立冬	대설 大雪	소한 小寒

12 절기표

사주는 10천간과 12지지라는 음양오행의 상징적 부호로 지구의 공전과 자전을 표시한 것이다. 입춘이 한 해의 시작이니, 음력으로 12월 말이나 1월 초에 태어난 사람들은 입춘이 지났는지 반드시 먼저 살펴야 한다. 12월 말일지라도 입춘이 지났으면 그다음의 해로 봐야 하고, 1월 초일지라도 입춘이 지나지 않았으면 그이전의 해로 봐야 한다. 월도 마찬가지로 그 절기가 지났으면 그 달에 해당하고 그렇지 않으면 전 달에 해당한다. 태어난 날에 절기가 들어오면 태어난 장소를 기준으로 시간의 차이까지 확인해야 한다. 우리나라의 표준시 기준이 아니라 태어난 장소를 중심으로 시간을 정하는 것이 원칙이기 때문이다.

　현재 우리나라의 시간은 동경 135°를 기준으로 하는 관계로 30분 정도 시간이 빠르니, 정확히 사주를 세우기 위해서는 일반적으로 태어난 시간에 30분 정도를 빼야 한다. 곧 정오라는 것은 그 사람이 태어난 곳에서 머리 위로 해가 정확히 수직으로 비추는 때를 말하는데, 동경 135°는 우리나라보다 동쪽을 기준으로 시간을 정한 것이기 때문이다. 태양의 머리 위 수직을 기준으로 할 때, 자오선이 15° 동쪽으로 이동할 경우마다 1시간씩 빨라지고 서쪽으로 15° 이동할 경우마다 1시간씩 늦어진다. 그러니 공교롭게 해당 절기가 들어오는 시간에 태어난 사람은 태어난 지역의 자오선까지 따져 봐야 한다는 것이다.

　절기가 확인되었으면, 먼저 만세력 위에 서머타임이 적용된 기록이 있는지 살펴보고, 적용되었으면 그것을 염두에 두고 시간을 계산하기 바란다. 그리고 양력으로 태어난 연월일시를 말하면 관계없지만 간혹 음력 윤달에 태어난 사람들이 있으니, 윤달로 달이 겹칠 경우 이것까지도 확인해야 한다. 이어 태어난 일자를 보면, 그날의 간지가 있고 그 밑에 대운의 수가 있으니, 연월일의 간지와 함께 기록해야 한다.

　만일 음력으로 1959년 9월 22일 오전 10시 50분에 어떤 남자가 태어났을 경우, 남자라는 표시와 함께 태어난 연월일시를 기록해 놓고 간지를 찾아 오른쪽에서 왼쪽으로 기해己亥·갑술甲戌·무인戊寅이라고 연월일의 간지와 함께 대운의 수 5를 기록해야 한다.

　여기까지는 만세력을 확인해서 기계적으로 기록하기만 하면 되는

남乾 음력 1959년 9월 22일 巳시

丁	戊	甲	己
巳	寅	戌	亥

공망:申·酉
천을귀인: 丑·未

대운의 수: 5

95	85	75	65	55	45	35	25	15	05
甲	乙	丙	丁	戊	己	庚	辛	壬	癸
子	丑	寅	卯	辰	巳	午	未	申	酉

데 혹시 절기를 잘못 확인하거나 기록을 잘못하는 등의 실수가 있을 수 있으니 한두 번 더 제대로 기록했는지 확인하기 바란다. 사주를 잘 못 세우면 아무리 명리 실력이 뛰어날지라도 소용없기 때문이다. 다음에 시간은 동경 135°를 따지면, 23시 30분 정도부터 2시간씩 진행 되니, 오전 10시 50분은 사시巳時에 해당한다. 시의 천간은 일간이 무 계합화戊癸合火로 합하니 화火를 극하는 양천간 임壬이 무인일의 자 시다. 차례로 헤아리면 임자壬子·계축癸丑·갑인甲寅·을묘乙卯·병진丙 辰·정사丁巳로 시천간은 정이다.

이제 남은 일은 먼저 공망을 뽑고 일간의 천을귀인을 찾는 것인데, 천을귀인 정도는 머리에 암기하고 있어야 한다. 갑甲·무戊·경庚은 축 丑·미未, 을乙·기己는 자子·신申, 병丙·정丁은 해亥·유酉, 신辛은 인寅·

오午, 임壬·계癸는 사巳·묘卯다. 일간의 공망은 그 공식을 순간적으로 머리에서 잠시 돌리면 된다. 일간이 갑을목甲乙木이면 일지에서 -2, 병정화丙丁火면 -4, 무기토戊己土면 ±6충, 경신금庚辛金이면 +4, 임계수壬癸水면 +2다. 무인戊寅은 일간이 토土이고 지지가 인寅이니, 인寅의 충인 신申과 그 짝인 유酉가 공망이다. 이제 남은 것은 대운을 기록하는 것인데, 연주의 기己가 음으로 남자와 음양이 어긋난다. 그리하여 월주 갑술甲戌에서 계유癸酉·임신壬申·신미辛未·경오庚午·기사己巳·무진戊辰·정묘丁卯·병인丙寅·을축乙丑·갑자甲子로 역행하니, 그대로 원국의 아래쪽에 기록하면 된다.

흔히 『주역』의 건乾(≡)과 곤坤(≡≡)을 이용해 남자는 건, 여자는 곤으로 표시하는데, 한글로 '남'이나 '여'로 표시해도 상관없다. 공망과 천을귀인이 사주 원국에 있는지 확인하고 있으면, 동그라미 등으로 표시하여 사주를 보는 도중에도 잊지 않도록 해 놓기 바란다. 원국에 귀인이 둘 이상 있으면 그것들에게 너무 의지해 도리어 좋지 않지만 하나 정도 있으면 그것이 육친 중 무엇이든 아주 좋게 작용한다. 언젠가 어느 지방 국립대 교수 부인이 남편 사주를 봐 달라고 해서 보니, 재가 천을귀인이었다. 그 부인이 어렵게 뒷바라지하여 교수를 만들었다고 하니, 얼마나 귀한 재인가!

사주 원국의 구조가 아주 나쁜 경우를 제외하면, 천을귀인이 있을 경우 인생에 그것이 좋은 영향을 많이 미친다. 그리고 운에서 오면 그때 해당 육친에게 좋은 일이 많이 일어나니, 천을귀인은 꼭 암기해 두기 바란다. 덧붙여 말하건대, 공망은 오행으로는 작용하지만 육친으로는 그 작용이 약화되는 것이다.

위의 경우는 무토戊土 일간에 신申·유酉 식신·상관이 공망이다. 무토戊土에 신申·유酉가 식신·상관이라는 것이 저절로 머리에 떠오르지 않으면 사주를 보기 어려우니, 앞으로 돌아가서 육친 연습을 다시 해야 한다. 강의 시간에 이것에 대한 연습이 제대로 되지 않아 설명을 바로 알아듣지 못하는 경우가 아주 많다. 사주의 첫 관문이 육친임을 반드시 명심하고 익숙해질 때까지 충분히 익히기를 바란다.

거듭 당부하건대 기초가 튼튼해야 한다. 아무리 편리하다 할지라도 사주를 익히는 초기에는 핸드폰에 깐 프로그램으로 사주를 뽑지 않기를 바란다. 필자는 2015년 여름까지 핸드폰으로 사주를 뽑지 않고 만세력을 살피며 사주 원리와 관련된 내용에 대해 생각을 다시 해 보고는 했다. 핸드폰이나 컴퓨터를 이용해서 사주를 뽑을 경우, 이와 같은 과정이 생략되어 원리에 대해 고민하는 기반이 약해질 수밖에 없다. 사주는 비법으로 보는 것이 아니라 음양오행의 원리에 대해 아주 무르익을 정도로 생각하고 생각하여 저절로 나오게 터져 나오게 하는 것임을 명심하기 바란다. 고수와 하수의 차이는 사주를 익힌 기간의 문제가 아니라 오직 그 기반이 얼마나 튼튼한지 혹은 그렇지 않은지에 달려 있을 뿐이다.

이 책은 명리의 기초에서부터 고급 과정까지 필자가 나름대로 익힌 모든 것을 설명해 놨으니, 서두르지 말고 차분히 익히길 바란다. 수강생들에게 사주를 풀어 주면서 "지금까지 강의한 내용 이외의 것으로 사주 풀이를 한 적이 있느냐?"고 묻곤 한다. 앞에서 설명한 기초

원리를 철저히 익히라고 잠시 관련 이야기를 하는 것인데, 식상관 공망인 필자는 말솜씨가 없어 말을 재미있게 하지는 못한다.

눈치 빠른 분들은 앞에 있는 사주가 누구의 것인지 짐작했을 줄로 믿는다. 남의 운명을 가지고 설명하기가 죄송하고 미안해서 필자는 언제나 가능한 본인의 사주로 혹은 사주 풀이에 사용해도 되냐고 허락을 얻은 수강생의 사주로 설명을 하곤 한다. 그리고 더 당부할 점은 사주를 잘 보려면 생활을 건전하게 해야 한다는 것이다. 난잡한 생활은 기운을 흐려 머리가 맑을 수 없기 때문이다.

사주 원리는 이 책을 이해하고 암기하는 순간 바로 익힐 수 있다. 그러나 바로 사주를 잘 볼 수 있는 것은 아니니, 그것은 사주의 여러 가지 원리가 머릿속에서 다양하게 한꺼번에 종합되면서 응용되어야 하기 때문이다. 그러므로 물론 다른 학문을 하는 분들도 그렇겠지만 특히 명리학을 하는 사람들은 수도승처럼 생활을 깨끗하고 맑게 해야 한다.

명리학은 하늘이 사람에게 부여한 운명을 해석하는 일이다. 때문에 그 책임이 막중하여 지금까지도 인격이 갖추어진 사람이 아니면 전해 주지 않아야 하는 비인부전非人不傳의 학문으로 여겨진다. 남의 인생을 읽고는 그것을 빌미로 금품을 갈취하거나 속이는 일 등의 나쁜 일에 명리를 악용할 수 있기 때문이다.

어쩌면 필자가 이 책에서 명리의 원리를 모두 공개한 것을 익혀 그렇게 악용하며 살아가는 사람이 생길 수도 있다. 그러나 필자는 걱정하지 않는다. 명리를 어느 정도 익혀 사람들의 운명을 봐 주다 보면,

오늘의 삶을 어떻게 하느냐가 다음 후손들이나 내세에 어떤 영향을 미치는지 바로 깨닫기 때문이다.

미처 그것을 깨닫지 못했다면, 그것은 아직 명리를 제대로 익힌 것이 아니다. 부모의 사주를 보면 자식을 알고, 자식의 사주를 보면 부모를 아는 것은 무엇 때문이겠는가? 명리학을 어느 정도 익히게 되면, 삶이 무섭도록 철저하게 인과응보로 얽혀 있다는 것을 저절로 깨닫게 된다. 그것을 깨닫고도 명리학을 악용한다면, 그것은 필자도 어떻게 할 수 없는 일이다.

철학에서 사람의 삶이 인과율의 지배를 받는지 자유의지의 지배를 받는지 범법자의 교화 가능성을 두고 따지는 경우가 있다. 기독교인은 인간에게는 하나님이 부여하신 자유의지가 있다고 하고, 현대의 법철학에서는 주로 인과율을 믿는다. 교도소에서 범법자에게 기술 교육과 인성 교육을 시키는 것은 그가 사회에 공헌하는 새로운 삶을 찾도록 하기 위함이다. 그런데 여기에 자유의지를 적용할 경우, 그 의지가 자유롭기 때문에 교도소에서의 교육이 사회에서 새로운 삶으로 이어진다는 보장이 없다. 곧 의지의 자유로 말미암아 교도소에서의 교화 교육과 무관하게 그의 자유로운 의지에 따라 행동이 나온다는 것이니, 여기에는 의지의 결단에 따른 선택만이 있다.

반면 인과율의 관점에서는 그렇지 않다. 범죄자의 환경이 그를 그렇게 만들었다고 보고 그 환경을 새롭게 변화시키자는 것이다. 부모 없이 버려진 아이들은 대부분 살길이 없어 죄를 저지른다. 오래전 세상을 떠들썩하게 했던 지존파를 생각해 보라. 사람을 죽여 범죄 흔적을 없애려고 시체를 소각했던 끔찍한 살인자들이 형사들이 사 주는 따뜻한 국밥 한 그릇에 평생 이런 대접을 받아본 적이 없다면서 눈물을 펑펑 쏟았다고 한다. 폭력배에게 똑바로 살라고 하는 것은 굶어 죽으라고 하는 것과 동일하다. 그들에게 살길을 열어 주기 위해 교도소에서 엄청난 예산을 들여 직업 교육을 시키지만 전과자라는 낙인 때문에 기업에서 받아 주지 않으니 다시 범죄를 저지르게 된다.

정부에서는 교도소에 직업 교육을 위해 예산을 투자하는 만큼 기업이 협조할 수 있는 사회구조를 만들어 놔야 한다. 취직한 전과자들이 다시 사고를 쳐서 기업에 손해를 끼칠 경우 그 배상을 정부에서 할지라도 그들이 직업을 가지고 살아갈 수 있는 환경을 만들어 주어야 한다. 그렇게 하지 않는다면 교도소에서의 교화교육과 직업교육은 예산 낭비에 불과하다.

필자가 이런 철학적 이야기를 하는 것은 사주를 익히게 되면 인과율과 같은 인과응보를 깨닫게 된다고 믿기 때문이다. 곧 전세와 내세를 믿지 않는다고 한다면 일단은 어쩔 수 없겠지만, 명리를 알면 알수록 믿지 않을 수 없다. 현생에서 과거의 나쁜 인과를 소멸하여 내세의 좋은 인과를 만들어야 한다는 것이다.

과거에는 배울 수 있는 기회가 적어 소수의 사람들만이 그 혜택을 받았지만 현재는 조금만 노력하면 누구나 훌륭한 교육을 접할 수 있다. 이 책 역시 한글을 아는 성인이 차분히 읽기만 하면 얼마든지 이해할 수 있다고 본다. 사람의 인생은 하나님이나 부처님 같은 절대자들의 사랑과 자비에 의해 결정되는 것이 아니라 스스로 매 순간 어떻게 행동하는지에 따라 미래가 결정되는 것이다. 출세하지 못하고 잘 살지 못할지라도 건전하게 살아야 하는 이유가 여기에 있다. **명리학은 인과응보가 어떻게 연결되어 있는지 자신이 스스로 확인할 수 있는 공부로 타력 신앙이 아닌 자력 깨침의 학문이다.** 필자가 명리학을 수행의 학문이라고 하는 이유는 바로 이 때문이다.

아직 명리 기초도 제대로 되어 있지 않은 독자들에게 이런 설명을 해 봐야 소귀에 경 읽기에 불과할지 모른다. 그러나 사주를 알면 그런 사례를 비일비재하게 확인할 수 있으니, 사주 해석을 마무리한 다음에 '나가며'에서 이것에 대해 더 자세히 언급할 것이다. 그러니 우선 나의 인생이 우연히 이 세상에 온 것이 아니라 과거 전생에서부터 매 순간의 업보가 쌓여 그 필연적 결과로 현생에 왔을지도 모른다고 잠시라도 조용히 생각해 보기 바란다.

그러면 이제부터 다시 사주 세우기 연습을 시작해 보자. 남녀 구분 없이 연습 삼아 양력 2013년 12월 17일 14시 35분에 태어난 아이의 사주가 어떤지 한번 시험 삼아 세워 보자.

명리학을 공부하려면 만세력은 반드시 필요하니, 아직까지 구입하지 않은 독자들은 즉시 서점에 가서 마음에 드는 것 한 권을 사기 바란다. 만세력에서 2013년을 펴면 계사년癸巳年이라는 표시가 있다. 우선 양력 12월 17일로 가면 절기가 대설을 지났으니, 갑자월甲子月 정사일丁巳日이다. 대운의 수는 남자라면 4이고 여자라면 6이다. 13시 30분부터 15시 30분까지의 시간은 미시未時다.

그러니 이 시간에 태어난 아이의 사주는 다음의 원국표에서 보듯

남乾 양력 2013년 12월 17일 未時

丁 丁 甲 癸
未 巳 子 巳

공망: 子·丑
천을귀인: 亥·酉

대운의 수: 4

94	84	74	64	54	44	34	24	14	04
甲	乙	丙	丁	戊	己	庚	辛	壬	癸
寅	卯	辰	巳	午	未	申	酉	戌	亥

여坤 양력 2013년 12월 17일 未時

丁 丁 甲 癸
未 巳 子 巳

공망: 子·丑
천을귀인: 亥·酉

대운의 수: 6

96	86	76	66	56	46	36	26	16	06
甲	癸	壬	辛	庚	己	戊	丁	丙	乙
戌	酉	申	未	午	巳	辰	卯	寅	丑

이 연주가 계사, 월주가 갑자, 일주가 정사, 시지가 미다. 일간 정丁은 정임합목丁壬合木에 해당하므로 목木을 극하는 양천간 경庚이 자시子時의 천간이다. 경자시를 출발로 신축辛丑·임인壬寅·계묘癸卯·갑진甲辰·을사乙巳·병오丙午·정미丁未로 이어져 나가 시주는 정미丁未다. 남녀를 구분해서 대운을 기록하면 사주를 다 세운 것이다.

병丙과 정丁의 천을귀인은 해亥와 유酉다. 정사丁巳 일주의 공망을 보면, 화火 일간이니, 일지 사巳에서 -4를 해야 한다. 그러면 진辰·묘卯·인寅·축丑으로 축丑과 짝인 자子도 함께 공망이다. 대운은 연간이 계癸로 음이니, 여자일 경우 사주 바탕과 음양이 맞아 월주 갑자甲子에서 순행하여 을축乙丑·병인丙寅·정묘丁卯·무진戊辰·기사己巳·경오庚午로 흘러가고, 남자일 경우 사주 바탕과 음양이 어그러져 갑자에서 역행하여 계해癸亥·임술壬戌·신유辛酉·경신庚申·기미己未·술오戊午로 흘러간다.

　2013년 1월 1일 1시에 사내아이가 태어났을 경우의 사주를 연습 삼아 세워 보자. 입춘이 해의 기준임을 잊지 말고, 천천히 만세력을 보며 세우면 된다.

남乾 양력 2013년 1월 1일 子시

庚	丁	壬	壬
子	卯	子	辰

공망: 戌·亥
천을귀인: 亥·酉

대운의 수: 2

92	82	72	62	52	42	32	22	12	02
壬	辛	庚	己	戊	丁	丙	乙	甲	癸
戌	酉	申	未	午	巳	辰	卯	寅	丑

　입춘이 되지 않아 계사년이 되지 않았음은 물론 1월도 되지 않았으니, 임진년壬辰年 12월이다. 연주·월주를 만세력에 있는 그대로 찾아서 기록하고, 일주도 마찬가지로 기록하면서 그 밑에 있는 대운의 수까지 잊지 말고 함께 기록한다. 23시 30분부터 1시 30분까지는 자시子時인데, 일간의 정화丁火가 임수壬水와 합을 해서 목木으로 변하니,

목을 극하는 양천간 경금庚金이 자시의 천간이다. 화火 일간의 공망은 일지 묘卯에서 거꾸로 -4를 하여 술해戌亥이고, 병丙과 정丁의 천을귀인은 해亥와 유酉다. 대운은 월주 임자壬子에서 순행하면서 숫자와 함께 기록하면 된다.

사주 세우기 실습은 하나 더 세우는 정도로 마치겠으니, 본인과 식구들의 사주를 비롯하여 친척들과 친구들의 사주까지 최소한 30개 이상 직접 세워 보면서 자유자재로 세울 수 있게 충분히 연습하자.

이번엔 2016년 2월 8일 설날 11시에 사내아이가 태어났을 경우의 사주를 세워 보자.

남乾 양력 2016년 2월 8일 巳시			
辛	庚	庚	丙
巳	申	寅	申

공망: 子·丑
천을귀인: 丑·未

대운의 수: 9

99	89	79	69	59	49	39	29	19	09
庚	己	戊	丁	丙	乙	甲	癸	壬	辛
子	亥	戌	酉	申	未	午	巳	辰	卯

2016년 입춘은 2월 4일 18시 45분에 들어왔으니, 이때부터가 정말

병신년丙申年이다. 앞에서 연습한 것과 동일하게 연주·월주를 만세력에서 찾으면 병신丙申과 경인庚寅이니, 이것들을 그대로 적으면 된다. 또 8일을 찾으면 경신일庚申日이니, 그 아래의 대운의 수 9와 함께 기록한다. 오전 9시 30분부터 11시 30분까지는 사시巳時인데, 일간의 경금庚金이 을목乙木과 합을 해서 금으로 변하니, 금을 극하는 양천간 병화丙火가 자시의 천간이다. 사시巳時까지 헤아리면 병자丙子·정축丁丑·무인戊寅·기묘己卯·경진庚辰·신사辛巳이니, 시의 천간은 신辛이다.

2. 육친 파악하기

이제부터는 사주에서 일간을 기준으로 나머지 간지들이 어떤 관계를 맺고 있는지 살펴보자. 이어지는 사주의 구조를 파악하기 위해서는 먼저 육친이 저절로 머리에서 떠올라야 한다.

다시 필자의 사주를 보자.

무토戊土 일간을 기준으로 연간 기토己土는 음양이 다른 같은 오행으로 겁재이고, 연지 해수亥水는 무토가 극하면서 음양이 같으니 편

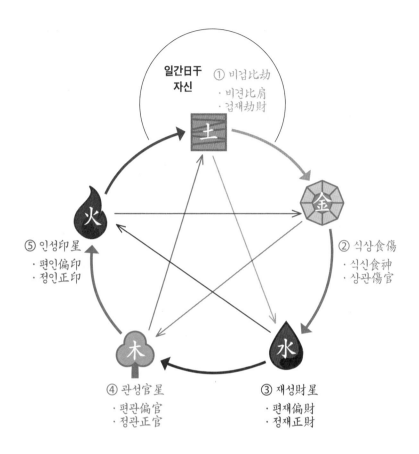

일간日干
자신

① 비겁比劫
· 비견比肩
· 겁재劫財

土

金

火

⑤ 인성印星
· 편인偏印
· 정인正印

② 식상食傷
· 식신食神
· 상관傷官

木

水

④ 관성官星
· 편관偏官
· 정관正官

③ 재성財星
· 편재偏財
· 정재正財

재이며, 월간 갑목甲木은 무토를 극하면서 음양이 같으니 편관이고,
월지 술토戌土는 무토와 음양과 오행이 같으니 비견이며, 일지 인목
寅木 역시 무토를 극하면서 음양이 같으니 편관이고, 시간 정화丁火는
무토를 생하면서 음양이 다르니 정인이며, 시지 사화巳火는 무토를
생하면서 음양이 같으니 편인이다. 그런데 월주 선천궁의 갑목 편관
이 기토와 합을 했기 때문에 그 역할이 약해질 수 있는 사주다.

육친이 한눈에 들어오면서 그 구조까지 파악할 수 있어야 사주를 자유자재로 보고 해석할 수 있다. 이 사주에서 재財가 어디에 어떤 모양으로 자리 잡고 있는지 살펴보라.

기해己亥라는 연주가 20세 전후의 운을 나타내기 때문에 그때의 해수 편재는 기토와 관련이 있다. 재는 돈을 뜻하기도 하지만 여자도 되는데, 위의 사주 구조에서는 겁재가 편재를 차지하고 있으니, 이 남자가 초년에 사귀는 여자와 초년에 버는 돈은 겁재 곧 친구나 다른 남자와 관계가 있거나 직장 여성일 확률이 높다. 말이 되느냐고 묻겠지만 사실이다. 필자는 현재의 집사람과 34세에 결혼을 했고, 그 이전에 몇 명의 여자를 사귀었는데 과거가 있거나 직장 여성이었다. 직장 여성인 이유는 편재인 해수亥水에게 기토己土가 정관이기 때문이다.

또한 공업고등학교를 나와 여러 가지 자격증이 있던지라 한국기술검정공단에서 아르바이트를 했는데, 그곳에 고등학교 동기가 근무하면서 방학이면 거의 언제나 친구들을 불러 비싼 임금으로 아르바이트를 시켰다.

사주 보는 방법을 간단히 소개한 것인데, 사주의 원리 하나하나가 저절로 머리에 떠오를 정도로 충분히 익혀야만 이렇게 간단하게 사람의 인생을 알 수 있다. 저 여덟 글자 속에 숨어 있는 인생의 엄청난 비밀을 읽어 내려면, 간지 하나를 보고 저것이 육친으로 무엇인지 또 어떤 구조 속에 있는지 바로 볼 수 있어야 한다. 사주는 사람의 선천적인 에너지장을 나타내니 운명은 거의 대부분 그대로 흘러간다고 보면 된다.

여坤 양력 2013년 12월 17일 未時

비견	丁火	정인	편관
丁	丁	甲	癸
未	巳	子	巳
식신	겁재	편관	겁재

공망: 子·丑

천을귀인: 亥·酉

대운의 수: 6

96	86	76	66	56	46	36	26	16	06
甲	癸	壬	辛	庚	己	戊	丁	丙	乙
戌	酉	申	未	午	巳	辰	卯	寅	丑

위의 사주 원국을 보자. 일간 정화丁火에 연지와 일지가 사화巳火로
깔리고 가장 뜨거운 미토未土 위에 시간 정화丁火까지 가지고 있다.
시의 천간인 정화는 일간과 음양 및 오행이 같아 비견, 연지와 일지의
사화는 오행이 같되 음양이 달라 겁재, 연간 계수癸水와 월지 자수子
水는 일간 정화를 극하는 오행이면서 음양이 같아 편관, 시지 미토는
정화가 생하는 오행이면서 음양이 같아 식신이다. 오늘날과 달리 옛
날처럼 자식이 생기는 대로 낳는다면 비겁이 많아 형제자매가 아주
많았을 팔자다. 사주에 이렇게 비겁이 많으면 형제가 많고 친구가 많
지만 간지의 합이 없어 특별히 친한 사람은 거의 없다.

화기火氣가 많고 강하니 성격 역시 불처럼 급하다. 불이 많은 사주

로 갑자甲子가 공망이긴 하지만 그래도 연간과 월지에 편관 수水가 있어 그나마 다행이다. 뜨거운 열기를 관성의 수기水氣로 해결하려 할 것이니, 학생 때부터 반장이나 회장과 같은 명예를 차지하기 위해 노력할 것이고 운이 잘 흘러 되기도 쉽다.

이 사주에 큰 결점은 실질적으로 수水를 채워 줄 갑자甲子가 공망 인 것이다. 공망은 그 작용이 반감되기 때문에 큰 관을 욕심내면 이루기 어렵다. 그런데 자손은 조상의 영향을 거의 그대로 받기 때문에 혹 가까운 조상의 생활이 문란했다면, 사춘기 이후에 관을 잘못 사용해 남자에 빠져 살 수도 있다. 부모나 조상의 영향에 따라 수의 갈증을 남자로 문란하게 사용할 수도 있으니, 언제나 생활을 조심해야 한다는 말이다.

이쯤하여 혹시 사주에 의해 그 사람의 인생이 이미 결정되었다고 보는 독자가 있다면 꼭 그렇다고 생각하지 않았으면 한다. 음양오행의 방향은 분명히 정해져 있지만 세세하게 사주 인자를 다르게 사용함으로써 전혀 다른 길을 갈 수도 있기 때문이다. 대부분의 사람들이 굳센 의지를 가지고 영혼을 순화시키려고 노력하지 않고 오행의 기운에 그대로 휩쓸려 쉽게 살게 되니, 술사는 가능성이 많은 방향으로 사주를 풀이하여 단지 그 사람의 삶을 맞추는 것일 뿐이다. 앞의 사주도 열기를 해소하기 위해 명예에 뜻을 두고 열심히 노력하며 살 수도 있고, 잘못하여 관을 쾌락의 도구로 나쁘게 사용할 수도 있으니, 그 운명이 어떻게 결정되었다고 확정할 수는 없는 것이다.

훌륭한 인생의 목표를 정해 놓고 인내하며 살면, 사주 안의 기질에 끌려가지 않고 다른 길로 가게 되어 일반적인 사주 풀이로는 그 인생을 추측할 수 없다. 그러니 운명이 꼭 정해졌다고만 볼 수는 없는 셈이다. 위의 사주는 관과 인이 뚜렷하고 너무 뜨거운 사주라 열기로 가득한 식신 미토未土의 사용을 꺼리니, 자신의 화기를 식혀 주는 명예를 위해 열심히 공부할 것으로 보인다. 그러나 희박하지만 혹시 부모나 조부모 대에서 나쁜 생활을 했다면, 그 기운이 후손으로 이어져 잘못된 삶을 살 수도 있다. 관은 명예도 되지만 여자에게 남자도 되기 때문이다. 자식이나 손자가 전혀 모르게 나쁜 생활을 해도 그 기운이 그대로 흘러가니 이를 명심해야 한다. 정말 인과응보가 그렇게 무서운 것이다.

　육친에 능통해지면 남들이 말하고 행동하는 것만 봐도 그 사람의 대략을 파악할 수 있다. 말이 거의 없다면 금金과 수水로 인성이 발달해 점잖은 사람일 확률이 높고, 조용하고 차분하게 말을 한다면 금金과 수水로 식상관이 발달한 사람으로 유흥을 즐길 수 있다. 빠르고 큰 소리로 말을 유창하게 한다면 목木과 화火로 식상관이 발달한 자로 남들을 잘 선동할 가능성이 높다. 여자가 조용하면서 공부를 많이 했다면 인성이 발달한 여자인데, 인성이 식상관 곧 자식을 극하기 때문에 그 자손이 드물고 또 잘 되지 않을 가능성이 높다. 부록에도 육친표가 있으니 참고하여 능숙해질 때까지 익히고 또 익히길 바란다.

3. 사주의 구조 파악하기

　사주의 구조 파악은 일단 단순하게 보아 여덟 글자로 표면에 드러난 사주의 구조를 살피는 것이고, 내부적으로 복잡하게 보면 지장간까지 최대 20글자의 구조를 살피는 것이다. 곧 사주 원국에 있는 여덟 글자와 각 지지의 지장간 12글자까지 합해 20글자를 따지는 것인데, 사주를 정확하게 보기 위해서 아주 중요한 일이다. 결국 명리학은 간지가 어느 위치에 어떤 구조로 있으면서 대운과 세운에 따라 어떻게 변하는지 추리하여 설명하는 것이기 때문이다. 원국 20글자에 대운과 세운의 글자까지 합하여 최대 30글자를 가지고 사람의 운명을 추리하는 것이 명리학이다. 음양오행을 깊이 연구하면 할수록 수행을 하지 않은 거의 대부분의 사람들이 묘하게도 타고난 간지의 형태대로 살아간다는 것을 깨닫게 된다.

앞에서 천간은 하늘의 별자리와 관계된 기氣의 흐름이고, 지지는 태양이 지구에 미치는 열과 관계된 질質의 흐름이라고 설명했다. 사주의 구조를 파악함에 있어 먼저 해야 할 일은 기의 흐름인 천간과 질의 흐름인 지지가 어떤 구조로 이어져 있는지 보고 천간과 지지가 다른 간지와는 어떤 형태로 있는지 살피는 것이다. 천간이 자신의 뿌리로 지지를 제대로 갖고 있는지 또 다른 천간과 합을 하거나 충을 하고 있지는 않은지, 지지가 위로 자신의 얼굴인 천간을 가지고 있는지 또 다른 지지와 합·형·충·파·해를 하고 있는지 살펴야 한다. 생하거나 뿌리를 가진 천간은 강하고 그렇지 못한 천간은 약하며, 합이 있으면 정이 있어 인간관계가 좋고 충이나 형 등이 있으면 예민하고 까칠하다고 본다.

오행으로 봐서 어떤 기운이 많으면 그 오행의 특성을 드러내니, 곧 목·화가 많은 사람은 분출·확산으로 성미가 급하고 시끄러우며, 또한 금·수가 많은 사람은 수렴과 응축으로 성격이 차분하고 조용하다.

간지의 특성도 봐야 하니, 양목인 갑목甲木이나 인목寅木이 있으면 팽팽한 차 타이어가 터졌을 때 처음 나오는 공기 또는 호랑이가 짐승을 사냥할 때 솟아오르는 것처럼 갑자기 뭔가 내놓는 특성이 있어 머리가 좋으며 앞장서기를 좋아한다. 반면 음수인 계수癸水나 자수子水가 있는 사람은 얼음처럼 평평한 상태를 유지하려고 하고, 자수는 양기가 처음 나오기 시작하기 때문에 씨앗을 뿌리려는 특성이 강하다. 신자진申子辰 삼합 때문에 신금申金까지 씨앗을 뿌리려는 특성이 있는데, 식상관으로 사용되면 그것이 더욱 심하다.

연·월·일·시의 오행이 서로 낳아 주는 구조로 연결되어 있고 각 간지에 힘이 있으면 최고의 사주인데, 운마저 재나 관을 돕는다면 그 인생의 부귀는 탄탄대로라고 볼 수 있다. 간지가 형·충·파·해로 손상되었으면 그 인생 또한 사고나 병 등으로 고생하는데, 사주 구조대로 살아가는 삶의 모양을 선택하여 그 기운을 해소하면 탈 없이 잘살 수 있다. 형살이 있을 경우 의료나 법률 등을 직업으로 선택하여 그 기운을 적극적으로 써서 해소하면 자신의 몸으로 직접 받는 피해가 적어 수술이나 소송당할 일이 적어진다는 말이다. 이상하게 들릴 수 있지만 사주 구조의 기질대로 사람의 인생이 함께 흘러가기 때문인데, 동기상응이라 하여 같은 기운이 서로 호응하면서 그런 삶의 형태를 만들어간다는 것이다.

과거 농경 위주의 사회에서는 직업이나 삶의 수단이 단순하여 형·

충·파·해 등으로 온전하지 못한 사주를 일방적으로 좋지 않게 봤다. 그러나 손톱이나 발톱까지도 다듬어 멋을 내어 주는 네일아트처럼 온갖 직종이 다 있는 현대사회에서는 형·충·파·해 등으로 일그러진 사주를 하나의 특별한 능력을 가진 것으로 보고 그대로 사용할 수 있다.

그러니 자신의 사주 구조에 삶을 맞추어 가는 것이 문제이지 그 사주 자체를 나쁘게 볼 필요는 없다고 보면 된다. 형이 있으면 양보하고 조정하는 형태의 직업을 찾아서 사용하고, 충이 있으면 부딪힘으로 서로 오고 가는 삶의 형태를 찾아 여기저기 돌아다니는 운전이라도 하면 되니, 타고난 구조대로 사는 것이 가장 강하고 유리한 삶의 형태를 만들기 때문이다.

운에서 방해하지 않는 한 사람들이 같은 일을 겪을지라도 각자 자신이 타고난 사주의 구조대로 그 경험을 받아들여 자신의 삶을 만들어 가고, 그렇게 인생의 마지막 순간까지 만든 모양 그대로 내세까지 가져간다. 죽음으로 비록 그의 몸은 사라질지라도 그 사람이 추구하고 만든 삶의 모양은 눈에 보이지 않는 에너지 형태로 남아 그것을 가장 잘 받아들여 펼칠 수 있는 비슷한 모양의 육체와 시간을 찾아 다시 태어나니, 그것이 다음의 생이다.

삶을 반드시 건전하고 아름답게 살아야 하는 이유가 여기에 있다. 현재의 삶이 가꾸어 놓은 형태 그대로 다음 생으로 이어진다는 것이다. 모르는 사람이 많지만 명리학에서 보면 현재의 삶은 전생의 연장선에서 다음의 생을 준비하는 중간 과정에 지나지 않는다.

일반적으로 사주를 볼 때 가장 먼저 할 일은 재와 관이 어떤 구조로 되어 있는지 살펴보는 일이다. 대부분의 사람들이 재와 관에 의지해서 삶을 유지하기 때문이다. 요즘에는 관을 대부분 대학을 졸업한 20대 중반을 전후해 취직으로 사용해야 하기 때문에 그것이 선천궁인 연주나 월주에 인성과 함께 좋은 구조를 이루고 있는 것이 좋다. 재는 40대를 전후로 세상물정을 다소 알아 철이 든 후에 사용하는 것이 좋기 때문에 일주까지 합해 식상관과 좋은 구조를 이루고 있는 것도 괜찮다.

그런데 사주는 근본적으로 음양 운동임을 염두에 두고 있어야 한다. 양은 음이 되려고 하고 음은 양이 되려고 하여 소용돌이치는 것이 태극◉이다. 양◖에서 음◗으로 오른쪽으로 뾰족하게 내려오는 것이 금金이고, 음◗에서 양◖으로 왼쪽으로 뾰족하게 올라가는 것이 목木이다. 물론 오행에서 양은 화火이고 음은 수水다. 일간을 기준으로 음양오행의 이런 특성을 사주에 응용할 때, 일간은 자신과 극단에 있는 재성과 관성을 향해 활기차게 움직이는 것으로 봐야 한다. 대부분의 사람들이 사업을 해서 돈을 벌거나 취직을 해서 월급을 받는 모양으로 자신의 삶을 유지하니, 그것은 무의식적으로 음양 운동에 따라 오행의 균형을 맞추려는 것이다.

관인상생官印相生과 **식상관생재**食傷官生財**를 많이 언급하는 이유는 관을 추구하며 삶을 유지하기 위해서는 인성이 필요하고, 재를 추구하며 삶을 꾸리기 위해서는 식상관이 있어야 하기 때문이다.** 곧 글자 그대로 관인상생은 사주에서 관성이 인성을 서로 생하는 구조로 된 것이고, 식상관생재는 식신이나 상관이 재성을 생하는 구조로 된 것을 말하니, 취직을 하기 위해서는 공부를 해야 하고 사업을 하기 위해서는 공장이나 농토처럼 상품을 만드는 생산수단이 있어야 한다는 뜻이다. 다시 말해 일간과 극단에서 음양 운동을 일으키는 재성과 관성이 그 기능을 제대로 발휘하기 위해서는 식상관과 인성이 뒷받침되어야 한다는 것이다. 그래서 한 가정을 책임져야 하는 남자의 사주를 볼 경우, 가장 먼저 재와 관이 어떤 구조로 되어 있는지를 보고 사업가인지 월급쟁이인지 판단한다.

필자의 사주 원국을 다시 보자. 일단 편관 갑甲이 술토戌土 위에 있고 그 옆으로 해수亥水와 인목寅木이 있어 뿌리를 잘 내리고 있다고 보면 된다. 뿌리를 잘 내리고 있다는 것은 12운성에서 갑목甲木은 술토戌土에 양지이고 해수亥水에 장생이며 인목寅木에 건록이라는 말과

남乾 음력 1959년 9월 22일 巳시			
丁	戊	甲	己
巳	寅	戌	亥

공망:申·酉
천을귀인: 丑·未

대운의 수: 5

95	85	75	65	55	45	35	25	15	05
甲	乙	丙	丁	戊	己	庚	辛	壬	癸
子	丑	寅	卯	辰	巳	午	未	申	酉

같다. 양목은 앞선 계절에 태어나 자신의 계절에 번성하다가 여름부터 쇠퇴하여 가을이 되기 직전 미토未土 속으로 들어가 숨어 있어야한다. 일지에 있는 편관 인목寅木은 인오술寅午戌 삼합으로 볼 때 미未대운 이후부터 술토戌土에서 화기火氣를 받아 화火 인성의 발판이 될것인데, 사화巳火와 형이 되고 있다.

또한 정화丁火는 밑에 사화를 뿌리로 두어 아주 강하다. 그리고 지지에서 술戌과 해亥가 함께 있어 초년에는 해수亥水가 엄청나게 강하다. 술戌의 역할은 겨울이 오기 전에 화火를 묘지에 묻거나 창고에 가두어 활동하지 못하게 숨겨 놓는 일이다.

초년에 술토戌土가 있어 강한 편재 해수亥水가 대운에서도 그것을돕는 방향 계유癸酉·임신壬申으로 흘러가며 임수壬水를 위로 드러나게 하니, 중학교 때부터 방학 때는 집안 살림을 돕기 위해 거의 언제나 돈을 벌었다. 대학 때도 방학에는 공업고등학교에서 획득한 자격증으로 아르바이트를 해서 한 달이면 한 학기 등록금을 벌 수 있을정도였다. 그런데 여기서 강조하고자 하는 것은 술戌·해亥처럼 축丑·인寅과 진辰·사巳 및 미未·신申도 함께 있으면 동일한 작용이 있다는것이다. 곧 축토가 수렴하는 금金의 기운을 모두 묻어 버려 그것과 상반된 목의 기운이 강해지고, 진토가 응축하는 수의 기운을 모두 묻어버려 그것과 상반된 화의 기운이 강해지며, 미토가 분출하는 목의 기운을 묻어 버려 이것과 상반된 금의 기운이 강해진다는 것이다.

또한 이런 작용 중에서 술·해와 진·사가 함께 있는 것을 **천라지망**天羅地網이라 하여 더욱 특별하게 다루고 있다. 예를 들어, 축토는 갑인목甲寅木이, 미토는 경신금庚申金이 방해받지 않고 성장하게끔 하여 사람들이 활동하기 좋은 따스하고 시원한 봄과 가을이 활짝 열리게 한다. 반면에 술토는 임해수壬亥水가, 진토는 병사화丙巳火가 방해받지 않고 열리게 하여 사람들이 활동하기 어려운 춥고 더운 겨울과 여름이 완벽하게 열리게 한다.

곧 술·해나 진·사가 사주에 함께 있을 경우, 음양의 극단에 있는 강한 기운 때문에 자신도 모르게 사람들에게 부담을 준다. 그러니 이런 사람은 검경·교도·의술·역술·소방과 같은 전문직이나 특수직을 찾아 이것을 마음대로 사용하며 사는 것이 좋다.

또 월주에 있어 초년에 사용할 수 있는 편관 갑목甲木이 기토己土와 합이 된 상태에서 대운이 금金으로 흘러 제대로 사용하기 어려울 뿐만 아니라 인성과 연결 구조가 좋지 않다. 비록 시주에 있지만 정화가 밑에 사화 뿌리를 두고 활활 타고 있는 데다가 대운이 정화를 돕는 운으로 힘차게 흘러가 취직보다는 공부하기 쉽다.

이처럼 먼저 사주 구조를 하나하나 분석한 다음에 이것들을 모두 종합하여 그 사람의 선천적인 기질을 파악해야 한다. 사주 원국에 합이나 충이 있으면 그에 따라 사람을 사귀는 특성도 달라진다. 필자는 갑기합甲己合과 인술합寅戌合 및 해인합亥寅合이 있어 사람 사귀기를 아주 좋아하지만, 인사형寅巳形으로 잘못된 것은 반드시 바로 잡으려고 하는데, 또 술해戌亥 천문도 있어 남들이 부담스러워 할 정도로 드세고 강하게 밀어붙이는 성격까지 있다고 보면 된다.

4. 12운성 적용하기

명리학은 간지로 치환된 오행이 인간의 운명에 어떻게 작용하는지를 살피는 학문이다. 사주 원국은 연월일시로 구성되니, 그것은 연주인 조상의 영향 아래 월주인 부모가 있고, 부모의 영향 아래 일간인 사주 당사자가 일지 배필을 만나 시주의 자식을 낳으며 살다가 떠나는 것이 인생이라고 보기 때문이다. 연·월·일·시를 채운 간지는 일간을 기준으로 다시 육친으로 분류되니, 음양오행의 상생과 상극을 가지고 일간과의 관계를 나타낸다. 사주는 궁보다는 주로 육친의 구조를 가지고 그 사람의 인생이 운과 함께 어떻게 전개되는지를 살핀다. 그런데 원국이든 운이든 사주를 파악하기 위해서는 12운성을 알아야 하니 이제부터는 그것에 대해 자세히 살펴보자.

이미 앞에서 12운성에 대해서는 어느 정도 설명했는데, 정리하자면 천간은 기氣의 운동으로 뿌리를 내릴 수 있는 지지의 질質이 무엇인가에 따라 그 힘이 달라진다. 이것을 사주 해석에 적용하기 위해서는 각 단계와 그 작용에 대해 암기하고 있어야 한다. 곧 '장생'은 태어나서 자라는 것을, '목욕'은 사춘기에 씻고 닦으며 꾸미는 것을, '관대'는 의관을 갖추고 밖에서 활동하기 시작하는 것을, '건록'은 늠름하게 활동하는 것을, '제왕'은 더할 수 없을 정도로 왕성하게 활동하는 것을, '쇠'는 달도 차면 기운다는 노쇠를, '병'은 점점 더 쇠약해지는 병약함을, '사'는 병들어 죽게 됨을, '묘'는 죽어서 무덤으로 들어감을, '절'은 사라진 지 오래되어 모든 것이 끊어졌음을, '태'는 새로운 기운이 다시 돌기 시작함을, '양'은 새 기운이 속에서 힘차게 자람을 상징한다는 것이다. 12운성표는 바로 천간과 지지의 힘이 어떻게 변화하는지 파악하는 표다.

12운성을 중요하게 여기지 않아 양포태 곧 양간의 12운성만 사용하고 음포태 곧 음간의 12운성을 사용하지 않는 관법이 있다. 어떤 관법을 사용하든 명리학을 미신이 아니라 하나의 학문으로 정립하기

	甲	乙	丙	丁	戊	己	庚	辛	壬	癸
장생	亥	午	寅	酉	寅	酉	巳	子	申	卯
목욕	子	巳	卯	申	卯	申	午	亥	酉	寅
관대	丑	辰	辰	未	辰	未	未	戌	戌	丑
건록	寅	卯	巳	午	巳	午	申	酉	亥	子
제왕	卯	寅	午	巳	午	巳	酉	申	子	亥
쇠	辰	丑	未	辰	未	辰	戌	未	丑	戌
병	巳	子	申	卯	申	卯	亥	午	寅	酉
사	午	亥	酉	寅	酉	寅	子	巳	卯	申
묘	未	戌	戌	丑	戌	丑	丑	辰	辰	未
절	申	酉	亥	子	亥	子	寅	卯	巳	午
태	酉	申	子	亥	子	亥	卯	寅	午	巳
양	戌	未	丑	戌	丑	戌	辰	丑	未	辰

12운성표

위해서는 체계적인 설명을 할 수 있으면 된다. 그런데 필자는 **오행의 변화를 기氣와 질質로 나눈 것이 10천간과 12지지이고, 그것이 어떻게 생장하고 소멸하는지를 밝히는 것이 명리학**이라고 여기기 때문에 12운성을 명리학에서 가장 중요한 기초 중의 기초라고 본다. 사실 10천간이 12지지를 따라 어떻게 생장하고 소멸하며 운행하는지 익히기 어렵게 보일 수 있지만 이것도 하나의 일정한 법칙 속에 있다.

　필자의 사주를 보고 12운성표를 참고하여 천간의 힘이 어느 정도 있는지 따져 보자.

　연주 기해己亥에서 기토는 밑에 자신의 뿌리로 해수를 깔고 있어 힘이 별로 없다. 12운성표를 보면 기토는 해수에 태지다. 말 그대로 겨우 태기가 도는 정도이니 힘이 있을 수 없다. 월주 갑술甲戌에서 갑목은 술토가 양지이니 밖으로 드러나지는 않을지라도 다소 힘이 있다고 본다. 시주 정사丁巳에서 정화는 그 뿌리로 사화가 있어 제왕지에 있으니 그 힘이 더할 수 없이 아주 강하다. 이 사주에서 일단 정화는 그 인생을 좌우할 정도로 강한 영향력이 있다. 그런데 그것이 시주에 있으니 나이 들면 들수록 그 영향력이 더욱 커진다고 보면 된다.

일간 무토戊土는 인목寅木에 장생이니, 강한 힘이 있을 것처럼 보인다. 그런데 무토가 병화丙火와 동일하게 인목에서 장생하지만 병화와는 다소 차이가 있음을 알아야 한다. 병화는 목생화木生火로 인목의 낳아 주는 힘을 바로 받지만 무토는 목극토木剋土로 극을 당하기 때문에, 결국 인목이 화를 낳고 또 화가 토를 낳아야 되니, 어느 정도 시간이 지난 뒤에 힘을 갖게 된다고 보면 된다. 토가 화와 동일하게 12지지를 순환할지라도 그 차이를 이렇게 따지면 된다.

천간이 자신의 지지에 뿌리를 내릴 수 없으면 바로 옆의 지지에도 내릴 수 있다. 그리고 지지는 지장간으로 환원하여 동일하게 따지면 되는데, 주로 대운이나 세운에서 어떤 힘을 갖게 되는지 따지면 된다. 먼저 본기 곧 정기의 힘을 파악하고 여기와 중기 등으로 그 힘을 파악하여 육친으로 어떻게 작용하는지를 보면 된다. 사주의 간지가 얼마나 힘을 갖게 되는지는 원국에서의 힘과 대운과 세운에서의 힘으로 나눠 전체적인 힘이 어느 정도인지 계산하고, 또 다른 간지와 힘의 우열을 비교하여 따지면 된다. 여기서 원국에서의 힘을 볼 때 그 지지뿐만 아니라 구조까지 함께 파악해야 된다는 점도 잊지 말자.

지지에 해수亥水가 있고 바로 옆에 신금申金이 있으면 금생수金生水로 해수의 힘이 더욱 커진다고 봐도 되고 12운성으로 임수壬水나 해수亥水가 신금申金에 장생하여 힘이 아주 강해진다고 봐도 된다. 마찬가지로 해수 옆에 사화巳火가 있을 경우에는 충이 되어 서로의 힘을 약화시킨다고 봐도 되고 임수나 해수가 사화에 절지라서 힘없이 불안하게 있다고 봐도 된다.

또 해수 옆에 인목寅木이나 묘목卯木이 있어 합을 하고 있다면 그 힘이 인목과 묘목으로 빨려 들어가 약화되고 있다고 봐야 한다. 물론 합이 있을 경우에는 성격이 남들과 어울리기 좋아하고, 충이 있을 경우에는 남들과 부딪히는 일을 자주 만든다고 보면 되니, 기운이 그렇게 흐르고 있기 때문이다.

이 사주에서 해수는 술해戌亥 천문으로 병화丙火와 무토戊土를 묻어 버리는 술토戌土 옆에 있어 그 힘이 아주 강하다. 그리고 술토는 인목과 인오술寅午戌 삼합의 한 부분을 가지고 있어 세월이 지난 다음 술토에서 인목이 화火의 불씨를 받아 인성을 강화시키게 될 것이다. 그런데 일지 인목이 시지의 사화와 인사형寅巳刑이 되어 인성과 관에 변형을 가하거나 또는 배우자궁이 형살을 받고 있으니 형살을 사용하는 배우자를 만날 수 있다. 옆집에 사는 어머니 친구 분이 간호사로 있는 조카딸을 소개시켜 준다고 해도 만나지 않았는데, 결국 간호사로 있는 배우자를 만나 결혼했으니 운명이 어떻게 그렇게 흐르는지 참으로 신기하다.

다음의 그림을 기준으로 운의 흐름을 쉽게 판별하는 하나의 요령이 있다. **계절의 시작인 간지는 앞의 계절과 자신의 계절에, 계절의 절정인 간지는 뒤의 계절과 자신의 계절에 힘이 있다**고 보면 된다. 곧 갑甲과 인寅은 차례대로 해亥·자子·축丑·인寅·묘卯·진辰에, 을乙과 묘卯는 역순으로 미未·오午·사巳·진辰·묘卯·인寅에 힘이 있다고 보라는 것이다.

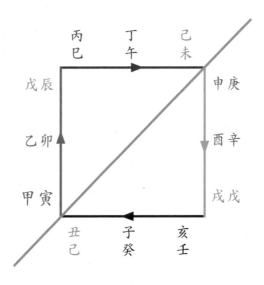

　나머지도 동일하게 병丙과 사巳는 인寅부터 미未까지, 정丁과 오午
는 술戌부터 사巳까지, 경庚과 신申은 사巳부터 술戌까지, 신辛과 유酉
는 축丑부터 신申까지, 임壬과 해亥는 신申부터 축丑까지, 계癸와 자子
는 진辰부터 해亥까지 힘이 있다고 보면 된다. 12운성으로 일단 이렇
게 그 힘이 일정하게 돌아가고 있다는 것을 염두에 두고 적용 연습을
하면서 익히기 바란다.

　여기에서 주의해야 할 곳은 목욕지다. 갑甲·병丙·무戊·경庚·임壬·
인寅·사巳·신申·해亥처럼 계절의 시작인 간지는 앞 계절에서 힘을 받
는 장생지 다음의 자子·묘卯·오午·유酉가 목욕지다. 또한 을乙·정丁·
기己·신辛·계癸·묘卯·오午·유酉·자子처럼 계절의 절정인 간지는 뒤
계절에서 힘을 받는 장생지 다음의 사巳·신申·해亥·인寅이 목욕지임
을 기억하고 있어야 한다. 일간이나 식상이 목욕지에 들어가면 옷 벗

고 목욕할 일이 생기니, 젊은 남녀는 쉽게 사랑이 이뤄지고, 노인은 입원하거나 수의를 입기 쉽다. 연예인처럼 인기를 먹고 사는 사람들은 식상이 목욕지에 들어가면 인기가 폭발한다. 남자는 재 목욕지에서 여자는 관 목욕지에서 마음에 드는 이성을 만나거나 재물이나 명예가 목욕할 일이 생기기 쉽다.

사주의 육친 하나하나를 대운·세운과 관련하여 12운성으로 각기 그 운기를 보고 해당 육친에 무슨 일이 일어날지 추측하는 것이 사주를 보는 것이다. 관이 잘 흘러가고 있으면, 남자에게는 직장이나 명예가 튼튼하게 다져지고 자식들이 잘 자랄 것이고, 여자에게는 남편이 자신의 역할을 충실하게 할 것이다.

그런데 보통 관이 잘 흘러갈 경우 그 반대편에 있는 비겁이 나쁘게 흘러가 형제들이 고난을 당하는 경우가 많으니, 사주 구조가 아주 좋지 않은 이상 모든 것이 좋을 수는 없기 때문이다. 금金이 관이고 그것의 운이 잘 흘러간다면, 그 반대편에 있는 비겁인 목木은 운이 나쁘게 흘러 잘 되기 어렵다는 말이다.

12운성을 쉽게 외우는 방법은 삼합을 이용하는 것이다. 병화丙火의 운행 궤도에서 인寅은 병화의 장생지이고 오午는 제왕지이며 술戌은 묘지이니, 12운성의 순서를 외워 연습하다 보면 어느 날부터 감각적으로 12운성을 터득하게 된다. 물론 을목乙木은 병화丙火의 궤도에서 거꾸로 흘러가며 제왕지와 장생지가 서로 바뀌었다는 것도 알고 함께 연습해야 한다. 12운성은 하나의 원리로 되어 있기 때문에 연습하다 보면 저절로 익숙해져서 별로 어렵지 않게 된다. 구구단을 외워 곱셈과 나눗셈하는 정도의 노력만 투자하면, 인생이 천지자연과 어떻게 뒤엉켜 흘러가는지 깨달을 수 있는 문턱으로 들어설 것이니, 꾸준히 연습하길 바란다.

그러나 무엇보다 먼저 철저히 익혀 놔야 할 것은 육친이다. 사주에서 간지를 일간과 서로 비교하여 바로 그 육친이 떠오르지 않아서는 명리학을 익힐 수 없다. 아직까지 이것이 익숙하지 않은 독자들은 궁금한 것을 풀기 위해 빨리 이 책을 끝까지 읽더라도, 그다음에는 다시 처음부터 필자가 반드시 익혀야 한다고 강조한 것들을 차례대로 익히며 천천히 진도를 나가기 바란다. 육친을 익힌 다음에 해야 할 일은 12운성으로 사주 구조를 파악하여 운에서 그것들이 어떻게 흘러가는지를 추리하는 것이다. 누차 말하지만 이 정도의 수준까지 오르게 되면 재미가 있어 저절로 열심히 공부할 수밖에 없다.

만변하는 운의 흐름 적용하기

✕

대운과 세운의 해석

앞선 13강에서 언급했듯이 사주는 무엇보다 대운이 좋아야 한다. 원국이 좋지만 대운이 나쁘다면 도시에서 큰 부잣집 아들로 태어나 많은 재산을 물려받았어도 사업에 실패가 많아 그것을 제대로 유지하지 못하게 되는 것과 같다. 그러면 아직 남은 재산이 많아 사는 데 부족함이 없을지라도 한스럽고 만족스럽지 못한 삶이라고 느끼게 된다.

반면 원국이 나쁘지만 대운이 좋아 시골에서 가난한 농부의 아들로 태어나 별로 공부도 하지 못하고 물려받은 것도 없으나 부지런히 기술을 배워 도시에서 아파트를 가지고 자식들을 대학까지 공부시켰다면 뿌듯하고 만족스러운 삶이라고 느낀다. 이런 점에서 원국은 선천적인 특성과 환경이고, 대운은 선천적인 특성과 환경이 어디로 어떻게 흘러갈지를 결정하는 중요한 요소다.

원국에서 각 육친들이 어떤 구조로 연결되었는지를 보아 그 사람의 역량이나 특성을 파악하고, 대운과 세운에서 그것들이 서로 어떻게 발휘되는지 살피는 것이 사주 해석이다. 원국이 좋고 대운이 좋다면 말할 필요도 없이 좋은 사주다. 그런데 원국이 좋음에도 운이 나쁜 것은 천리마가 뛰지 못하고 밭을 가는 것처럼 아주 고통스러운 일이다. 수천 수백 억을 유산으로 물려받았어도 이를 지키지 못하고 반 정도의 재산만 남았다면 남들이 보기에는 여전히 엄청난 재산을 가지고 화려하게 잘사는 것 같아도 본인은 늘 세상 일이 불만스럽고 마땅치 않을 것이다. 원국이 다소 보잘 것 없을지라도 운이 좋아 차츰 더 나아지면서 30평 전후의 아파트를 소유하고 어느 정도의 삶을 유지한다면 그 사람은 인생이 행복하고 보람이 있게 느껴질 것이다.

대학 교수로 정년퇴직을 하고 사주에 관심이 있어 배우는 분이 있는데, 얼마 전 동생 딸의 결혼에 대해 전화로 문의하셨다. 글로 써도 되는지 허락받은 사주가 아니라서 해석에 군이 필요하지 않은 사주를 생략하고 그 나머지로 운에서 어떻게 해석해야 되는지 간단히 설명하겠다. 사주 해석은 거듭 강조하지만 육친의 구조를 파악하고 그것이 운과 어떻게 뒤엉켜 흘러가는지 읽을 수 있으면 된다. 여자의 결혼은 사주에서 관과 식상이 운과 어떻게 연결되는지를 살피면 된다. 처음 사주를 볼 때는 당황스럽지만 거듭 연습을 하면 크게 어려울 것이 없는 일이 사주 해석이다.

먼저 다음의 갑오甲午일주 사주를 보자. 그러면 어느 간지가 관성과 식상인지 바로 보여야 한다. 이 사주에는 갑목甲木을 극하는 관인 금金이 없다. 그런데 사주에서 연간 편재 무戊와 월간 정인 계癸가 모

여坤 음력 1978년 10월 28일 ○시			

		甲	癸	戊
		午	亥	午

공망: 辰·巳
천을귀인: 丑·未

대운의 수: 7

97	87	77	67	57	47	37	27	17	07
癸	甲	乙	丙	丁	戊	己	庚	辛	壬
丑	寅	卯	辰	巳	午	未	申	酉	戌

두 오午와 해亥를 뿌리로 가지고 있고 각기 모두 제왕지에 있어 그 힘
이 굉장한 것이 눈에 확 띈다. 편재는 아버지이고 정인은 어머니일 것
이니 대단한 부모님을 가진 딸이라고 보면 된다. 정인 계수癸水는 위
치마저 부모궁에 있으니 틀림없는 어머니다. 그래서 "부모가 대단한
데 무엇 하시는 분들이냐?"고 묻자 두 분 모두 대학 교수라고 한다.
보통 사주를 보러 온 분에게 "부모님이 모두 대단한 분들이시군요!"
라고 하면, 저쪽에서 그 나머지에 대해서는 대부분 스스로 알려 주게
되어 있다.

사주에는 관이 없지만 대운에서 신유辛酉가 정관으로 위아래로 연
결되어 17세부터 27세까지 들어왔으니, 이때 적당한 세운에 아주 대
단한 남자를 만나 무척 좋아했을 것이다. 그런데 문제는 어머니에 해

당하는 월주 계해癸亥에서 해亥가 정관 신유辛酉의 유酉와 부딪힌다. 곧 해묘미亥卯未 삼합과 사유축巳酉丑 삼합으로 목木과 금金이 충돌하고 있으니 부모의 반대로 결혼하지 못했다. 그래서 초년에 만난 남자가 있는데 부모의 반대로 헤어지지 않았느냐고 물으니, 옆에 계시던 동생분이 "나는 반대하지 않았는데 집사람의 반대로 헤어졌다."고 한다. 대운에서 정관 유酉가 오면서 상관 오午가 장생이라 무척 좋아했을 텐데 어머니가 반대했으니, 이별의 슬픔을 알 만하다.

현재 경신庚申 대운을 지나가고 있어 오화午火가 신금申金 목욕지를 지나니, 시집가고 싶은 마음은 더욱 강렬하지만 전처럼 마음에 맞는 남자가 나타나질 않는다. 경신庚申도 위아래로 뿌리를 가지고 있어 대단하지만 신유辛酉처럼 음양까지 맞지는 않는다. 곧 갑목甲木과 신금辛金은 음양이 조화를 이뤄 강력하게 끌어당기지만 경금庚金은 양금陽金이기 때문에 끌림이 강렬하지는 않다. 그래서 주변에 대단한 남자들이 많지만 전에 사귀던 남자만큼 마음에 들지 않아 결정하기 어려울 것이라고 했다. 2017년 정유년丁酉年에 상관과 정관이 모두 와서 이때에 혼사가 이뤄지기 쉬우니, 그때까지 너무 독촉하지 말고 기다리라고 했다.

이상의 설명에서 보았듯이 육친을 파악하는 것이 얼마나 중요한지 알아야 한다. 이런 경우는 사주를 뽑아 놓은 다음에 대운만 기록해도 바로 보이는 아주 쉬운 것이다. 그런데 육친에 익숙하지 않으면 육친을 파악하느라고 정신이 없어 나머지 전체가 어떻게 되어 있는지 전혀 보이지 않게 된다. 육친 파악이 저절로 되지 않으면 사주를 봐도 그것을 다시 속으로 따져 봐야 하기 때문에 그 내용이 바로 들어오지 않는다는 것이다. 12운성은 명리에 어느 정도 익숙해져도 저절로 응용되기 어렵지만 육친은 하루에 한 시간 정도씩 일주일 정도만 부지런히 연습하면 능숙하게 되니 먼저 이 과정부터 철저히 다지기 바란다.

정확히 기억나는 것은 아니고 수강생 중에 철학관을 하는 60대 초반쯤 되는 어느 부인이 강의 후 점심식사를 하러 가면서 자신의 사주를 말하는데, 일간이 계수癸水였고 연지가 진辰이기에 초년에 죽은 형제가 있냐고 물었더니 그렇다고 했다. 이런 질문을 한 이유는 12운성으로 형제가 되는 겁재 임수壬水가 진辰에 묘지이기 때문이다. 식사를 하면서 정식으로 감정 요청을 하는데 첫 대운마저 진辰대운으로 흐르고 있어 "초년에 형제분들이 많이 죽었군요!"라고 하니 "여덟 명이 죽고 자기 혼자만 살았다."고 한다. 남들이 보면 귀신처럼 맞춘다고 하겠지만 그렇게 어려운 일이 아니라 12운성을 원국과 운에 적용하여 풀이한 것일 뿐이다.

다시 간단히 설명하면 대운은 사람의 최대 수명 120년을 12지지에 배당하여 10년씩 흘러가도록 배치한 것이다. 대운의 계산을 월지에서 시작하는 이유는 일주의 직접적인 환경이 월주이기 때문이다. 우리의 몸 곧 형질의 생장·소멸은 오행으로 12지지에 해당하니, 대운이 10년마다 직접적인 환경인 월주에서 변하면서 흘러간다. 연주는 조상궁으로 우리 자신이 있게 되는 근본적인 터전이고, 월주는 우리에게 바로 영향을 미치는 구체적인 환경인데, 그 환경이 10년마다 연간의 음양에 따라 순행 또는 역행으로 변하면서 흘러간다는 것이다. 세

3부 적용편

운은 대운의 환경 속에서 변하는 구체적인 내용으로 보면 된다.

필자는 인천에 살면서 지역 주민들에게 명리학을 전파하기 위해 동사무소에서 강의를 하고, 또 소래 축제 때는 구청의 요청으로 축제 현장에서 저렴한 가격으로 사주 봉사를 하고 그때 받은 돈은 불우이 웃돕기 성금으로 사용하고 있다. 이때 사주 보는 데 재미를 붙인 분은 매년 축제 때면 찾아와서 거의 무료로 사주를 보고 가기도 한다. 2010년 경인년庚寅年에도 소래 축제에서 사주 봉사를 하고 있었는데, 어느 여자 분의 사주가 아래와 같았다. 대운과 세운을 설명하기에 적절하다는 생각에 필요한 부분만 여기에 옮겨 설명하겠다. 그 여자 분이 사업을 하고 싶다면서 자세히 묻던 모습이 아직도 선명히 기억난다.

그 여자 분은 필자에게 "사업을 하고 싶은데 돈이 없으니 어쩌면 되겠느냐?"고 물었다. 대운의 지지가 인寅으로 흘러가고 그해가 경인년庚寅年이었으니, 그분의 사주에 있는 문서 곧 인성인 신금申金과 유금酉金은 사라져야 했다. "여기에 있는 문서를 팔아 사업 자금을 하면 되지 않느냐."고 하니 "부동산 경기가 침체되어 팔리지 않는다."고 하였다. "금방 팔릴 테니 걱정하지 말라."고 하고 돌려보냈는데, 한 달쯤 후에 어떻게 수소문하여 필자의 집에 화분을 들고 찾아와서는 집이 금방 팔려 무슨 사업을 해야 할지 상의하러 왔다고 하였다. 그 후에도 자식의 혼사나 손자의 이름 등으로 일만 있으면 필자에게 상의하러 찾아오곤 한다.

사실 왼쪽 사주에서 문서가 반드시 팔린다고 필자가 큰소리친 이유는 대운의 인寅과 세운의 인寅이 모두 인성의 금金, 곧 문서를 충하고 있었기 때문이다. 12운성을 보면 신금申金의 본기인 경금庚金은 인목寅木에서 절지이니, 그분의 사주에서 반드시 사라지게끔 천지의 기운이 돌아가고 있었다. 신금申金과 유금酉金이 육친으로 문서여서 다행이다. 만약 자식이나 부부처럼 아주 가까운 사람이라면 그 사람과 아픈 이별이 있어야 한다고 보기 때문이다. 직장에서 외국으로 발령을 받아 장기간 떠난다면 다행으로 전생에 많은 공덕을 쌓았던 덕분일 것이다. 언제나 쉽게 만날 수 없는 외국으로 떠나지 않는다면 사별하거나 부부일 경우 인연을 끊어 이혼할 수 있다.

왼쪽 사주에서 신금申金은 인목寅木 대운에서는 금과 목으로 기운이 서로 정반대로 흐르기 때문에 버틸 힘이 전혀 없으니, 인목寅木 대운에는 신금申金을 조금만 건드려도 바로 사라진다. 부동산 경기가 침체된 관계로 세운에서 경인년庚寅年까지 버텨 왔던 것이지 그 이전에 벌써 팔렸어야 할 문서다. 만약 대운에서 어느 정도 신금申金을 돕고 있거나 강하게 극하지 않는다면 문서가 팔릴 확률은 낮아지니, 그럴 경우에는 신금申金이 묘지로 들어가는 축년丑年이나 절지가 되는 인년寅年에 시세보다 싸게 내놓으라고 조언해야 한다. 대운과 세운이 해당 육친과 어떻게 되는지 계산해야 함은 물론 시장 상황까지 참고해서 조언해야 한다는 말이다.

사주 감정에서 대답하기 아주 곤란한 경우는 문제 상황이 대운과 세운에 어정쩡하게 걸쳐 있을 때다. 대운에서 묘지나 절지에 들어왔다면 조금만 충격을 주어도 해당 육친이 바로 사라진다. 그런데 병지 정도에 어정쩡하게 걸려 있다면 해당 육친이 사라질 확률이 그렇게 높지 않으니 당시 상황을 참작하여 해결 방법을 조언해 주어야 한다. 결혼처럼 남녀가 인연을 맺는 경우는 세운에서 오는 해당 육친이 일간과 합을 하는 것이 좋다. 그런데 여자의 경우 관이 식상과 합을 하고 남자의 경우 재가 관과 합을 한다면, 거의 자식을 잉태한 상태에서 결혼하거나 결혼과 동시에 임신할 확률이 아주 높다.

천지의 기운은 아무렇게나 무질서하게 흘러가는 것이 아니라 그 기운의 전개방식에 따라 아주 질서정연하게 흘러가기 때문에 이런 일이 발생하게 된다. 사람이 천지의 흐름 속에서 어느 시간의 좌표에 태어나 공간을 차지한 하나의 생명으로 살아가지만 역시 천지의 흐름과 하나가 되어 흘러가기 때문에 10천간과 12지지가 변화하는 법칙을 대부분 어길 수 없다.

2016년과 2017년을 간지력으로 병신년丙申午과 정유년丁酉年이라고 할 때 병신과 정유는 단순히 어느 시점을 표시하는 기호를 넘어 그 시점의 공간 운동, 곧 기운과 형질의 변화를 오행으로 표시하여 사물의 변화를 알기 쉽게 한 것이다.

천지에 목木의 기운이 강해지면 사람에게서도 목木의 기운이 강해져서 금金의 기운이 사라지고 다른 간지도 그것에 맞추어 각기 생장·소멸하며 변화하는 것이다. 이런 관점에서 명리학은 학문적으로 논리 체계를 분명히 갖춘 하나의 과학인 것이다.

1. 대운 파악하기

우주가 생성되면서 은하계와 태양계와 지구가 생성되고 지구에도 생물이 생겼다. 지구는 태양계 안에서 끝없이 자전과 공전으로 일정하게 주기운동을 하고 그 운동에 따라 만물이 생장하고 소멸한다. 그런데 일정하게 반복되는 주기운동을 10천간과 12지지로 구분하였으니, 오행에서 별자리의 영향은 기운氣으로 작용하고 태양의 영향은 형질質로 작용한다.

사람은 그 육체 곧 형질이 사라지는 때가 생명이 다한 것이다. 그래서 그 최대 수명 120년을 오행 곧 형질의 오행으로 환산하면 각 지지마다 10년의 기간이 배당되니, 이것이 사람이 사는 동안 10년 주기로 변화하는 대운이다. 여기에서 독자들은 옛날 사람들이 어떻게 인간의 최대 수명이 120년이라는 것을 알았을까 하는 의문을 가질 수 있다. 필자는 명리학을 오랫동안 연구하면서 풀리지 않는 여러 어려운 문제 중의 하나가 대운에 관한 것이었다. 대운이 왜 10년씩 흘러가는지 그 이유를 알기 위해 생각날 때마다 이리저리 궁리해 보았지만 그 이유에 대한 실마리조차도 거의 알 수 없었다. 그런데 우연히 최근 평생 수련을 하며 일생을 보낸 어느 도사에게서 간신히 그 실마리를 찾을 수 있었다.

황당한 이야기일 수 있지만 그 도사는 기이한 인연으로 어릴 적부터 옛 무술과 우리나라 전통 수련법을 익혔다. 그 도사는 "인간의 최대 수명이 120년이기 때문에 수련을 하면 이 단계를 쉽게 뛰어넘을 수 있지만 그렇게 되면 다른 사람들과 문화와 정서가 달라 이야기 상대가 없기 때문에 아주 외롭다."고 하였다. 필자는 이 말에서 대운이 10년 단위로 변하는 것에 대한 힌트를 얻어 의학이 아무리 발전할지라도 인간의 최대 수명은 120세를 넘어갈 수 없다는 현대의학의 판단을 찾기 시작했고, 인간의 최대 수명을 오행의 형질 변화 곧 지지로 나눈 것이 10년이라는 결론을 얻을 수 있었다. 우리의 몸이 갖고 있는 수명을 음양오행 곧 형질의 변화인 12지지로 나눌 때, 당연히 10년마다 차례로 변화가 있다는 말이다.

지구가 태양을 자전하고 공전하는 것으로 볼 때, 지구는 하루를 주기로 태양을 자전하면서 대략 365분의 1바퀴를 공전한다. 인간의 삶은 태양의 자전과 공전을 중심으로 이루어지니, 하루와 1년의 변화를 지지로 정하면 편리할 수밖에 없다. 간지력에서 1달은 지구의 공전을 12등분하고, 하루 1시진은 지구의 자전을 12등분하여 표시한 것이다. 이러한 지지는 단순히 어느 시점만을 나타내는 기호가 아니라 태양이 지구의 사물에 미치는 형질의 변화까지 함께 나타내기 위한 기호다. 물론 그 위에 천간까지 함께 표시하면 별자리의 기운이 미치는 영향까지 함께 나타낼 수 있다. 이런 점에서 **간지력은 천지가**

기운과 형질로 생장·소멸하는 상태를 상징적 부호로 나타내어 시간의 변화뿐만 아니라 공간의 변화까지 동시에 표시한 것이다.

시간은 공간의 흐름이고
공간은 시간의 내용이다.

사람이 어느 시점에 태어나면 바로 그 시점의 간지를 선천적인 기질로 그대로 가지고 와서 천지의 변화와 함께 생장하고 소멸한다. 시진이 쌓여 하루가 되고, 하루가 쌓여 월이 되며, 월이 쌓여 연이 된다. 그래서 1년은 지구의 자전과 공전이 일정하게 하나의 주기를 만드는 것이니, 사주는 간지력으로 태어난 연월일시를 표시한 것이다.

여기서 일간을 사주 당사자로 보아야 하는 이유는 월주인 그 부모와 연주인 수많은 조상의 몸과 정신을 계승하여 시주의 자식에게로 다시 전하여 이어받게 하는 것이기 때문이다. 그런데 또 여기서 월주를 대운의 시작으로 하는 이유는 사주 당사자 본인이 월주인 부모에게서 태어났기 때문에, 곧 일간에게 직접적으로 영향을 미치는 구체적인 환경이 월주이기 때문이다.

태어난 연·월·일·시를 간지력으로 환원하여 사주를 세울 때, 그것은 단순히 어느 시점을 나타내는 기호가 아니라 그런 기질의 에너지를 가진 하나의 개체가 천지의 변화와 뒤엉키며 흘러간다는 의미를 내포한 상징적인 언어다. 사주 속의 간지는 음양오행의 생장과 소멸을 나타내고, 그 속에서 다른 간지와 어떤 구조를 갖느냐에 따라 그 사람의 모든 특성과 인생의 방향이 결정된다. 합이 많으면 인간관계를 잘하고 충이 많으면 부딪히기를 잘하는 등으로 그 구조 그대로의 특성을 가지고 인생을 살아가게 된다. 또 육친이 어떤 구조를 갖느냐에 따라 그 가족들도 그런 삶을 살게 되니, 서로 구조가 합할 수 있는 사람들끼리 가족이나 가까이 있는 사람들로 인연이 맺어져 함께 그 구조에 맞게 살아가게 되는 것이다.

오른쪽에서 필자의 사주 원국을 다시 보면서 자세히 살펴보도록 하자. 천간에 갑기합甲己合이 있고, 지지에 인목寅木이 술토戌土와 합을 하고 또 그 너머로 해수亥水와도 합을 한 상태에 사화巳火와 형살이 되어 있으니, 친구 사귀기를 무척 좋아하지만 형살 때문에 마음에 들지 않은 점에 대해 곧잘 지적하게 되어 있다.

사주를 볼 때 먼저 기본적으로 확인해야 할 점은 삶의 수단이다. 사주가 관인상생官印相生 구조인지 식상관생재食傷官生財 구조인지부터 구분해야 한다. 원국에 관과 인성이 떨어져 있고 또 인성이 멀리 시주에 있어 좋은 구조는 아니지만 관에 의지하여 살아야 할 팔자다. 그런데 12운성으로 볼 때, 또 대운이 40대 중반까지 계유癸酉·임신壬申·신미辛未·경오庚午로 흘러가 갑목甲木과 인목寅木 편관이 거의 힘을 받지 못하니 고달픈 인생이다.

40대 중반 기사己巳 대운에 천간 갑목이 병지로 들어가 겨우 어느 정도 힘을 쓸 수 있지만 기토己土와 합이 되어 편관의 역할을 거의 상실하고 일지 편관 인목寅木은 인사형寅巳刑에 운에서마저 형살을 더하니 형살을 사용하는 곳에 취직을 하든지 병으로 오래 고생할 수 있

남乾 음력 1959년 9월 22일 巳시			
丁	戊	甲	己
巳	寅	戌	亥

공망: 申·酉

천을귀인: 丑·未

대운의 수: 5

95	85	75	65	55	45	35	25	15	05
甲	乙	丙	丁	戊	己	庚	辛	壬	癸
子	丑	寅	卯	辰	巳	午	未	申	酉

다. 이때 철학박사로서 국내 유명 한방화장품 회사 전통문화원 원장으로 가서 몇 년 근무하게 된다. 화장품도 의료 곧 형살을 약하게 사용하는 것으로 볼 수 있는데 한방화장품 회사이니 팔자에 따라 운이 풀렸다고 할 수 있다. 필자가 박사학위까지 하게 된 것은 20대 중반부터 대운이 미未·오午·사巳로 화火 인성으로 들어왔고 시주가 정사 丁巳로 강하기 때문이다.

공업고등학교를 졸업하고 대기업에 취직하여 잠시 다니다가 공부가 하고 싶어 퇴직한다. 술해戌亥 천문의 영향으로 어릴 때부터 인생이 무엇인지에 대한 의문이 많아 그것을 해결하겠다고 철학과에 들어갔던 것이다. 한방화장품 회사를 퇴사한 후 명리학을 학술적으로 논증하겠다고 몇 년씩 두문불출하고 책상에서 연구하여 이런 책을 저술하게 된 것도 결국 술해戌亥 천문의 영향과 시지 정사丁巳와 화火 대운의 영향이 크다. 30대 중반부터 경오庚午 대운에 많은 번역서를 내고 여러 학회에 나가 새로운 이론의 논문을 발표하니, 인오술寅午戌 삼합으로 인성이 강해지고 사巳의 지장간 경금庚金 식신이 12운성으로 오午 목욕지에 들어와서 강하게 드러나기 때문이다.

위의 인생에서 지금까지 가장 고달픈 시기는 10대 중반 임신壬申 대운 때다. 대운에서 신금이 와서 인사신寅巳申 삼형살이 작용하니 어린 나이에 집안에 대한 스트레스로 위장병에 걸려 결혼 전까지 심하게 고생하게 된다. 어린 시절의 계유癸酉 대운은 평생 잊지 못할 행복한 시절이다. 원래 인생에서 가장 신나는 시기가 식상관의 기운이 왕성할 때다. 유금酉金이 들어와 원국의 사화巳火와 합을 하여 인사형寅巳刑이 사라지면서 상관이 활개를 치니, 동네 과수원의 과일 서리를 심하게 하는 등으로 아주 개구지고 짓궂게 놀 수밖에 없었다. 신금申金은 식신임에도 불구하고 인사신寅巳申 삼형살을 만들어 인생을 아주 고달프게 했던 것이다.

원래 사주에서 가장 고달픈 시기는 인성 대운이다. 인성은 팔다리나 재주로 사용되는 식상관을 극해 활동을 하지 못하게 하기 때문이다. 반대로 식상관 운에는 팔다리를 마음껏 움직이며 재주를 부리기 때문에 하고 싶은 것이 있으면 바로바로 하면서 재미있게 보낸다.

그런데 상관 대운에는 말 그대로 나를 안전하게 보호하는 정관을 극해 함부로 무질서하게 노니, 유년 시절에는 가출을 할 수 있고 그이후에는 바람을 피우는 등 문제 많은 삶을 살기 쉽다. 더구나 원국에 상관이 있다면 그 기운의 극성으로 말미암아 삶이 평탄치 않지만 연예인과 같은 직업을 가지면 그것으로 그 기운을 해소하면서 인기를 얻을 수 있다.

상관은 일간이 생하는 오행이면서 음양이 다르기 때문에, 일간이 그것과 음양이 맞아 그 기운을 마음껏 분출한다. 기운을 양껏 받은 상관은 나를 안전하게 보호하는 정관을 극하니, 윤리도덕은 물론 법규까지도 틈만 나면 무시하고 주색잡기에 골몰하게 된다. 상관이 왕성한 사람이 회사에 들어가면 정관과 맞서기 때문에 노조 활동을 활발하게 하고 군에 갈지라도 편한 보직을 맡게 된다. 이해 비해 식신은 일간과 음양이 같아 기운은 마음껏 분출하지 않으면서 나를 가장 심하게 닦달하는 편관을 극해 삶을 편안하게 한다. 눈치 보지 않고 밥을 마음껏 먹을 수 있다는 뜻으로 식신이라고 했는데, 약아빠진 상관에 비해 순진하고 착하다.

관은 나를 극하는 것이지만 정관은 일간과 음양이 맞아 나를 안전하게 보호하는 반면 편관은 나와 음양이 맞지 않아 나를 아주 심하게 극하게 된다. 간지의 특성과 육친을 결합하여 함께 볼 경우 갑인목甲寅木이나 경신금庚申金이 편관으로 사용된다면, 그 사람의 거칠고 억센 성질을 알아 주어야 한다. 폭발하듯이 분출하는 갑인목과 내리꽂듯이 수렴하는 경신금이 편관으로 사용된다면, 편관이라는 육친의 특성에 간지 특유의 특성까지 합세하여 사람을 닦달할 때 조금도 인정사정을 봐주지 않기 때문이다. 다소 어려운 설명일 수 있지만 육친을 볼 때도 이렇게 간지의 특성까지 결합해서 봐야만 더욱 정교하게 해석할 수 있다는 말이다.

다시 요약하여 말하자면, 사주 원국의 간지들이 그 사람의 특성과 인생의 바탕이 되어 대운의 영향 아래 흘러가며 생장하고 소멸하니, 원국의 간지들이 어떤 형태로 있는지를 먼저 파악하고 대운의 흐름에 따라서 어떻게 변화할지를 추측하는 것이 명리학이다. 관은 남자에게 그 사람의 명예와 자식을, 여자에게 남편과 명예를 상징하고, 인성은 어머니·문서·공부·자격 등을 나타내니, 사주의 각 육친이 대운의 흐름에 따라 생장하고 소멸하는 간지의 변화를 읽는 것이 그 사람의 인생이다. 간지가 무덤에 들어가거나 반대 운으로 가면 그 사람의 인생에서 해당 육친이 사라지기 쉬우니 멀리 떠나거나 영원한 이별을 하게 되는 일도 이때 잘 생긴다.

대운은 사람의 전체 수명을 오행의 변화로 나타낸 것이다. 대운을 월주 곧 부모·형제궁에서 시작하는 이유는 그것이 그 사람의 직접적인 환경이기 때문이다. 사람이 태어나면 대부분의 특성이 부모의 직접적이고 구체적인 영향 아래 정해지고, 그 영향이 순행이든 역행이든 그 자신의 전체적인 변화와 함께 흘러가니, 이것이 바로 대운이다. 사주를 오랫동안 본 경험으로 말한다면, 사람의 행복과 불행은 사주 원국보다 대운의 흐름에 달려 있다. 어렸을 때 고생하더라도 운이 좋아 차츰 나아지는 삶은 행복하지만, 부모에게 받은 것이 많을지라도 살아가면서 운이 나빠 그것을 유지하지 못하는 삶은 참으로 불행하기 때문이다.

이쯤에서 삼합과 관계해서 진辰·술戌·축丑·미未의 토와 인寅·

명리 명강

232

사巳·신申·해亥에 대해 자세히 설명해야 하겠다. 삼합의 변화를 정확하게 알면 사주의 절반 이상은 통하게 되니, 깊이 생각하면서 읽기 바란다. 인오술寅午戌 삼합에서 병화丙火는 해자축亥子丑이라는 수水의 계절에는 술토戌土 속에 들어가 안전하게 숨어 있다가 봄이 와서 인목寅木을 만나면 고개를 내밀고 묘목卯木과 진토辰土에서 타오르기 시작하여 사오미巳午未 여름에 찬란한 빛을 내다가 신유술申酉戌 가을이 오면 불꽃이 약해지면서 겨울이 오기 직전 다시 술토戌土 속으로 들어가 숨는다. 중요한 것은 이런 과정에서 술토戌土와 인목寅木이 상황에 따라 자신들의 모습을 화火로 바꾸어 변화하는 것이니, 이것을 알고 있어야 한다.

술토戌土가 인목寅木을 만나면 속에 숨기고 있던 불씨를 꺼내 불을 붙이기 위해 화火로 변하고, 인목寅木은 자신의 몸에 불을 붙여 타오르기 시작하여 여름이 오면 완전히 화火로 변해 버린다. 금金 일간인 경庚·신辛에서 인목寅木이 화火로 변하는 경우라면, 목木이 재물이고 화火가 관이니, 명예나 직위 때문에 돈을 가지고 여기저기 쫓아다니는 것으로 해석할 수 있다. 그런데 사주에 형살이 함께 들어오거나 관계가 있다면 진급 시기에 윗사람들과 어울리며 술값이나 밥값을 내는 것만으로도 구설수나 관재수에 오르기 쉬우니 특별히 조심해야 한다. 삼합을 알면 사건이 어떤 식으로 전개되는지 전말을 추리할 수 있으니, 이때부터 사주 공부가 아주 재미있게 느껴질 것이다.

술토戌土는 해자축亥子丑 기간에 병화丙火·무토戊土를 수水에 다치지 않게 감추어 두는 토土의 역할을 하다가 인목寅木을 만나면 다시 불씨가 되어 불을 붙이면서 인목과 함께 사오미巳午未까지 불이 되어 타오른다. 그러다가 형제나 친구인 신금申金이 오면 원래 신유술申酉戌이니 다시 그것들과 금金이 되어 놀다가 겨울이 오기 직전 다시 화火를 감추는 본래의 역할로 돌아간다. 술토戌土 이외에 진토辰土·미토未土·축토丑土의 역할이 모두 이와 같으니, 이상과 같은 방식으로 나머지 토土도 12운성과 서로 결합하여 스스로 연습해 보길 바란다. 이것에 대한 연습을 자유자재로 추리할 수 있을 정도로 많이 하면 12운성이 저절로 머리에서 돌아가니 사주 공부가 차츰 그 완성을 향하여 달려가게 된다.

인목寅木은 술토戌土에서 불씨를 받아 봄에는 서서히 자신의 몸에 불을 붙이다가 여름이 되어 오화午火를 만나면 인목 전체가 모두 불덩어리가 되어 타오른다. 인목은 완전히 불로 변함으로써 힘이 빠지고 가을이 되기 직전 미토 속으로 들어가 자신과 반대 계절인 가을을 견딘다. 그러다 해수亥水가 오면 다시 고개를 내밀고 나오니, 그곳이 바로 갑인목甲寅木의 장생지다. 인사신해寅巳申亥를 역마라고 하는 이유는 그것들이 언제나 자신의 계절에 머물러 있지 않고 각기 삼합의 중심인 오유자묘午酉子卯를 향해 달려가려고 하기 때문이다. 이상과 같은 방식으로 인寅 이외의 나머지 사신해巳申亥도 12운성과 결합하여 함께 같은 방식으로 스스로 연습해 보길 바란다.

2. 세운 파악하기

앞에서 10년씩 흘러가는 대운은 직접적인 환경의 변화라고 했다.

이에 비해 세운은 그 환경을 하나의 현실로 구체화시켜 나타나게 하는 힘이다. 지금까지의 설명을 통해 오행의 변화를 어느 정도 이해했다면, 간지들이 12운성에서 사지·묘지·절지처럼 어렵고 힘든 환경에서는 소멸하기 쉽고, 장생·건록·제왕처럼 힘이 왕성한 곳에서는 건재하기 쉽다는 점을 알 것이다. 세운의 해석은 간지가 어떤 환경 속에서 어떤 모양으로 구체적으로 변화하는지 살피는 것으로 사주 풀이의 꽃이라 할 수 있다. 그런데 사주 풀이에서 문제가 되는 것은 대운과 세운이 같은 방향으로 뚜렷하게 흘러가지 않고 서로 엇갈리게 흘러가거나 어정쩡한 상태로 흘러가서 명확하게 단정을 내리기 어려운 경우다.

대운에서 어떤 간지가 묘지·절지로 흘러가고 세운까지 그렇게 흘러간다면 그 간지에 해당하는 육친은 살아남기 어려울 것이다. 이럴 경우에 해당 육친이 관성이면 자식이나 남편을 잃기보다는 명예나 직장 등을 잃는 것이 낫고, 재성이면 부인이나 아버지를 잃기보다는 재물을 잃는 것이 나으며, 인성이면 어머니를 잃기보다는 문서나 자격 등을 날리는 것이 낫다. 사람을 잃기보다는 다른 것을 잃는 편이 낫다는 것인데 물론 그것이 사람이 마음대로 할 수 있는 일은 아니다. 어느 분이 사기를 크게 당하는 등으로 집문서나 돈을 잃었다고 할 때, 다소 황당하겠지만 종종 수강생들에게 하는 말로, 복이 있어 사람을 잃을 수 있는 일을 도리어 그렇게 액땜함으로써 넘어간 것으로 여기라고 한다.

대운은 묘지·절지로 흘러가는데 세운이 건록·제왕지로 흘러간다면 추워야 할 겨울이 별로 춥지 않아 해당 간지에 잠시 별 탈이 없는 것으로 보면 된다. 그러나 어떤 간지의 대운이 묘지·절지라면, 그 간지는 기진맥진한 상태에 있어 조금만 충격을 받아도 사라질 수 있다는 점을 염두에 두어야 한다.

반대로 대운은 건록·제왕지로 흘러가는데 세운이 묘지·절지로 흘러간다면, 화창한 봄날 가벼운 차림으로 바깥에 나갔다가 갑자기 비바람이 몰아닥쳐 잠깐 추위에 떠는 경우이니, 1년이라는 잠깐의 운일지라도 이때는 몸을 사려야 한다. 1년씩 흐르는 세운보다는 10년씩 흐르는 대운의 영향이 크다는 것은 말할 필요도 없지만 세운에서도 큰일은 반드시 몸을 사리고 조심해야 한다는 것이다.

대운이 기운이 약해지는 쇠·병·사로 흘러가면 사건이 일어날 확률이 적어지는데, 세운도 그렇게 흘러간다면 더욱 그러하니, 대운과 세운의 영향을 적당히 가감하여 추리하면 된다. 사업을 하는 사람들은 대운이 나쁘게 흐르고 세운마저 나쁘게 흐를 때, 사업을 관두었다가 세운이 다시 겨우 고개를 내밀 때 사업하고 싶은 욕심에 몸이 근질거린다. 이럴 때는 그 운이 6~7년 정도 세운에서 온 것임을 단호하게 일러 주어야 한다. 그렇지 않으면 그동안 억누르고 있던 것을 한번에 만회하려고 크게 투자를 했다가 다시 일어서지 못할 정도로 망하기 쉽기 때문이다. 이런 때는 보통 인성 대운이니 재를 문서로 바꾸는 등으로 사업 규모를 최소로 축소하여 절약하며 지내라고 해야 한다.

간지의 힘을 따질 경우 원국과 대운 및 세운을 결합해서 함께 봐야 한다. 원국에 강한 힘을 가지고 있으면서 대운과 세운이 좋으면 큰 그릇이 엄청난 힘을 가지게 되는 경우이고, 원국에선 약한 힘을 가지고 있는데 대운과 세운이 좋으면 작은 그릇이 잘나가는 경우다.

원국은 강한데 대운과 세운이 약하면 원래의 특성을 절대 꺾지 못해 고난의 세월을 보내게 된다. 반면 원국이 약한데 대운과 세운마저 약하면 원래의 특성을 꺾고 다른 일을 하기 쉽다. 원국의 힘이 강한 간지는 큰일을 할 수 있는 선천적 특성이 있어 운이 나쁠지라도 원래의 강한 힘 때문에 그것을 포기할 수 없고, 원국에서 약한 간지는 운이 나쁘면 그 힘이 약하기 때문에 포기하고 다른 일을 할 수 있다는 것이다.

작은 그릇일지라도 시간이 지날수록 운이 점점 좋아진다면 즐겁게 살 수 있고, 큰 그릇일지라도 운이 나쁘다면 그 인생은 아주 고통스러울 수밖에 없다. 다만 큰 그릇은 운이 좋든 나쁘든 원래의 뜻을 포기하지 못하고 그대로 살기 때문에 때를 만나면 세상에서 큰일을 하고 때를 만나지 못하면 자신은 물론 가족이나 주변 사람들까지 고통스럽게 하기 쉽다. 작은 그릇이 그때마다 상황에 따라 이것저것을 할 수 있는 것은 원래 타고난 특성이 강하지 않기 때문이다. 그러니 사주를 볼 때 먼저 원국에서 그 그릇과 특성을 파악하고 이어 대운을 보면 그 사람의 전반적인 인생 행로를 파악할 수 있게 된다.

세운은 이와 같은 원국과 대운의 흐름이 구체적으로 어떻게 드러나는지를 살피는 것이다. 음양오행의 이치를 이해하고 사주를 보면 볼수록, 대운과 세운은 우리에게 좋은 일이든 나쁜 일이든 분명히 그 자국을 날카롭게 남기고 떠남을 절실하게 깨닫게 한다.

남乾 음력 1959년 9월 22일 巳시

丁 戊 甲 己
巳 寅 戌 亥

공망: 申·酉
천을귀인: 丑·未

대운의 수: 5

95	85	75	65	55	45	35	25	15	05
甲	乙	丙	丁	戊	己	庚	辛	壬	癸
子	丑	寅	卯	辰	巳	午	未	申	酉

필자는 음력으로 1959년 9월 22일 사시巳時쯤에 태어났으니, 그달 한로가 들어오는 8일 10시 11분까지 역행으로 갑술월甲戌月의 기운을 14일 정도 받았다. 타작을 하다가 오전 새참 때쯤 어머니께서 필자를 낳으셨다고 하기 때문이다. 대운이 변하는 때를 일반적인 공식대로 계산하면 5년이지만 정확히 따지면 4년 8개월 정도다. 14를 3으로 나누면 몫이 4이고 나머지가 2이니 대운의 수가 5다. 나머지가 1이면 버리고 2이면 몫 4에 1을 더 더하여 5가 되기 때문인데, 일반적으로 흔히 대운을 계산할 때 사용하는 방법이다.

그러나 대운이 변하는 원리를 알면 복잡하다 해도 그때를 정확하게 뽑을 수 있으니, 태어난 달의 절기가 들어오는 시간과 태어난 날의 시간까지 모두 계산하는 것이다. 만약 필자가 10시 29분에 태어났다고 하면, 14일 18분으로 계산하여 대운이 변하는 때를 정확히 뽑을 수 있다는 말이다.

입동이 드는 10월 8일 13시 3분과 한로가 드는 9월 8일 10시 11분의 시간차를 계산하면 30일 2시간 52분이고, 필자가 태어난 때와 한로가 드는 때와의 시간차는 14일 18분이니, 30일 2시간 52분을 10년으로 볼 때 14일 18분이 몇 년 몇 개월 며칠에 해당하는지를 계산하면 된다. 이것을 수식으로 표시할 경우, **30일 2시간 52분 : 10년 = 14일 18분 : X**로 하면 될 것이다.

위의 계산을 쉽게 하기 위해서는 단위를 모두 같게 해야 하는 등 아주 복잡하다. 그래서 간단히 한 달을 30일로 계산해 1년을 3일로 보면, 절기의 기운을 받은 날짜가 14일이니, 생후 4년 8개월이 첫 대운이 바뀌는 때다. 4년 8개월 이후인 64년 5월 22일에 첫 대운이 바뀌고, 이후 10년마다 간지가 역행하며 바뀌는 것으로 보면 된다.

정확히 계산하면 생일인 2014년 9월 22일에서 4개월 전인 5월 중순쯤에 필자의 대운이 기사己巳에서 무진戊辰으로 바뀐다. 그런데 일반적으로 나머지를 가감하여 생일을 대운이 바뀌는 기준으로 하는 것도 일리가 있다. 세운을 구체적인 사건을 일으키는 직접 인자로 보고 대운은 그것을 지배하는 전체적인 환경으로 보기 때문이다.

정확한 대운을 정리해 보면, 필자는 2014년인 갑오년 음력 5월 중순 이후쯤에 무진戊辰대운으로 바뀌어 갑오년甲午年·을미년乙未年·병신년丙申年·정유년丁酉年·무술년戊戌年·기해년己亥年·경자년庚子年·신축년辛丑年·임인년壬寅年·계묘년癸卯年·갑진년甲辰年 5월 중순까지 10년 동안의 세운이 전개된다고 보면 된다.

갑오년에는 세운의 갑목甲木이 원국에서 합을 하는 기토己土를 차지함으로써 월간 갑목이 기토를 빼앗겨 편관 역할을 할 것이고, 지지에 인오술寅午戌 삼합이 형성되면서 화火 인성을 크게 펼칠 일이 생길 것이니, 학자로서의 필자의 인생에 전환점이 생길 가능성이 있다. 그해에 도올 김용옥 선생의 권유로 그동안 묵혀 두었던 조선조 후기 철학자 초원 이충익의 『노자』 주석서인 『초원 이충익의 담노 역주』를 출간했고, 또 이렇게 을미년에 명리학 책을 계약하고 출판을 하기 위해 노력하고 있으니 좋은 일이 생길 수 있다.

또한 을미년의 을목乙木 정관 때문인지 『초원 이충익의 담노 역주』가 대한민국 학술원 우수학술도서로 선정되었고, 일지 인목寅木과의 귀문관살 때문인지 둘째가 군대에서 운동을 하다가 꼬리뼈를 다쳤다. 해미합亥未合과 동시에 술미형戌未刑이 되니 먼 지방의 승가대학원에서 하던 강의를 그만두고 가까운 서당으로 나갔다. 술토戌土는 빛을 감추는 곳으로 절을 상징하는데, 불타는 미토未土가 와서 형살을 놨으니, 그 화기火氣로 서울의 서당으로 강의를 나가면서 수기水氣인 강의료가 많이 줄었다.

해수亥水를 부인으로 볼 경우에는 을미년의 을목 상관과 미토 정관이 그 역할을 할 것이니, 영업 파트로 발령이 나서 여기저기로 부지런히 동분서주하게 되었다. 부인이 임오壬午 일주라 을미乙未의 미未가 일지 오午와 합을 하면서 상관을 가지고 오니 돌아다닐 일이 많아지면서 진급할 수 있는 운이다.

병신년丙申年에는 편재 해수亥水가 한편으로 12운성에서 장생지를 만나 좋으면서도 다른 한편으로 신해해申亥害가 되어 옥에 티가 될 수 있으니, 금전 문제나 부인과의 관계에서 조심하고 또 조심해야 한다. 그런데 병신년에 큰일은 인사신寅巳申 삼형살이 들면서 인목寅木 편관 곧 아들이 크게 다칠 수 있으니 이것에 대해서는 철저하게 대비를 해야 한다. 임인壬寅일주인 큰 아들은 월지와 시지에 미토未土와 신금申金이 있음으로 인목寅木 식신이 묘지와 절지 바로 옆에 있어 극히 약하므로 다칠 확률이 아주 높다. 임오壬午일주인 부인의 연주와 월주가 임인壬寅이니, 병신丙申 대운 병신년丙申年이 들어오면서 본인이 다칠 수 있음은 물론 아들 식신 인목寅木이 크게 다칠 수 있으니, 이것에 대해 절대로 가볍게 여기지 말고 만사를 제쳐 두고라도 철저히 대비를 해야 한다.

세운은 이렇게 대운이라는 환경 아래 원국과 합·형·충·파·해 등으로 뒤엉키며 흘러가면서 인생을 울고 웃게 하니, 그것이 그 사람의 운명이다. 보통 대부분의 사람들은 그 운명이 좋든 나쁘든 그저 그렇게 평탄하게 흘러가다가 형이나 충과 같은 세운의 인자로 인해 급작스러운 변화가 생긴다. 그래서 이런 요소들이 운명에 끼어들 때는 일어날 수 있는 상황에 대해 이것저것 물어본 후에 피해를 최소화할 수 있도록 이야기해 주어야 한다. 예를 들어 남자의 관에 형살이 들면, 직장이나 명예에 관재수가 있거나 자식에게 수술수나 사고수가 있을 수 있으니, 그런 일에 대비를 잘하여 크게 잘못되지 않도록 해 주어야 한다는 말이다.

3. 지장간 사용법

지장간은 지지에 들어 있는 천간으로 여기·중기·본기로 구분된다. 여기는 이전 달의 남아 있는 기운이고, 중기는 삼합의 기운이며, 본기는 자신의 얼굴이다.

여기서 특별히 기억해야 할 부분은 세 가지다. 첫째는 인목寅木과 신금申金의 여기는 전달 축토丑土와 미토未土의 남아 있는 기운인 기토己土가 아니라 무토戊土라는 것이다. 둘째 오화午火의 중기는 삼합의 기운인 정화丁火가 아니라 기토己土라는 점이다. 인목寅木과 신금申金의 여기가 무토戊土인 것은 계절의 시작에는 음토인 기토가 아니라 양토인 무토가 와야 하기 때문이고, 오화午火의 중기가 기토己土인 것은 그다음 달인 미월未月에 중계·전환할 화기가 너무 강해 오월에서 미리 꺾어 주어야 하기 때문이다. 이상에 대해서는 10강에서 이미 설명했으니, 확실히 이해하고 넘어가야 한다.

얼마 전 어느 여성분의 사주를 본 적이 있는데, 부모궁의 지장간이 세운 지지의 지장간과 서로 합을 해 재성으로 변했다. 그래서 어디서 드러나지 않게 돈 생길 일이 있을 것이라고 했는데, 3주쯤 후에 "정말 생각지도 못한 돈이 생겼다."며 신기하고 놀라워했다. "시집올 때 집안 형편상 어머니가 다른 자매에 비해 혼수를 거의 해 주지 않아 늘 서운한 마음이 있었는데, 이번에 차를 바꾸면서 어머니께서 보자고 해서 갔더니, 시집보낼 때 제대로 해 주지 못했던 혼수를 이것으로 대신한다고 하시면서 차 값의 거의 대부분을 주셨다."고 말하면서 활짝 웃는다. 사주는 육친을 위주로 보고 궁을 부수적으로 참고하며 보는

데, 부모궁의 지장간이 세운의 지장간과 합해 그 역할을 이처럼 톡톡히 한 것으로 보인다.

천간의 일은 높은 하늘에 있어 모든 이들에게 드러나는 일이고, 지지의 일은 낮은 땅에 있어 주변의 사람들에게 알려지는 일이다. 이에 비해 지장간은 어두운 지지 속에 숨어 있어 당사자들 외에 남들이 거의 모르게 생기는 일이다. 만약 세운에서 지지를 충하면 그 울타리가 깨지면서 속에 들어 있던 지장간이 모습을 드러내게 되니, 베일 속에 가려져 있던 일들이 비로소 남들에게 알려지게 된다.

지지 속의 천간은 지지 속에서만 서로 움직이는 것이 아니라 천간과도 서로 은밀하게 합을 하는 등으로 활동한다. 을목乙木이 사주에 있고 경금庚金을 재성으로 쓸 경우, 만약 사년巳年이 오면 인성 을목乙木과 세운 사화巳火 속의 경금庚金이 암암리에 합을 하여 금金으로 변하니, 인성과 관련해서 남모르는 돈이 생길 수도 있다.

육친의 상징은 다양하여 어떤 일이 꼭 일어난다고 단정할 수는 없지만 그 육친과 관련하여 어떤 일의 진행을 살펴보면 그 일이 대체로 어떻게 변해 갈지 추측할 수 있다. 지장간도 동일하게 해석하면 되는데, 다만 그 일이 은밀하게 진행되니 종종 애정사나 뇌물 비리가 충으로 그 베일이 벗겨져 곤혹을 치루거나 망신을 당하게 되는 등으로 나타난다.

물론 알려지지 않은 좋은 일이 충으로 드러나 여기저기 알려질 수도 있다. 그러니 지장간의 일은 좋은 일이건 나쁜 일이건 남들이 거의 모르는 장막 속의 일이라고 보면 된다. 드러나지 않게 선한 일을 많이 했으면 그 일이, 악한 일을 많이 했으면 그 일이 장막이 벗겨지는 날 드디어 세상 사람들에게 알려질 것이다.

앞에서 세운을 봤다면, 이번에는 지장간을 함께 적어 놓고 서로 따져 보자.

원국에서 인목寅木 속의 중기 병화丙火가 술토戌土 속의 여기 신금辛金과 합을 하고, 술토戌土 속의 중기 정화丁火가 해수亥水 속의 본기

	子 癸	丑 己	寅 甲	卯 乙	辰 戊	巳 丙	午 丁	未 己	申 庚	酉 辛	戌 戊	亥 壬
여기	壬	癸	戊	甲	乙	戊	丙	丁	戊	庚	辛	戊
중기		辛	丙		癸	庚	己	乙	壬		丁	甲
본기	癸	己	甲	乙	戊	丙	丁	己	庚	辛	戊	壬

임수壬水와 합을 하고 있다. 따라서 기회가 있을 때마다 편인 병화丙火와 상관 신금辛金을 사용하여 재성인 수水를 만들고, 정인 정화丁火와 편재 임수壬水를 사용하여 관성인 목木을 만들 것이다. 병丙과 신辛이 합해 수水를 만드는 것은 문서·자격·공부와 같은 인성을 상관인 기술·재주와 합해 돈을 버는 것이다. 마찬가지로 정丁과 임壬이 합해 목木을 만드는 것은 문서·자격·공부와 같은 인성을 재성인 시장·재물과 합해 명예를 만드는 것으로 보면 된다. 대학의 시간강사나 연구원으로 있으면서 별로 소문내지 않고 명리학 강의를 하고 책을 저술하는 등의 일이 여기에 해당한다고 보면 될 것이다.

지장간을 대운·세운과 함께 보면, 무진戊辰 대운의 진토辰土 속에 을乙·계癸·무戊가 있고, 을미乙未 세운의 미토未土 속에 정丁·을乙·기己가 있다. 대운의 정재 계수癸水는 진토辰土 속에서 비견 무토戊土와 합을 한 상태로 와서 다시 본인인 일간과는 물론 대운의 무토戊土와 그리고 원국의 지지에 있는 해亥·술戌·인寅·사巳 속의 무토戊土와 사방으로 합을 하고 있다. 그것이 일정한 돈을 뜻하는 정재라면 여러 사람이 나눠 가져야 할 것이다. 아마도 돈을 벌게 된다면 여러 친구들과 어울리고 형제들에게 나눠 주며 돈을 써야 한다. 혼자 차지하려고 하면 그때부터 비견이 달라붙어 화火 인성을 만들면서 식상관 손발을 묶을 확률이 높다. 물론 친구들과 어울리고 형제들에게 나눠 줄지라도 인성이 만들어지는 것은 동일하지만 베푸는 덕으로 인해 인성이 다르게 작용할 가능성이 높다.

그런데 대운의 진토辰土 속 정관 을목乙木이 을미乙未년 세운에서 천간으로 와 명예가 드러날 수 있으니, 2014년 갑오년甲午年에 출판한 『초원 이충익의 담노 역주』가 2015년 을미년乙未年에 대한민국 학술원에서 우수학술도서상을 받은 것이다. 2016년 병신년丙申年에는 시주 정사丁巳에서 사화巳火 속의 병화丙火가 드러나 인성을 떨치겠으나 신금申金이 사화와 합이 되는 동시에 또한 사신형巳申刑이 되어 복잡하게 얽혀 골치 아픈 일이 생길 수 있다. 또한 연지 해수亥水 속의 임수壬水가 12운성으로 신금申金에 장생하는데, 대운의 진토辰土와 합을 하고 있는 것을 잘 봐야 한다. 진토와 신금은 삼합이기 때문에 사오미巳午未에서 숨겨 두었던 수水를 신금에 주면서 물이 생기기 시작하는데, 역시 신해申亥가 해害가 되어 다소 문제가 생길 수 있다.

다행스러운 것은 병신년의 골치 아픈 일들이 2017년 정유년丁酉年에는 거의 정리된다는 것이다. 유금酉金이 오면서 시지의 사화巳火와 합을 해 인사형寅巳刑을 없애는 동시에 또 대운의 진辰과 합을 해 연지 해亥의 진해辰亥 원진까지 없애고, 또 진辰과 유酉가 합하여 금金으로 변하면서 식상을 더해 주고 있기 때문이다. 그런데 유금酉金이 사유축巳酉丑 삼합의 인자이기 때문에 해묘미亥卯未 삼합의 해수와 여전히 사이가 좋지 않은 것이 다소 문제이고, 또 임수壬水가 유금에 12운성으로 목욕지이니, 금전을 잘 다루지 않으면 문제가 생길 수 있고, 어쩌면 금전이 소문나게 목욕할 정도로 굴러들어 올 수도 있다. 이렇듯 지장간은 운과 함께 요동치면서 세운에서 천간으로 하늘에 나타나면 그 모습을 드러내어 세상에 알리는 것으로 보면 된다.

부가적으로 설명할 것은 진辰은 을乙·계癸·무戊를 지장간으로 가지고, 술戌은 신辛·정丁·무戊를 지장간으로 가지며, 축丑은 계癸·신辛·기己를 지장간으로 가지고, 미未는 정丁·을乙·기己를 지장간으로 가진다는 것이다. 다소 어렵겠지만 이러한 지장간들을 12운성과 관련하여 역행하는 음간의 설명을 더 보충한다면, 계수癸水는 진토辰土에 양지로 숨어 있다가 묘목卯木에서 장생하고, 정화丁火는 술토戌土에 양지로 숨어 있다가 유금酉金에 장생하며, 신금辛金은 축토丑土에 양지로 숨어 있다가 자수子水에서 장생하며, 을목乙木은 미토未土 양지에 숨어 있다가 오화午火에 장생하는 것이다.

순행으로 보면 임수壬水가 여름인 화火가 오기 직전 진토辰土에서 계수癸水로 변해 묘지로 숨어 있는 것인데, 역행으로 보면 계수癸水가 진토辰土에 양지로 있다가 묘목卯木에 장생하는 것이다. 계수癸水는 미토未土에서 묘지로 들어가 정반대의 기운인 오화午火에서 절지 사화巳火에서 태지 진토辰土에서 양지로 있다가 묘목卯木에서 장생하니, 정화丁火·신금辛金·을목乙木도 동일하게 보면 된다.

양간은 삼합과 관련하여 중기에 자신의 흔적을 간직하고 있다. 곧 갑목甲木의 해묘미亥卯未 궤도에서 중기로 모두 목木이 있으니, 해수亥水의 지장간은 무戊·갑甲·임壬이고, 묘목卯木의 지장간은 갑甲·을乙이며, 미토未土의 지장간은 정丁·을乙·기己다. 그런데 갑목과 같은 해묘미亥卯未 운행 궤도를 도는 계수癸水의 수水는 해수亥水의 지장간 속 임수壬水 외에는 그 흔적을 찾을 수 없다. 계수는 오화午火에서 절지로 끊어졌다가, 태지 사화巳火와 양지 진토辰土를 지나 묘목卯木에서 장생하게 되는 것이다.

군이 이런 말을 하는 까닭은 가령 경오庚午일주의 사주에 부인을 뜻하는 재가 어디에도 없다면, 지지 오화午火에 을목乙木이 장생이라 을목이 부인이라는 것이다. 비록 오화의 지장간에 을목이 없을지라도 오화의 장생하는 힘 때문에 경금이 을목을 부인으로 두고 잉꼬처럼 사이좋게 산다는 것이다.

마찬가지로 양간 임수壬水는 자신이 묻힌 진토辰土에 자신의 흔적을 계수癸水로 분명히 남기고 있지만 계수癸水는 자신이 묻힌 미토未土에 수水의 흔적을 남기고 있지 않다. 계수가 음간이기 때문에 임수와 달리 그렇게 흔적 없이 역행할지라도 묘목에서 장생함을 언제나 염두에 두고 잊지 말아야 앞의 을목처럼 특수한 상황에서 사주에 적용하여 풀이할 수 있다.

임수壬水는 자신의 신자진申子辰 궤도를 순행하고 계수癸水는 갑목甲木의 해묘미亥卯未 궤도를 역행하기 때문에 지장간에 이렇게 되어 있는 것이니, 이것을 알고 응용할 줄 알아야 한다. 이미 앞에서 설명했듯이 양간의 삼합 궤도와 그의 정인인 음간의 역행하는 궤도는 장생지와 제왕지를 바꾸어 역행하고 있음을 언제나 기억하고 있어야 한다.

4. 기타 참고사항

사주의 구조는 음양오행의 기운이 여덟 글자의 형태로 뭉쳐 있는 것이다. 타고난 사주에 대운과 세운이 영향을 미쳐 움직이는 것이 바로 사주 당사자의 인생이다. 그런데 동일한 사주를 가지고도 다른 형태의 삶을 살게 되는 것은 오행의 작용 안에서도 육친이나 합·충·형·파·해 등이 다르게 작용하기 때문이다.

사주를 정확하게 보려면 그 어머니 사주까지 봐야 하고 또 풍수와 조상의 덕까지도 따져 봐야 한다. 동일한 사주인데 어떤 사람은 잘 살고 다른 사람은 못 산다면, 그것은 태어난 곳의 풍수나 어머니 사주가 다르기 때문이다. 사주가 다소 나쁠지라도 조상이 덕을 베풀며 살았고 태어난 곳의 풍수가 좋으며 어머니 사주가 좋다면 잘 살 수 있고, 사주가 어느 정도 좋을지라도 조상의 덕이 없고 풍수가 나쁘며 어머니 사주가 좋지 않다면 고생하며 살 수 있다. 현실적으로 풍수와 조상의 덕을 따지기는 어려울지라도 어머니의 사주에서 자식의 운을 참고하는 것은 정확한 사주 감정을 위해 바람직하다고 본다. 자식은 어머니에게서 몸을 직접 받기 때문에 그 영향이 아버지보다 매우 크기 때문이다.

같은 시간에 궁궐에서도 왕자가 태어나고 다 쓰러져 가는 오두막집에서도 사내아이가 태어난다. 이렇듯 같은 사주를 가지고 있으면서 왜 이렇게 다른 삶을 살게 되느냐고 질문하면, 일단 부모의 사주, 특히 어머니의 사주가 다르기 때문에 그렇다고 대답할 수 있다. 그런데 왕자가 자라 훌륭한 왕이 된다면 마찬가지로 사내아이가 자라 그 동네의 이장이라도 할 수 있으니, 사주의 기본 구조가 같기 때문이다.

보통 사주를 볼 때, 현재 무슨 일을 어떻게 하고 있는데 이것이 어떻게 될 것인지 묻는 사람이 있고, 간혹 그냥 사주만 내밀고 자신의 인생을 맞추어 보라는 경우가 있다. 사실 그 사람의 인생을 그냥 맞추어 보라고 하면 난감할 수 있으나 이것을 해결하는 방법은 가능한 모든 사건을 포괄할 수 있게 오행의 작용을 그대로 읊조리는 것이다. 곧 사주 당사자가 자신의 인생에 맞추어 무슨 말인지 알아듣게 만드는 것이다. 대부분 그제야 일이 이렇게 진행되는데 어떻게 했으면 좋겠냐고 질문하기 시작한다. 필자의 경우는 아주 간혹 포괄적으로 말문을 열었는데 아니라고 답해 다시 다른 방향으로 말해도 아니라고 답하면 내 실력이 모자라 모르겠다고 말하고 돌려보낸다.

사주 감정에서 중요한 한 부분은 전체적으로 음양의 구조를 파악하는 것이다. 사주팔자에서 양의 천간과 지지가 많으면 활동성이 많아 매우 적극적이고, 음의 천간과 지지가 많으면 그 활동성이 아주 소극적이니, 사주가 양팔통에 가까운지 음팔통에 가까운지 구분해야 한다.

양팔통은 천간과 지지가 모두 양으로 되어 있는 것으로, 무슨 일을 하려고 하면 별 생각 없이 일을 쉽게 저지르는 특성이 강하다. 반면, 음팔통은 천간과 지지가 모두 음으로 되어 있어 이렇게도 생각해 보고 저렇게도 생각해 보며 지나치게 신중해서 일을 더디게 처리하는 특성이 강하다. 물론 오행에서 대음양을 보아 목木·화火가 강한 사람은 성급해서 일처리가 빠르고 금金·수水가 강한 사람은 느긋해서 일처리가 늦음도 함께 감안해서 봐야 한다.

사주에서 음양의 문제는 간지의 음양과 오행의 음양으로 나누어지니, 간지 자체의 음양은 소음양에 관한 것이고 오행 자체의 음양은 대음양에 관한 것이다. 곧 목木·화火를 양으로 금金·수水를 음으로 보는 것은 대음양에 관한 것이다. 반면 양의 간지인 갑甲·병丙·무戊·경庚·임壬·인寅·진辰·사巳·신申·술戌·해亥를 양으로 보고, 음의 간지인 을乙·정丁·기己·신辛·계癸·자子·축丑·묘卯·오午·미未·유酉를 음으로 보는 것은 소음양에 관한 것이다. 간지의 음양과 오행의 음양을 서로 조합하여 극단적으로 간지의 음양도 양이고 오행의 음양도 양일 경우는 정말 물불 가리지 못할 정도로 성질이 급해 바로 일을 저지르는 사람이고, 간지의 음양도 음이고 오행의 음양도 음일 경우는 너무 신중하다 못해 끝까지 일을 진행시키지 못하는 아주 답답한 사람임을 알고 있어야 한다.

그런데 같은 사주를 가진 사람들의 이야기로 돌아가서, 쌍둥이 사주에도 음양이 적용되고 있음을 알고 있어야 한다. 성이 남녀로 다른 쌍둥이라면, 같은 사주에서 대운이 순행과 역행으로 다르게 흘러가기 때문에 별 문제가 없다. 그런데 둘 모두 사내아이거나 여자아이일 경우에는 먼저 태어난 아이는 원칙 그대로 대운을 적용하고 뒤에 태어난 아이는 대운이 반대로 흐르는 것으로 보면 된다.

같은 태반에서 같은 성의 쌍둥이가 자라면 태반 자체에 음양이 형성되니, 먼저 태어난 한 명은 원래 그대로 대운이 흐르는 것으로 보고, 뒤에 태어난 나머지 한 명은 대운이 반대로 흐르는 것으로 보면 된다는 말이다. 동일한 성의 쌍생아일 경우에 음양을 적용해 몇 번 감정해 보았는데 잘 맞았다. 3명 이상의 쌍둥이는 아주 희귀한 경우로 음양을 적용하기도 어려우니, 여러 가지 경우로 다양하게 생각해 보고 감정해야 할 것이다.

쌍둥이는 한 명이 잘못된다는 말이 있는데, 전혀 근거 없는 말은 아니다. 대운에서 지지의 흐름을 볼 때, 보통 30세 전후로 서로 극단적으로 달라지기 때문이다. 곧 묘월卯月에 태어난 쌍둥이라면, 한 명은 화火를 향해 순행하여 진辰·사巳·오午로 흘러가고 다른 한 명은 수水를 향해 역행하여 인寅·축丑·자子로 흘러가 대운이 극단적으로 달라지기 때문이다. 사주에 오행의 조화가 아름답게 펼쳐져 대운이 극단적으로 달라도 별 충격이 없으면 둘 모두 탈이 없겠지만 그렇지 않다면 어느 한쪽은 극단적으로 다르게 흘러가는 대운 때문에 큰 충격을 받고 잘못되기 쉽다. 주변에 쌍둥이가 있으면 그들의 사주를 구해 감정한 후에 그들의 인생과 맞는지 비교하고 확인해 보기 바란다.

재미있는 사실이지만, 여자의 사주에서 월주나 시주에 해亥나 사巳가 있을 경우 쌍둥이를 낳을 확률이 높아진다고 한다. 해亥는 양목인 인寅과 합하면서 또 음목인 묘卯와 합하고, 사巳는 양금인 신申과 합하면서 또 음금인 유酉와 합하기 때문이다. 곧 해亥와 사巳는 목木과 금金을 음陰과 양陽으로 짝지어 합하는 특성이 있어 쌍둥이를 낳기 쉽게 된다는 것이다.

그런데 하필이면 월주와 시주에서 해亥와 사巳를 찾는 이유는 월과 시에서 오행의 작용이 가장 뚜렷하게 나타나기 때문이다. 다시 말해 계절과 하루에서는 오행의 변화가 뚜렷하여 강하게 작용하고, 연과 일에서는 그 변화가 뚜렷하지 않아 약하게 작용한다는 말이다. 이것은 쌍둥이의 대운을 음과 양으로 다르게 적용하는 이유이기도 하다.

시간에 관한 얘기가 나온 김에 한 해의 시작에 관해서도 말해 보겠다. 명리학에서 중요한 문제 중 하나가 한 해의 시작을 자子월로 하지 않고 인월寅月로 하는 것이다. 명리학계에서 이것에 대해 의견이 분분한 것은 해의 간지가 달라지면 사주 자체가 달라지기 때문이다. 중국 고대 하나라·은나라·주나라에서도 각기 한 해의 처음을 달리했으니 새삼스러운 논쟁은 아니라고 할 수 있다. 시간의 기점으로만 월을 살필 경우에는 세수가 인寅이든 축丑이든 자子든 별문제가 아니다. 그러나 오행의 기운이 움직이는 것을 살필 경우에는 연의 움직임과 월의 움직임이 서로 맞아야 하기 때문에 사주에서 한 해의 시작이 어디인가 하는 점이 아주 중요해진다. 필자는 인월寅月을 한 해의 시작으로 본 하나라의 방식이 맞고 현재에 그것을 그대로 따르고 있는 것이 옳다고 본다.

간단하게 설명하면, 인간사에 관련된 간지의 기점은 빅뱅 후 오랜 세월에 걸쳐 지구라는 행성에 적당한 환경이 조성되어 생명체가 자라기 시작하는 시점이어야 하기 때문이다. 곧 생명체를 상징하는 목木이 나오기 전인 수水의 계절은 생명이 시작되기 이전이며, 그렇기 때문에 자월子月과 축월丑月은 생명 시작의 기점이 될 수 없다는 말이다.

다시 말해, 천간과 지지가 갑甲과 자子로 시작하니 간지 기점이 되는 4갑자가 해가 바뀌는 기준이 되어야 한다는 4갑자설說은 일견 타당하게 보일 수 있으나, 애초 얼어붙어 있는 처음의 수水의 상태에서는 환경적으로 생명체가 자랄 수 없기 때문에 간지 시작의 기점이 될 수 없으니, 월의 시작만큼은 자子도 축丑도 아닌 인寅이 되어야 한다는 것이다.

— 15강 —

사주 풀이는 실전이다

✕

실전 사주 보기

1. 사주 세우기

남의 인생을 감정하기 위해서 가장 먼저 해야 할 일은 만세력을 보고 사주를 정확히 세우는 일이다. 음력이든 양력이든 입춘과 절기 및 섬머타임 시행 여부 등을 확인하면서 연주와 월주를 차례대로 적고, 일주를 찾아 그 아래 있는 대운의 수까지 함께 적는다. 시주는 시간을 12시진으로 환원한 다음 시의 천간을 계산하여 기록한다. 혹시 잘못 찾았을 수도 있으니 다시 한 번 확인하고 전체 대운을 사주 밑에 보기 쉽게 차례로 적는다. 동시에 천을귀인과 공망도 사주 옆에 함께 기록해 참고할 수 있게 한다. 그리고 원국을 바탕으로 상담자가 궁금하게 여기는 직장운 자식운 등을 읽어 주면 된다.

사주를 세운 다음에 가장 먼저 해야 할 일은 원국을 파악하는 것으로 사주의 각 인자들이 어떤 형태의 구조로 있는지 자세히 살피는 것이다. 이어서 해야 할 일은 그것들의 대운·세운을 파악하는 것으로 사주의 각 인자들이 운과 함께 어떻게 어울리고 부딪히며 흘러가는지를 살피는 것이다. 원국에서 좋은 구조 속의 인자가 운까지 좋게 흐른다면 그 인자는 활개를 칠 것이고, 나쁜 구조 속의 인자가 운까지 나쁘게 흐른다면 그 인자는 사라지기 쉬울 것이다. 좋은 구조 속의 인자인데 운이 나쁘다면 그 인자는 고통을 많이 당할 것이고, 나쁜 구조 속의 인자라도 운이 좋다면 그 인자는 많은 기쁨을 맞이할 것이다.

2. 원국과 운 파악하기

아래는 계사년癸巳年에 상담을 하러 온 젊은 부인의 사주인데, 자궁의 혹으로 아기를 영원히 가질 수 없다고 하였다. 부부금실이 아주 좋은데 남편이 독자라 부모님들이 새 장가를 보내서라도 꼭 손자를 보려고 한다는 것이다. 먼저 부인의 사주를 봤다. 원국에 자식인 상관

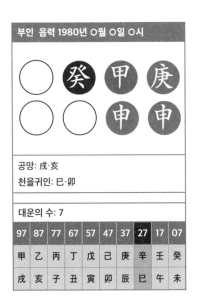

부인 음력 1980년 ○월 ○일 ○시

	癸	甲	庚
		申	申

공망: 戌·亥
천을귀인: 巳·卯

대운의 수: 7

97	87	77	67	57	47	37	27	17	07
甲	乙	丙	丁	戊	己	庚	辛	壬	癸
戌	亥	子	丑	寅	卯	辰	巳	午	未

갑목甲木이 신금申金 절지에 있어 기운이 거의 없는데 또 옆에서 경금庚金이 충으로 때리고 있으니, 원초적으로 자궁이 아주 약한 분이다. 그런데 또 대운과 세운마저 경금庚金을 사巳 장생지로 돕는 반면에 갑목甲木은 병지로 약화시키니, 흑으로 자궁을 떼어 내는 수술을받게 된 것이다. 집에서 어른들이 그토록 손자를 원한다면, 금실 좋은남편과 같이 백년해로할 수 있을까?

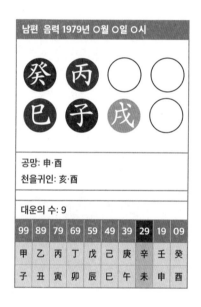

남편 음력 1979년 ○월 ○일 ○시

癸	丙	○	○
巳	子	戌	○

공망: 申·酉
천을귀인: 亥·酉

대운의 수: 9

99	89	79	69	59	49	39	29	19	09
甲	乙	丙	丁	戊	己	庚	辛	壬	癸
子	丑	寅	卯	辰	巳	午	未	申	酉

이런 경우에 먼저 떠오르는 생각은 남편의 사주를 보고 그에게도자식이 없는 팔자라면 둘이 같이 살 운명이고, 그렇지 않다면 함께 살지 못할 운명이라는 것이다. 다행인지 불행인지 남자의 사주에서도자식인 관 곧 자수子水와 계수癸水가 약한 미未·사巳·오午 곧 화火대

운으로 흐르는 탓에 부인과 마찬가지로 자식을 보기 어려운 팔자다. 곧 계수나 자수의 상극인 화火 대운으로 흐르며 미토未土 묘지를 지나고 있고, 다음 대운은 계수의 절지와 자수의 충인 오午대운으로 흐르고 있어 자식을 볼 수 있는 확률이 극히 희박하다는 것이다. 두 내외가 자식이 귀한 팔자여서 같이 살 운명이기는 하지만 그 집 어른들께는 손자를 안겨 주기 어려우니 마음이 아프다.

젊고 건강한 남자가 자식을 보기 어렵다면 먼저 병원에 가서 그것과 관련된 검사부터 받아 보는 것이 순서라 여겨 한번 확인해 보라고 했다. 그러자 남편이 화를 내며 만약 자식을 낳을 수 있는 상태면 어떻게 하겠느냐고 따져 물었다. 나는 술사로서 당신의 팔자를 해석한 것뿐이니, 우선 먼저 병원에 다녀와서 다시 생각해 보자며 달래서 보냈다. 얼마 후 병원에 다녀와서 하는 말이 전립선에서 암이 발견되었다고 했다. 고민했던 아이는 낳기 어려울지라도 그래도 덕분에 초기에 암을 발견하게 되어 다행이라고 하면서 감사하다고 했다. 이런 경우는 사주를 잘 봐 주고도 별로 기분이 좋지 않다. 어떤 경우든 상담자에게 좋아야 함께 기분이 좋은 것이다.

사주의 구조는 기氣와 질質이 뭉쳐 있는 형태를 보는 것이다. 대운과 세운은 그러한 사주의 각 인자들의 생장·소멸을 12단계로 표시해 주는 것이다. 그중 대운은 10년 단위로 흘러가니 그 영향이 지대하다. 생장·소멸의 12단계에서 차츰 생장하는 운이 6단계이고, 차츰 소멸하는 운이 6단계이니, 그 속에서 사주의 각 인자들이 어떻게 흘러가는지를 살피고 세운과 종합하여 해석하면 된다. 대운이 좋으면 세운이 다소 나쁠지라도 큰 영향이 없고, 대운이 나쁘면 세운이 좋을지라도 크게 좋은 일은 생기지 않는다고 보면 된다. 이렇듯 사주를 본다는 것은 사주의 각 인자들이 어떤 구조 속에서 어떤 운의 흐름을 타고 있는지를 읽는 것이다.

남乾 음력 1990년 9월 ○일 ○시			
○	己	乙	庚
○	卯	酉	午

공망: 申·酉
천을귀인: 子·申

대운의 수: 9

99	89	79	69	59	49	39	29	19	09
乙	甲	癸	壬	辛	庚	己	戊	丁	丙
未	午	巳	辰	卯	寅	丑	子	亥	戌

위의 사주는 기토己土 일간으로 경금庚金 상관이 오화午火 목욕지에 있고 또 월지에 유금酉金 식신이 있어 식상관이 대단히 발달했다. 그런데 신申·유酉가 공망이라 그 육친의 작용이 약화되었으나 일지 묘목卯木이 묘유卯酉로 충하여 그 작용이 활발하게 되었다. 월간 을목乙木까지 경금과 합하여 금金으로 변했으니 식상관이 아주 발달한 사주다. 을미년乙未年 상담 당시 25세로 정해丁亥대운이니, 경금庚金은

대운에서 병지로 크게 힘이 있지는 않지만 세운에서 힘이 있었다. 유금酉金은 대운에서 사유축巳酉丑과 해묘미亥卯未 삼합으로 부딪히는 형태로 대운에서 목욕지로 힘이 있고 세운에서는 쇠지로 힘이 없지만 곧 다음 해인 병신년 금金 세운으로 들어가면서부터 힘을 제대로 받는다.

식상관이 목욕지에 있으면서 발달하면 연예인 사주인데, 현재 연예인 지망생으로 잘나가고 있다. 목욕지에 있는 경금庚金이 잘 흐르지 못하는 안타까움이 크나 유금酉金이 목욕·장생지로 흘러가니 앞으로 상관의 기운을 펼칠 것이다. 49세의 경인庚寅 대운부터 지지가 목木 대운으로 흘러 식상관이 약화되는데 다행스럽게도 경금庚金과 신금辛金이 천간에서 들어와 보완해 주고 있다. 그런데 이 사주에서 문제는 29세부터 들어오는 무자戊子 대운에서 자오충子午沖·유자파酉子破·자묘형子卯刑을 받고 있으니 이 시기를 잘 넘겨야 한다는 것이다. 사주의 인자가 거의 모두 형·충·파로 괴로움을 당해 이 시기에 겪는 고통이 아주 클 것이니, 잘 극복하기를 바랄 뿐이다.

식상관을 쓰는 경우는 크게 세 가지로 구분할 수 있다. 자신의 뿌리가 있어 강하게 식상관을 쓰는 경우는 운동선수가 될 수 있고, 자신의 뿌리가 없이 강하게 식상관을 쓰는 경우는 예술가나 소설가, 연예인 등이 될 수 있다. 특히 자신의 기운이 약하면서 목木·화火로 식상관을 사용하는 경우는 그 발랄함과 화려함 때문에 연예인이 될 수 있는데, 사주에서 식상관이 목욕지에 있어야 좋다. 연예인이 대운에서 식상관에 목욕지가 들어오면 10년 동안 인기가 폭발하여 국민적인 사랑을

3부 적용편 ◉

받는 큰 명예를 누릴 수 있다고 보면 된다. 인성이 있으면서 식상관을 쓰는 경우는 자격을 가지고 전문 기술에 종사하는 것이어서 전문직이 될 수 있다.

목木·화火로 식상관이 발달하면 그 성격이 발랄한 반면 금金·수水로 식상관이 발달하면 우울한 성격이다. 아주 간혹 슬픈 노래를 잘 부르는 가수의 자살 소식이 들려온다. 금·수의 수렴·응축하는 특성 때문에 우울한 노래를 잘 부르는데, 그 노래에 심취해서 계속 부를수록 금·수의 우울한 기운이 증폭되어 결국 그렇게 슬픈 결말을 맞이하게 되는 것이다. 이런 사람들은 이름에 목·화의 기운을 강하게 넣어 주고, 집을 동남쪽의 햇빛이 잘 드는 곳으로 정해야 하며, 옷도 푸르고 붉은색으로 입어야 한다.

사유축巳酉丑 삼합과 해묘미亥卯未 삼합이 부딪힌다는 말은 경금庚金의 장생·제왕·묘지가 되는 사유축 삼합의 궤도가 경금과 하나의 무리이고, 갑목甲木의 장생·제왕·묘지가 되는 해묘미 삼합의 궤도는 갑목과 하나의 무리이니, 이것들이 서로 만나면 갑甲과 경庚이 충을 하듯이 서로 부딪힌다는 것이다.

마찬가지로 임수壬水의 신자진申子辰과 병화丙火의 인오술寅午戌도 임수와 병화가 충을 하듯이 서로 부딪힘을 알고 있어야 한다. 삼합의 인자로 장생·제왕·묘고는 해당 천간이 힘을 받을 때 생성하게 하고 흥성할 때 최고로 올라가게 하며 어려울 때 숨겨 주는 역할을 하는 같은 편들이기 때문에 그것과 반대되는 패거리의 인자들이 오면 서로 부딪히게 된다는 것이다.

여坤 음력 1974년 7월 ○일 寅시

甲 癸 壬 甲
寅 ○ 申 寅

공망: 辰·巳
천을귀인: 巳·卯

대운의 수: 8

98	88	78	68	58	48	38	28	18	08
壬	癸	甲	乙	丙	丁	戊	己	庚	辛
戌	亥	子	丑	寅	卯	辰	巳	午	未

위의 사주를 살펴보도록 하자. 원국이 신금申金 정인 이외에 거의 상관으로 되어 있다. 연주와 시주에 있는 갑甲·인寅의 분출하는 힘 때문에 무슨 일이든 잘 나서고 앞장서는 성격이 강하다. 그런데 임수壬水가 있어 약한 수의 기운을 보충해 줄지라도 거세게 분출하는 힘을 그다지 뒷받침할 수 없으니, 무엇을 하든 제정신으로 그렇게 하는 경우는 별로 없다. 더구나 초년부터 경오庚午대운과 기사己巳대운으로 흘러 화火로 재財 대운이 들어옴으로 상관을 사용해 물불가리지 못하고 돈을 벌려고 애를 썼겠지만 힘이 없으니, 나쁜 길로 빠지지 않았다면 그나마 다행일 것이다. 68세의 을축乙丑대운이 오기 전까지는 무엇을 하든 넋을 놓고 있으니 정신을 바짝 차리고 가능한 바르게 살려고 노력해야 한다.

3부 적용편 ◉

여坤 음력 1953년 9월 16일 ○시

○ 丁 辛 癸
○ 丑 酉 巳

공망: 申·酉
천을귀인: 亥·酉

대운의 수: 5

95	85	75	65	55	45	35	25	15	05
辛	庚	己	戊	丁	丙	乙	甲	癸	壬
未	午	巳	辰	卯	寅	丑	子	亥	戌

　　연지 사화巳火가 있어 일간 정화丁火가 강하고, 월주 신유辛酉와 일지 축丑이 사유축巳酉丑으로 합이 되어 재財도 강하다. 사화巳火 위의 계수癸水 정관은 약하나 대운에서 잘 흘렀고 사유축 삼합이 금생수金生水를 돕는다. 그런데 신辛·유酉 재성 공망으로 그 육친의 작용이 반감되어 흠이라면 흠이지만 55세의 정묘丁卯대운에 묘유충卯酉沖으로 공망을 때리니, 이 시기에 많은 돈을 벌었다. 공망은 육친이 제대로 작용하지 않고 오행의 역할만 하는데, 충이 오면 육친의 기능이 다시 살아난다. 큰 재물은 재운이 떠날 때 문서로 바꾸어 보관하는 것이 좋다. 그런데 위의 사주는 원국에 인성이 없어 75세에 오는 기사己巳대운부터 문서는 사라지나 다행히 사유축 삼합으로 보이지 않게 작용하던 경금庚金을 사화巳火가 장생으로 다시 힘차게 끌어올린다.

　월주 경신庚申과 연주 무자戊子가 신자申子로 합을 하고 있어 관인
상생이 아주 좋은 사주다. 그런데 신申·유酉 공망으로 월주 경신庚申
에서 관이 공망이 되어 강한 작용이 반감되었다. 관을 약하게 사용하
면서 인성 자수子水와 정재 무토戊土와 상관 병화丙火가 있으니, 전형
적인 교직 사주다. 평생 평교사로 있을 작정이었는데, 57세 병인丙寅
대운에 인신충寅申沖이 되어 공망으로 있던 정관을 깨우니, 운이 좋아
지면서 절대로 될 것 같지 않던 교장까지 지내고 퇴직하였다. 사주 인
자가 공망이 되면 육친의 기능이 제대로 발휘되지 않는데, 공망을 충
으로 때리면 그 작용을 되찾아 육친의 역할을 회복한다. 현재 병인丙
寅 대운의 인목寅木이 자수子水를 신자진申子辰·인오술寅午戌로 부딪히
며 목욕시키니, 문서를 아주 조심스럽게 다루어야 한다.

3부 적용 편 ◉

여坤 음력 1973년 7월 〇일 卯시

乙	癸	庚	癸
卯	〇	申	丑

공망: 午·未
천을귀인: 巳·卯

대운의 수: 5

95	85	75	65	55	45	35	25	15	05
庚	己	戊	丁	丙	乙	甲	癸	壬	辛
午	巳	辰	卯	寅	丑	子	亥	戌	酉

　계수癸水 일간의 여자분의 사주 원국이다. 일간의 기운을 돕는 것으로는 연주 계축癸丑의 비겁, 인성으로는 경신庚申, 식신으로는 을묘乙卯가 있어 본인과 인성 및 식신이 모두 강하니, 운만 잘 받았으면 크게 될 여인이었다. 이런 사주는 운이 식신과 재를 돕는 쪽으로 흐르면 왕성한 활동력으로 많은 재물을 가질 수 있다.

　이 분의 원국은 그 구조로 볼 때, 남자로 태어났다면 강한 경금과 을목을 돕는 쪽으로 운이 흘러 전문적인 기술로 이름을 크게 떨칠 사주다. 그러나 초년부터 금金과 수水 대운으로 흐르니 공부는 열심히 했겠으나 모든 활동이 막히고 재財가 사라져 고생할 운이다. 갑자甲子 대운에 상관이 와서 활동력을 높이니 화火의 기운이 살아나는 짧은 기간에 학원을 하여 성공하였다. 몇 년 동안의 세운을 무척 잘 활용했다고 봐야 할 것이다.

축토丑土 남편을 보면 계수癸水를 머리에 가지고 있는 것부터 문제인데, 또 자수子水까지 와서 합을 하니, 집을 떠나 따로 생활하고 있다. 경신庚申의 강한 인성과 활짝 피어 있는 을묘乙卯 식신을 사용한다면 의사와 같은 자격을 가진 전문직 사주인데, 원국의 강한 인성과 식신을 모두 사용할 수 없는 방향으로 대운이 흘러가 고생하고 있다.

을축乙丑 대운을 지나 병인丙寅 대운이 오면 식신 을묘乙卯와 정재 병화丙火를 제왕지와 장생지로 화려하게 사용할 것이니, 그동안 누리지 못한 영화를 맞이할 수 있다. 늙어서 큰소리치는 사람들은 자식이 잘된 경우라고 하는데, 강한 식신 을묘乙卯가 부활하여 활개를 치기 시작하니, 무엇보다 자식들이 잘 되어 그동안 고생한 보람을 가져다준다. 말년의 운이 특히 좋은 팔자다.

다음 장의 무인戊寅 일주 사주를 보자. 사주 원국에 연주가 정사丁巳여서 화火 인성이 강하고 토土도 함께 강한데, 이 상태에서 사유합巳酉合으로 화기火氣가 금기金氣로 빠지면서 토土가 금金을 생하니 상관 유금酉金이 힘이 있으나 안타깝게도 공망이다. 초년 운이 경庚·신辛의 금金으로 흐르고 특히 17세부터 신해辛亥 대운에 유酉에 들어 있는 신금辛金이 천간으로 오면서 해수亥水는 상관 목욕지가 되고 갑목甲木의 장생지가 되니, 공부도 잘 했고 남학생들에게 인기가 끝이 없었다.

대학을 다니면서 아르바이트로 버는 돈은 해인합亥寅合을 하여 관으로 들어가니 곧 좋아하는 남자에게 썼고, 이때에 신금辛金 상관은 목욕지에 있고 갑목甲木 편관은 장생이라 사귀는 남자들이 많았다.

그들 중 한 명과 결혼했으나 인유寅酉 원진으로 인목寅木 남편을 건드려 부부 사이가 별로 좋지 않다. 사巳의 지장간 중 경금庚金이 보이지 않는 을목乙木 정관과, 인寅 중 갑목甲木은 현재 계축癸丑대운의 기토己土와 합을 하고 있어 복잡한 부부라고 할 수 있다.

부부궁의 애정관계를 볼 때에는 언제나 음양이 맞는지를 유념해서 살펴야 한다. 남자는 양간 일간에 음간인 정재가 부부궁이나 자식인 관과 가까이 있고, 여자는 음간 일간에 양간인 정관이 부부궁이나 자식인 식상과 가까이 있는 것이 찰떡궁합이다. 이 경우 정재나 정관이 또 있지 않다면 서로 아끼며 거의 한눈을 팔지 않는다.

그렇다면 애정이 좋지 않은 부부에 대해서도 자연스럽게 추측할 수 있다. 남자는 편재 부인에 사주에 정재가 또 있는 것이고, 여자는 편관 남편에 정관이 또 있는 것이다. 여기에 식상이 정재 정관과 합을 하고 있다면 바람으로 언제나 시끄러운 부부일 확률이 아주 높다.

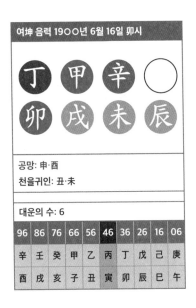

갑목甲木 일간이 미토未土를 귀인으로 가지고 있는데, 그것이 정관 신금辛金을 머리에 두고 술토戌土와 형을 하고 있으며 연지에 진토辰 土가 있어 관官이 주로 재財와 관련을 지었으니, 작은 회사에서 경리 와 회계 업무를 맡을 사주다. 술토戌土가 또 묘목卯木과 합을 해 화火 로 변하는 데다가 묘목卯木의 머리에 정화丁火까지 있으니, 문학적인 재주가 탁월하고 말하는 재주 또한 뛰어날 것이다. 정화丁火 상관이 있고, 묘목卯木과 술토戌土가 합하여 화火로 변하면서 미토未土와 진

3부 적용편 ◉

토辰土로 재財가 있으니, 사업을 하면 잘하고 사람도 아주 잘 다룬다. 남편 신금辛金은 병인丙寅 대운에서 태지로 사업이 기우니, 무토戊土 편재와 식신 병화丙火가 장생하는 힘을 받아 그 사업을 다시 일으켜 세웠다. 남편 신금辛金은 관인 병화丙火와 합하여 식상인 수水로 변하였으니, 사업상 관계 있는 기관의 손님들을 잘 대접하였을 것이다.

여坤 음력 1972년 ○월 7일 ○시

	丁	庚	壬
	丑		子
	癸 辛 己		壬 癸

공망: 申·酉
천을귀인: 亥·酉

대운의 수: 2

92	82	72	62	52	42	32	22	12	02
庚	辛	壬	癸	甲	乙	丙	丁	戊	己
子	丑	寅	卯	辰	巳	午	未	申	酉

임자壬子 연주에 일지가 축丑이니 수水의 관성이 아주 강하다. 정화丁火가 약한데 초년부터 축丑 중 식신 기토己土까지 장생·목욕지로 흐르며 강해졌으니, 온갖 사랑을 독차지하였을 것이고 공부를 별로 열심히 하지 않아도 성적이 잘 나왔을 것이다. 원국에서 수水의 관이

너무 강해 일간 정화丁火가 약한데, 화火와 목木으로 흐른 운의 도움으로 교직에 있다. 정재가 있고 정관과 식신이 있으니, 이 사주 또한 교직 팔자다.

42세부터 들어오는 을사乙巳 대운에는 목욕한 인성이 왔으니, 직위가 높이 반짝이며 올라갈 것이다. 이렇게 좋은 사주에도 단점은 있으니, 연주 임자壬子의 운이 화火로 흘러 관성 곧 남편에게 좋지 않다. 특히 32세부터의 병오丙午 대운에는 남편에게 많은 일이 생겼을 것이고, 배우자 궁에 축토丑土 곧 경금庚金의 묘지가 있어 많은 돈을 없애니, 무척 노력해야 관계를 유지할 수 있다.

다음의 병자丙子 일주 사주에서는 사실 월주도 화火의 기운이 강하

지만 일지와 시지에 신申·자子로 수水의 합이 있어 메마른 사주는 아니다. 많은 화火의 기운을 금金으로 넘겨 조화를 이루어야 하는데, 연간 기토己土가 제왕지에 있을지라도 그것만으로는 모두 감당하기 어렵다. 17세부터 들어오는 신미辛未대운에 미토未土가 와서 소통을 시키니, 상관을 사용하는 것이 무척 반갑다. 상관이 생식기로 사용될 수 있는 데다가 일지 정관 자수子水 ░가 양기가 시작되는 생명의 씨 앗이라 남자를 찾아 상관을 사용함으로써 기토己土를 소통시킬 수 있다. 27세부터의 임신壬申대운에 편재가 와서 사업을 하려고 할 텐데, 사주에서 시지 신금申金의 재財가 공망이니, 절대로 그것을 잡으려고 해서는 안 되고 꼭 사巳의 지장간에 들어 있는 경금庚金을 잡아야 한다. 곧 드러나게 잘난 친구인 시주 병신丙申의 병화丙火가 아니라 못난 친구인 연주의 사화巳火와 동업을 해야 한다는 것이다.

　오른쪽의 갑신甲申일주 원국에서는 일지 신금申金 옆에 있는 미토未土가 목木의 기운을 묻어 버리기 때문에 편관의 힘이 말로 표현할 수 없을 정도로 강하다. 신금申金의 특성은 수렴하는 것으로 마음에 들지 않는 것이 있으면 가을 서리처럼 인정사정 없이 처리하는데, 갑목甲木의 식신 사화巳火가 부부궁의 편관 신금申金에 형을 가해 부부궁이 몹시 불편하다. 신약한 여자 사주에서 경신금庚申金 편관이 강하면 두들겨 맞고 사는 경우가 많다. 천간에서 갑기합甲己合이 되어 있고 지지가 사신형巳申刑이라 부부싸움 후에 울고 욕하면서도 묘하게 잠자리를 같이할 수 있다. 신申 중 경금庚金이 기묘己卯대운의 묘卯중 정재 을목乙木과 합을 해 혹 남편의 바람으로 관계가 위태로워질

명리 명강

270

수 있다. 직장을 다니고 있으면 그만두지 않았으면 하는데, 천을귀인 미토未土의 공망으로 그 위의 계수癸水 인성이 함께 공망된 것이 아주 아깝다.

　사주를 정교하게 보려면 원국의 구조를 잘 파악할 수 있어야 한다. 앞에서 이미 설명한 것으로 사주에서는 음양의 관계가 중요해서 육친에서 정正과 편偏으로 나누어 정재·정관·정인·편재·편관·편인으로 그것을 표시한다고 했다. 곧 일간인 내가 양인데 재성·관성·인성이 음이면 음과 양이 서로 조화를 이뤄 정正이고, 내가 음인데 재성·관성·인성이 음이면 음과 음이 서로 조화를 이루지 못하고 치우쳐 편偏이라는 것이다. 사주에 편재나 편관이 부인이나 남편으로 있

고, 정재나 정관이 있거나 운에서 오면 음양의 조화 때문에 외도를
하기 쉽다.

　참고 삼아 덧붙이자면, 지인이 필자를 시험하려고 어떤 여자의 사
주를 가지고 온 적이 있다. 그 사주의 관이 다른 여자와 월주인지 연
주에서 강하게 합을 하면서 자신과 약하게 합을 하고 있어 첩이 아니
냐고 물었더니 그렇다고 했다. 사주를 보다 보면 종종 당하는 맹랑한
일이다.

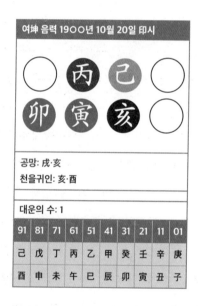

여坤 음력 19○○년 10월 20일 印시

| | 丙 | 己 | |
| 卯 | 寅 | 亥 | |

공망: 戌·亥
천을귀인: 亥·酉

대운의 수: 1

91	81	71	61	51	41	31	21	11	01
己	戊	丁	丙	乙	甲	癸	壬	辛	庚
酉	申	未	午	巳	辰	卯	寅	丑	子

　위의 여자분은 계묘癸卯 대운 끝 무렵인 계사년癸巳年에 마음에 드
는 남자가 있어 사귀고 싶다고 했다. 해수亥水 편관인 남편과 살고 있
는데 대운에서 계수癸水 정관이 장생지로 오고 세운에서 또 오니 사

귀고 싶을 수밖에 없었을 것이다. 그런데 윤리를 떠나 사화巳火가 해수亥水를 충하고 인목寅木을 형하며 또 묘목卯木까지 사유축巳酉丑과 해묘미亥卯未로 부딪히고 있어 극히 좋지 않다. 사귀면 많은 문제가 생기고 윤리적으로도 바람직하지 않으니, 그런 생각조차 하지 말라고 아주 분명하고 단호하게 충고를 했다. 그런데도 몇 달 후 그 남자와 사귀다가 싫어져 헤어지자고 했는데 그렇게 하지 못하겠다고 협박까지 하며 괴롭히니 어떻게 해야 되냐고 울먹이며 다시 물어 왔다. 이것도 사람들의 고민 중 하나이니, 술사는 가끔 이런 일을 겪는다.

아래의 원국에서 병오丙午일주에게는 해수亥水가 편관으로 있는데, 계묘癸卯대운에 정관이 들어온다. 이때 결혼하기 쉬우나 하지 않는 것이 좋으니, 그다음의 갑진甲辰대운은 원국의 재성 신금辛金과 관성

여坤 양력 1972년 ○월 16일 ○시			
○	丙	○	辛
○	午	丑	亥

공망: 寅·卯
천을귀인: 亥·酉

대운의 수: 7

97	87	77	67	57	47	37	27	17	07
辛	庚	己	戊	丁	丙	乙	甲	癸	壬
亥	戌	酉	申	未	午	巳	辰	卯	寅

해수亥水의 무덤이기 때문이다. 그러니 결혼한다 해도 헤어지기 쉽고, 더욱이 자식 축토丑土 상관은 남편을 따라간다. 에너지의 연결상 해수亥水와 축토丑土 사이에 자수子水가 끼어들기 때문이다.

자세히 설명하자면 빈 자리에 자수子水가 들어오면서 남편과 해자축亥子丑 방합이 이뤄진다. 이는 지지가 서로 연결되는 가운데 어떤 하나의 지지만 없으면 없는 것이 생성되는 조건이 된다고 보기 때문이다. 필자는 연월일시의 순서로 이어질 때만 이런 일이 생긴다고 본다. 원래 자식인 축토丑土는 남편 해수亥水와 해묘미亥卯未와 사유축巳酉丑으로 서로 부딪히고 있는데, 자수子水의 생성으로 드러나지 않았을 뿐이다. 37세의 을사乙巳대운에 사화巳火가 해수亥水를 충해 아들이 어머니에게로 왔으나 축오丑午 원진으로 관계가 좋지 않다.

여坤 음력 19〇〇년 12월 29일 酉時			
己	丁	辛	〇
酉	丑	丑	〇

공망: 申·酉
천을귀인: 亥·酉

대운의 수: 8

98	88	78	68	58	48	38	28	18	08
辛	壬	癸	甲	乙	丙	丁	戊	己	庚
卯	辰	巳	午	未	申	酉	戌	亥	子

왼쪽의 정축丁丑일주 사주에서 주목되는 점은 조후調候의 어긋남이다. 한난조습寒暖燥濕 같은 기후의 조화를 조후라 하는데, 사주 원국이 지나치게 차갑거나 뜨거우면 좋지 않으니, 월지에 자子나 축丑 혹은 오午와 미未가 있을 경우, 반드시 나머지 간지를 보고 조후를 살펴야 한다. 조후가 해결되지 않으면 사주의 인자들이 움직이지 않기 때문이다. 이 사주에서는 월지에 축丑이 있고 일지와 시지에 축丑과 유酉가 있어 사주가 너무 차갑다. 연주에 이것을 해결해주는 인자가 있지 않아 이 사주는 차가운 수水 곧 남자를 싫어하니 시집가기가 어렵다고 본다. 자신에게 있는 인자들이 너무 차가워서 싫은데, 또 차가운 수水인 남자를 받아들이고 싶지 않기 때문이다. 특히 경자庚子 대운까지 차가운 기운 때문에 몸이 몹시 아팠을 것으로 보여 물어보니 아기가 중환자실에까지 들어갔다고 한다. 몸을 항상 따뜻하게 해 주어야 하고 햇볕을 많이 쬐어야 하며, 이름에 목木·화火의 기운을 강하게 넣어야 한다.

3. 나쁜 운에 대처하는 법

다음의 임인壬寅일주 사주에는 특색이 있으니, 일지인 식신 인목寅木이 미토未土 묘지 옆에서 신금申金의 충을 당해 몹시 약하다는 것이다. 어렸을 때부터 이상하게도 아무 일없이 고관절이 자주 아팠다고 한다. 만약 1933년 계유년癸酉年 생이라면 15세부터의 정사丁巳 대운에는 인사신寅巳申 삼형살이 걸려 고생이 아주 심했을 것이다. 중년과 말년으로 가면서 점점 좋아질 것이다. 식신이 약함은 물론 일간

남乾 양력 19○○년 7월 ○일 申시

戊 壬 己 ○
申 寅 未 ○

공망: 辰·巳
천을귀인: 巳·卯

대운의 수: 5

95	85	75	65	55	45	35	25	15	05
己	庚	辛	壬	癸	甲	乙	丙	丁	戊
酉	戌	亥	子	丑	寅	卯	辰	巳	午

임수壬水도 약한데 대운이 수水와 목木으로 흘러 보완해 주기 때문이다. 그래도 2013년 계사년癸巳年은 물론 2016년 병신년丙申年에는 다소 조심해야 한다. 묘지와 충으로 약할 대로 약한 식신 인목寅木이 정사丁巳대운에서의 사화巳火 형살까지 받기 때문이다. 계사년에 몹시 고생했을 것인데, 약한 식신이 다치기 쉬우니, 을미년乙未年도 그렇고 병신년丙申年에는 특히 조심해야 한다.

이렇게 운이 나쁠 때는 흔히 외국에 다녀오라고 한다. 내가 태어나면서 형성된 사주의 에너지가 아주 멀리 다른 곳에 가면 뒤죽박죽으로 엉켜 원래 그대로 작용하기 어렵기 때문이다. 이런 때는 가능하다면 자신과 식신을 강화시켜 주는 곳으로 바다나 강과 가까우면서 나무가 많은 곳에 사는 것이 좋고, 사는 곳의 지명을 수水나 목木이 들어간 곳을 택하는 것도 방법이다. 물론 검은색이나 푸른색 옷으로 자신과 식상을 강화시켜도 되고, 집안에 어항이나 화분을 많이 두어도 좋다. 운이 그렇다는 것을 알고 매사에 언행을 조심하고 덕을 베풀며 건강을 챙기는 것이 우선이다. 나이 들어 아주 나쁜 운이 왔다면, 세상의 활동을 접고 조용히 심신을 안정시키고 수행을 하거나 그동안 해 보고 싶었던 공부를 하면서 지내는 것이 최상이다.

수행을 한다는 것은 육체적인 욕망이나 안락함을 버리고 마음을 비우는 것이므로 타고난 사주의 인자를 무화(無化)시키는 것이고 이 때문에 나쁜 운이 와도 내 사주의 에너지가 운과 강하게 부딪히지 않고 넘어가기 쉽다.

아는 분의 사주에 자식의 무덤이 있어 "가슴에 묻은 자식이 있느냐?"고 물으니 없다고 한다. 마침 그 옆에 있던 그의 친구가 "신부나 승려가 된 것은 아들을 잃은 것이 아니냐?"고 하기에 그렇다고 하니, 그 집 아들이 신부가 되었다고 한다. 가슴에 묻을 아들이 천주교에 귀의함으로써 죽음을 피할 수 있었던 하나의 사례라고 할 수 있다.

평생 수술 한 번 하지 않고 사는 사람들이 있는 반면에 여러 번 수술하는 사람이 있는데, 원국에 형살이 있으면서 대운과 세운에서 형살이 들어오면 수술할 일이나 소송이나 사고가 생기기 쉽다. 이런 때는 이미 설명했듯이 외국에 다녀오는 것도 하나의 방법이고, 헌혈을 하는 것도 하나의 방법이며, 쌍꺼풀 수술이나 포경 수술 같은 것을 그 때에 맞춰 하는 것도 하나의 방법이다.

사주에 형살이 들어오면 경찰이나 법원에 다녀와야 할 일이 생기거나 수술할 일이 생기기 쉬우니, 법률적인 문제가 발생하지 않도록 해야 하고, 그해가 오기 전에 미리 건강검진을 받아봐야 한다. 사주를 통해 생길 일을 미리 예측해서 그것이 흩어지게 하는 방법을 택하든지 아니면 그것의 형태를 그대로 약하게 취해 그 일을 무사히 넘긴다는 말이다.

일반적으로 알아야 할 사실 하나는 사주에서 식상이 약하면 말을 굉장히 부드럽고 조심스럽게 잘한다는 것이다. 식상이 아예 사주에 없으면 말하는 기운이 없어 말이 투박하고 재미가 없다. 그렇지만 식상이 약할 경우, 그 기운이 약해 함부로 내뱉지 않고 남들의 눈치를 살피며 가능한 기분이 상하지 않도록 즐겁게 이야기하게 된다는 것이다. 그러니 강한 것만이 굳이 좋다고 볼 필요는 없다. 어떤 육친이 사주에 강하게 있는데 또 운에서 강하게 오면, 그것을 반드시 실현하기 위해 피를 보는 싸움도 마다하지 않아 몹시 피곤한 삶을 살게 된다. 곧 상황에 따라 강하면 강한 그대로 약하면 약한 그대로 잘 사용할 수도 있고 함부로 마구 사용할 수도 있으니, 그것을 알고 여러 가지로 다양하게 응용할 줄 알아야 한다.

오른쪽에 있는 여자분의 사주에서는 미토未土가 있고 신금申金이 있어 갑목甲木이 미토未土 묘지로 사라진다. 그리하여 금金의 기운이 강해지면서 시주의 자수子水를 생하게 된다. 그런데 갑목甲木 상관이 그 위에 목욕지로 있어 문제가 될 수 있다. 운이 목木·화火로 흐른다면 넘치는 수기水氣를 충분히 제어할 수 있겠으나 도리어 금金·수水로 흘러가며 50대 이후에나 지지에서 목木의 기운이 들어온다. 원

甲 癸 壬 ○
子 ○ 申 未

공망: 戌·亥
천을귀인: 巳·卯

대운의 수: 2

92	82	72	62	52	42	32	22	12	02
壬	辛	庚	己	戊	丁	丙	乙	甲	癸
午	巳	辰	卯	寅	丑	子	亥	戌	酉

국과 대운의 수水를 감당할 길이 없어 목욕지에 있는 상관을 절제 없이 사용하려고 한다면 생명의 씨앗인 자수子水가 함께 가담하여 엉뚱하게 사용할 수 있으니, 화류계에 종사하기 쉽다. 이런 사주는 초년에 무인戊寅대운과 기묘己卯대운이 와야 하니, 무토戊土인 관을 사용해 화火를 만들면서 인목寅木과 묘목卯木이 수水를 뿜어낼 수 있기 때문이다. 몸이 시름시름 아플 수 있으니, 집에 화초를 많이 가꾸고 남동 방향에 살아야 그나마 다소 수기水氣를 제어할 수 있다.

이상의 두 사주는 다소 특이한 것이다. 그런데 일반인들은 주로 돈이나 직장의 진급 때문에 괴로워하니, 마음의 수행으로 극복해야 한다. 비겁운에는 갑자기 사기를 당하거나 돈을 떼이는 등으로 곤란을 겪기 쉬우니, 이때에는 다소라도 여유가 있다면 그동안 신세졌던 형제나 친구들에게 베풂으로 그 운을 극복하는 것이 좋다. 남자의 경우는 아내나 아버지가 다칠 일을 돈으로, 여자의 경우는 친정아버지가 잘못될 일을 돈으로 치렀다고 생각하면 도리어 감사해야 할 일이다. 진급도 대운까지 아주 나쁘게 흐르는 것이 아니라면, 보통 6년 정도에 운이 바뀌니 마음을 비우고 기다려야 한다. 남자의 경우 자식은 관에 해당하니, 자식이나 명예가 잘못될 것을 대신해 운 값을 치르고 있다고 생각하면 마음이 한결 편해질 것이다.

부가적으로 설명하자면, 자수子水가 생명의 인자임을 기억해야 한다. 씨앗을 자子라고 부르는 것은 그것에 생명을 내는 기운이 있기 때문이다. 주역의 괘로 볼 때, 복復(䷗)에 해당하니, 양기 곧 생명이 처음 고개를 내미는 것이다. 그래서 이것이 사주에 있을 경우에 특히 식상관으로 있을 경우에는 생명 활동을 더욱 왕성하게 한다. 신申도 자子와 합을 하는 것이기 때문에 그런 특성이 있다. 지지의 이런 특성에 유념하면서 사주 감정을 해야 한다.

다음의 을묘乙卯일주 사주에서 두드러진 점은 지지에 목木이 강한데, 그것을 분출할 곳으로는 묘술합卯戌合으로 변한 화火밖에 없다는 것이다. 20세부터 오는 을축乙丑대운을 지나 병인丙寅대운부터는 화火가 강해지니, 유명하지는 않지만 가수로 활동을 하고 있다. 원국에서 화火 기운이 제대로 있었다면 유명한 가수가 되었을 것이고, 식상인 화火의 기운이 목욕지에 있었다면 전국에 이름을 날리는 가수가 되었을 것이다. 그런데 이 사주는 화火 식상을 사용하기 위해 잘못 사용한다면 관을 찾아 자신의 식상을 사용할 수 있다. 물론 가수로 활동하는

戊	乙	○	○
寅	卯	戌	卯

공망: 子·丑

천을귀인: 子·申

대운의 수: 0

90	80	70	60	50	40	30	20	10	00
壬	辛	庚	己	戊	丁	丙	乙	甲	癸
申	未	午	巳	辰	卯	寅	丑	子	亥

것도 식상을 사용하는 것이지만 사주에 목木이 너무 많아 그것만으로는 다 해소할 수가 없어 관으로 난잡하게 쾌락을 추구하기 쉽다는 것이다. 가뜩이나 수水가 약한데, 식상인 화火를 사용하기 위해 관을 쫓을 경우 목木이 극을 당해 몸이 심하게 망가질 수 있으니 조심해야 할 일이다.

다음의 을묘乙卯일주 사주도 바로 앞의 사주와 비슷하다. 앞의 사주는 목木의 분출구가 묘술합卯戌合으로 겨우 있어 답답하다가 30세 병인丙寅대운부터 화火가 상관으로 오니, 윤리나 도덕도 아랑곳하지 않고 남자들과 활개를 치고 다니기 쉽다. 이 사주도 인寅의 지장간 무戊·병丙·갑甲 중 병화丙火만으로 그나마 목木을 분출시키다가 41세부터 들어오는 경오庚午대운에 인오합寅午合이 되어 불길이 거세게

여坤 음력 19○○년 ○월 27일 卯시			
己	乙	○	○
卯	卯	亥	寅

공망: 子·丑
천을귀인: 子·申

대운의 수: 1

91	81	71	61	51	41	31	21	11	01
乙	丙	丁	戊	己	庚	辛	壬	癸	甲
丑	寅	卯	辰	巳	午	未	申	酉	戌

타오른다. 그런데 관이 없는 사주에 경금庚金까지 목욕지로 함께 오면서 묘오파卯午破로 배우자궁과 자식궁마저 건드리고 비견을 긁기 시작하니 부부와 자식 문제는 물론 형제와 친구들 사이에도 많은 문제가 발생할 수 있다. 사주 자체에서 막힌 곳이 돌아감에도 육친과 궁에서 그 작용이 이렇게 나타나니 안타까운 경우다. 남편은 말할 것도 없고 형제들이나 주변 친구들까지 거센 불길에 피해를 입을 수 있다.

비겁에 기운이 몰려 있다가 식상관 대운이 와서 터져 나갈 때 여자 중에서도 특히 유부녀가 이것을 잘못 사용하기 쉬우니, 그것은 바로 식상관이 자식에 해당하기 때문이다. 곧 식상관의 분출이 무의식적으로 자식에 대한 욕망 곧 남자에 대한 갈망으로 이어져 난잡한 일을 벌이게 하기 때문이다. 물론 남자의 경우도 식상관이 유흥으로 나타나 주색잡기로 사용할 수 있는데, 이것은 여자의 경우에도 그대로 적용된다.

여자의 사주에 관성 곧 남자가 아름답게 있는데도 시집가려고 하지 않는 경우가 있으니, 그것은 식상관 곧 자식에 대한 욕망이 움직이지 않을 때다. 여자가 남자를 찾는 것은 남자 그 자체보다 식상관 곧 자식에 대한 욕망이 크게 작용하기 때문이다. 처녀의 사주에 관과 식상관이 동시에 들어올 때는 임신해서 시집가기 쉽다.

한쪽으로 치우친 사주 때문에 남녀 관계로 잘못되는 경우는 막기가 아주 어렵다. 사람의 기본적인 욕망 중에서 특히 성적인 욕망은 다른 것보다 강하다. 그리하여 절제가 없으면 윤리적인 문제는 차치하고 치정 관계로 곤란을 당하기 쉬우니, 굳은 마음을 가지고 조심하고 또 조심해야 한다. 사주를 안다면 무엇보다 가정에 충실하고 남편과의 관계를 잘 유지하도록 노력하고, 넘치는 기운은 취미 생활이나 종교 생활 또는 수행으로 극복해야 한다. 종교 생활이나 수행이 싫다면 마음을 가다듬는 책이라도 가까이 두고 틈날 때마다 보면서 마음을 정화시켜야 한다.

이어지는 '나가며'에서 설명하겠지만 현재의 인생은 이것으로 끝나는 것이 아니라 다음 생으로 연속되면서 그대로 반복됨을 명심하고 삶을 아름답게 가꾸어야 한다.

다음의 정사丁巳일주 사주는 본인 정화丁火가 아래로 사화巳火에 뿌리를 두었으나 술토戌土가 있고 해수亥水가 있어 화기가 강하다고 볼 수는 없다. 그런데 대운이 계미癸未·임오壬午·신사辛巳·경진庚辰

남乾 음력 19○○년 ○월 ○일 亥時

	丁		乙
亥	巳	戌	

공망: 子·丑
천을귀인: 亥·酉

대운의 수: 5

95	85	75	65	55	45	35	25	15	05
丙	丁	戊	己	庚	辛	壬	癸	甲	乙
子	丑	寅	卯	辰	巳	午	未	申	酉

으로 흘러 화火를 향하니, 성격을 자제하지 않으면 직장에서는 물론 언제 어디서나 문제를 일으키기 쉽다.

특히 45세 이후부터 들어오는 신사辛巳·경진庚辰 대운에 관인 해수 亥水가 12운성으로 절지·묘지로 들어가니 아주 위험하다. 원국에 이미 해수亥水와 사화巳火가 충으로 격돌하고 있으니, 대운의 흐름에 따라 한쪽이 다치기 아주 쉬운 구조다. 신사辛巳 대운에 아이가 다쳐 경진庚辰 대운 갑오년甲午年에 세상을 떠났다. 본인도 경진庚辰 대운에 대인관계에 복잡한 문제가 생겨 계사년癸巳年에 몇 년 남지 않은 정년을 채우지 못하고 회사를 그만두었다. 직장과 명예 자식을 모두 잃은 아주 안 좋은 사례에 해당한다.

이렇게 원국에서 충을 하고 있는 상태에서 관운이 나쁘게 들어올 때는 수기水氣를 강하게 보충할 수 있는 곳, 곧 주변에 호수나 물이 있는 곳으로 이사를 가거나 또는 이름에서라도 수기를 보강해서 그 재앙을 피하게 해야 한다. 적극적으로는 섬이나 바닷가로 이사를 가면 좋은데 현실성이 떨어진다.

사주가 스스로 지은 인과의 업보이기는 하지만 이렇게 자식을 잃는 모진 슬픔을 당할 수 있는 경우에는 차분하고 아주 분명하게 그 위험에 대해 알려 주고 또 수행을 권해야 한다. 전생에 마음을 다스리지 못해 극복하지 못한 아픔이 현세에 또 이렇게 가슴 아리게 반복되었음을 알려 주어 내세에 다시 그 슬픔을 겪지 않도록 해야 한다는 말이다. 내세에 다시 그런 슬픔을 겪지 않으려면 수행으로 마음을 정화하는 것이 첩경이다.

술사의 말을 잘 듣는 사람은 그래도 어느 정도 수행이 되었다고 보면 되니, 자신의 행동이나 환경을 되돌아보고 반성하며 행동을 조심하기 때문이다. 그런데 어떤 분은 재운이 좋지 않아 사업을 하지 말라고 하면, 해도 괜찮다고 말해 주는 술사가 나올 때까지 점집을 계속 돌아다니는 경우도 있으니, 마음의 수행이라고는 조금도 되어 있지 않은 사람이다. 자신이 그렇게 행동하고 있다는 것을 되돌아볼 수 있다면 술사에게 물어볼 필요 없이 그냥 사업을 하면 되기 때문이다.

사주로 천지의 운을 알 수 있지만 천지가 갑자기 나쁜 운을 좋게 하는 것은 아니다. 평소 자신이나 주변을 차분히 되돌아볼 여유가 있는 사람이라면 사주와 여러 가지를 참조해서 스스로 덜 다치는 좋은 방향을 합리적으로 찾아 나아가야 할 것이다.

나가며

명리는 부귀가 아닌 마음의 정화를 추구한다

미국의 심리학자 매슬로우의 욕구 단계 이론에 의하면, 사람들은 다섯 단계의 형태로 자신의 욕구를 충족시키고자 한다고 한다. 욕구의 가장 하위 단계는 생리적 욕망으로서 곧 식욕·성욕·수면·배설과 같은 욕구를 충족하는 것이고, 그다음의 단계는 안전에 대한 욕망 곧 위험·고통·두려움을 벗어나 안정을 얻으려는 욕구를 충족하는 것이며, 그다음의 단계는 애정에 대한 욕망 곧 사랑·인정·친화·소속감을 얻으려는 욕구를 충족하는 것이고, 그다음의 단계는 존경에 대한 욕망 곧 명예·지위·승인·존경을 충족하는 것이며, 마지막 단계는 자아실현의 욕망 곧 영성·삶의 보람·자신의 완성을 충족하는 것이다. 여기서 굳이 매슬로우의 욕구 충족의 5단계설을 언급하는 것은 명리학의 육친론과 다소 비슷하기 때문이다.

매슬로우는 인간의 행동은 하위 단계의 욕구에서 상위 단계의 욕구로 나아간다고 보았다. 그런데 명리학에서 육친의 이어짐도 하위 단계의 욕구에서 상위 단계의 욕구로 나아가는 것으로 볼 수 있다. 일간에서 처음 나오는 식상관은 재주·팔다리·먹을 것·놀이·생식기 등을 상징하니, 어린아이처럼 놀면서 기본적인 욕구를 충족하는 것이다. 재성은 시장과 돈을 상징하니, 기본적인 욕구를 충족시키려면 바로 돈이 필요하기 때문에 식상관 다음에 재성이 오는 것이다. 관성은 권력과 명예를 상징하니, 돈을 번 다음에는 권력까지 원하기 때문에 재성 다음에 관성이 오는 것이다. 인성은 자신의 영적 성장을 상징하니, 돈과 권력으로 채울 수 없는 그 이상을 추구하기 때문에 관성 다음에 오는 것이다.

물론 차이도 있다. 매슬로우의 욕구 이론이 한 번 살아가는 인생에서 하위 욕구로부터 상위 욕구로 나아가는 것이라면, 명리학에서는 수많은 삶의 반복 곧 윤회를 통해 상위 욕구로 나아가는 것이다. 집에서 키우는 개가 마음대로 먹고 노는 사람들이 부러워 다음 생에 사람으로 태어났다면, 그 사람은 아직 개 같은 수준의 사람이기 때문에 아주 비천한 삶을 살 수밖에 없다. 그 사람은 잘 먹고 잘사는 사람들이 부러워 다음 생에서는 부자가 되려고 할 것이고 많은 생을 반복한 후에 부자가 되면, 그 이후에는 또 권력을 가진 사람들이 부러워 또 그것을 추구할 것이다. 그 후에 부귀로 채울 수 없는 허전함이 있어 이전과 달리 종교나 수행으로 삶의 방향을 돌려 욕구가 사라진 무욕의 세계로 나아갈 것이다.

매슬로우는 영혼의 성장 욕구를 최종 단계로 봤는데, 동양에서는 영혼의 성장마저도 원함이 없는 단계가 최종단계이니, 이것은 동양과

나가며

서양의 기본 종교관과 세계관이 다르기 때문이다. 서양의 기독교적 세계관에서 최종 단계는 신의 뜻에 따라 살다가 생이 끝나면 신의 은총을 받아 천국으로 돌아가는 것이다. 반면 동양의 윤회론적인 세계관에서는 현세의 인과응보에 따라 다음의 생을 다시 맞이하여 삶을 반복한다. 현세의 삶은 전생의 결과이고 현세는 다음 삶의 원인이니 내세 역시 온전히 자신이 지은 인과응보에 따른다. 불교를 믿는 사람들과 수행하는 사람들 외에는 윤회를 잘 믿지 않지만 명리학에는 윤회가 전제되어 있으니, 바로 사주에서 일지가 아니라 일간을 본인으로 보는 점도 이것과 관계되어 있다고 생각한다.

사람은 누구나 태어나서 늙고 병들고 죽는다. 일찍 죽거나 늦게 죽는 차이는 있지만 그 누구도 죽음을 벗어날 수 없다. 사주로 볼 때, 죽음은 마음을 이루는 기氣가 아니라 몸을 이루는 질質이 사라지는 것이다. 어떤 원인에 의해 탄생한 생명이 육체를 유지하기 위해 마음에 일정한 형태의 에너지장을 형성하니, 그 에너지장은 살아가는 몸의 영향 때문에 형성된 것이다. 그런데 또 사람이 태어나서 살아가며 마음을 어떻게 쓰느냐에 따라 얼굴과 몸이 차츰 바뀌니, 마음의 에너지장에 따라 몸이 변한 것이다. 곧 마음은 몸에, 그리고 몸은 마음에 서로 계속 끊임없이 영향을 미치며 살다가, 죽으면 몸은 사라지지만 마음은 여전히 에너지로 남아서 다시 이전과 비슷한 몸을 찾아 다시 태어나니, 이것이 윤회다.

선한 일을 많이 하고 욕심을 없애면 늙어 갈수록 얼굴이 온화하고 부드럽게 변하고, 나쁜 일을 많이 하고 욕심을 버리지 못하면 늙어 갈수록 얼굴이 탐욕스럽고 딱딱하게 변한다. 마음이 몸에 영향을 미쳐 그 마음을 담을 수 있는 형체로 몸이 변하기 때문이다. 더욱이 죽어서 몸의 기능이 정지하게 되더라도 마음의 작용은 멈추지 않고 진행되어 그대로 남아 있다가 그 마음의 에너지를 담기에 적합한 몸을 찾아 들어가게 되니, 죽기 직전까지 만들어 놓은 몸과 비슷한 몸이다. 전생에 만들어 놓은 마음의 에너지장이 다시 비슷한 새로운 몸을 받아 현세를 사는 것을 이른바 윤회라고 하니, 윤회는 전생을 어떻게 살았느냐에 따라서 그대로 조금의 가감도 없이 현세의 몸을 받게 되는 것이다.

사주에서 본인을 일지로 보지 않고 일간인 기氣로 보는 것은 몸을 이루는 질質이 사라질지라도 정신을 이루는 기가 남기 때문이다. 태초에 천지의 생명 에너지는 어떤 파동에 의해 개별적인 생명체가 되었을 것이다. 그리고 그 생명체는 무엇인가 이루고 싶은 욕망으로 끊임없이 윤회하게 된다. 생을 윤회하며 전생에 못다 이룬 욕망을 이루고 또 이루며, 새로운 욕망을 찾아 이루고 또 이루는 것이 인생인데, 삶을 거듭할수록 욕망이 쌓이고 쌓여 이것으로 원초적인 생명 에너지를 겹겹이 감싸 안으니 그것이 업보다. 사주의 육친에서 식상관을 거쳐 재성과 관성을 추구하는 데까지 와서 업보가 정점에 오르게 되면 세속적인 욕망의 추구가 이제 전환점을 맞이하게 되니, 인성의 시작 곧 영혼의 자각이 싹트게 된다.

서양에서 말하는 영혼의 자각은 신의 은총을 깨닫고 신의 뜻에 살며 천국으로 돌아가 신의 품에 안기고자 하는 것이지만 동양에서 말하는 영혼의 자각은 겹겹이 쌓인 업보를 씻어 내고자 하는 것이다. 업보는 욕망에 의해 쌓였으니, 욕망을 버리고 버려 결국 욕망을 버리고자 하는 마음마저도 욕망인 줄 깨닫고 버려야 한다. 그리하여 마음을 맑은 지장수地獎水처럼 만들어야 한다. 지장수를 가장 빨리 만드는 방법은 황토가 섞인 물통을 어느 것에도 흔들리지 않게 고정시킨 다음 가만히 그대로 내버려 두는 것이다. 마음을 비울수록 생을 거듭하며 겹겹이 쌓인 인과의 업보가 사라지니, 이것이 진정한 수행으로서의 인성이다. 모든 업보를 없애 태초의 생명력을 그대로 드러내면, 그것이 바로 참된 나로서, 불교에서 말하는 열반에 들어간 것이다.

윤회의 과정을 다소 자세히 언급하면, 어떤 생명체의 에너지가 남아 있어 그 에너지가 그대로 이어지기 위해서는 두 가지가 필요하다. 어떤 몸을 받아 태어날 때 천지에 비슷한 에너지장이 형성되어 있어야 하고, 또 그때에 맞추어 태어날 몸이 어느 태반에 형성되어 있어야 한다. 이 두 조건이 맞으면 남아 있던 생명체의 에너지가 자신에게 맞는 새로운 태아의 몸으로 들어가고, 산모는 그 에너지가 형성되는 시간에 맞추어 아이를 낳게 된다. 대부분 윤회는 후손의 줄기를 타고 이어지니, 비슷한 몸이 후손의 몸에서 가장 잘 이루어지기 때문이다. 이런 점에서 현재의 가족은 전생부터 겹겹이 쌓인 인연이 이어진 가족일 가능성이 높다. 원수 같은 부부라면 그 원망의 에너지가 남아 또 그런 사람을 만나게 된 것이다.

그러니 사주는 어느 순간 태어나면서 나와 무관하게 저절로 갖게 되는 에너지장이 아니라 내가 만든 전생의 굴레가 에너지장으로

남아 다시 그것을 그대로 새로운 몸에서 계속 이어가기 위한 것이
다. 원수처럼 원망하는 부부가 내세에 다시 만나지 않기 위해서는 마음을 비워 원망의 에너지장까지 없어지도록 해야 한다. 원망의 에너지장이든 사랑의 에너지장이든 에너지가 남아 있는 한 그것을 다시 그대로 이어가기 위해 그것에 맞추어 몸을 갖게 되니, 이러한 이유로 불교에서는 선업이든 악업이든 쌓지 말라고 하는 것이다. 명리학은 이런 점에서 바로 수행의 학문이다. 술사들이 이것을 안다면 사람들이 자신의 운명을 좋은 쪽으로 이끌어갈 수 있도록 수행을 권할 수밖에 없다. 그렇게 하지 않는 술사는 아무것도 모르는 것과 같다.

필자는 평소 수강생들에게 이와 같은 설명을 하면서 명리를 배워 좋게 사용하든 나쁘게 사용하든 마음대로 하라고 말하곤 한다. 다만 이렇게 업보가 질기게 이어지는 것을 알려 주었으니 내세에 그 영혼이 서로 만난다면 "선생님, 왜 윤회의 비밀을 가르쳐 주지 않으셨습니까?"하며 원망하지 말라고 한다.

명리를 배우면 남의 인생을 알게 되니, 술사가 마치 인생의 모든 것을 해결해 줄 것처럼 의지하는 사람들이 종종 있다. 이때 술사가 나쁜 마음을 먹게 되면 그런 사람들을 이용하게 된다. 이것은 술사의 큰 죄악으로 자자손손 이어지며 그 죄를 용서받지 못한다. 하늘의 비밀을 훔친 죄악은 그 업보가 정말 크고 질기게 이어지니, 공부를 제대로 해서 그 비밀을 깨달아야만 그런 짓을 하지 않게 된다.

사실 냉정하게 보면 사주가 그렇게 되어 있어 그렇게 따라 사는 것을 술사가 먼저 그 방향을 알고 이를 알려 주면서 사례비를 받는 것은 하늘의 비밀을 훔쳐 돈을 버는 것이니, 지나치게 받아서는 안 된다. 망할 운명에 있는 사람들은 그렇게 하면 안 된다고 아무리 알려 주어도 계속 그렇게 하고, 흥할 운명에 있는 사람들은 뭐라고 하지 않아도 그 길을 가니 굳이 운명을 알려 줄 필요도 없다. 어떻게 보면 이런 점에서 다만 답답한 심정을 미리 좀 해소시켜 주고 그 사례비를 받는 것이 술사들이 아닌가 한다. 물론 운명에 미리 대비하게 하여 큰 사고를 작게 줄이는 등의 일은 사례비를 받을 만한 일이지만 긴 운명의 굴레에서 봤을 때 바람직한 일은 아니다. 남의 운명에 술사가 괜히 개입한 것이 되기 때문이다.

업보는 욕망이 쌓여 만든 것이기 때문에 먼 윤회의 길에서 결국 씻어 없애야 할 것들이다. 그런데 욕망의 굴레를 벗어나지 못할 때는 계속 그것을 쌓는 방향으로 치닫게 되고, 어느 순간 그 절정에 올라 욕망을 씻어 내기 시작하면 방향을 바꾸어 반대로 하나씩 편안히 벗겨 내기 시작한다. 편안한 상태는 기쁜 것이 아니라 고요히 잠잠히 아무것도 느끼지 못하는 것이다. 배가 아플 때를 생각해 보면 바로 알 수 있다. 아픈 배가 편안해지면 배가 있는지 없는지 느껴지지 않는다. 그러니 기쁜 상태는 편안한 상태가 아니라 마음이 들떠 불타고 있는 상태라고 보면 된다.

생명의 탄생은 우주의 생명 에너지에 욕망이 달라붙어 개별적 생명체가 생긴 것이다. 그 생명체가 삶을 유지하기 위해 욕망을 키워 갈수록 그 업보가 점점 쌓이다가 생의 어느 순간부터 그 업보를 걷어 내기 시작하니, 그것이 수행의 시작이다. 이처럼 명리학 공부는 생명

에너지가 윤회하며 어떻게 생멸하는지를 깨닫고 마음을 정화하는 과정이다.

가족의 운명을 보면 부모의 삶의 형태가 거의 그대로 자식에게로 이어짐을 보고 놀라곤 한다. 현대 과학으로 밝혀낸 것은 유전자가 가족에게로 이어진다는 것이다. 그런데 명리학을 공부함으로써 알 수 있는 것은 가족은 삶의 형태 곧 에너지장이 비슷하게 이어진다는 것이다. 그러니 부모의 마음가짐과 행동에 따라 아이들도 그렇게 변한다는 것을 알아야 한다.

업보를 쌓든 씻든 저마다 스스로 해야 하는 일인데, 술사가 개입하여 운명의 방향을 틀어 버리면 한 사람의 인생을 조작한 것이 되고 만다. 명리를 공부하여 천지가 움직이는 법칙을 알게 되면, 좋은 날을 잡아 아이를 낳거나 좋은 묏자리를 찾아 조상이나 부모를 묻으려고 하지 않는다. 인생의 모든 것은 나의 업보에 따라 와야 하는 것인데 조작해서 훌륭한 아들을 얻고 가문이 흥성하게 한다면, 언젠가는 그 반대급부로 반드시 자손 중에 아주 못된 아이가 나오고 가문이 아주 심하게 망하기 때문이다. 하늘은 공평하기 때문에 절대로 어느 가문이 더 좋게 되도록 하지 않고, 오직 쌓은 업보대로 받게 할 뿐이다. 그런데 그것을 조작해서 일시적으로 좋게 만든다면 반드시 훗날 그 여파로 심하게 잘못된다. 공평하지 않다면 하늘이 아니다. 그러니 자손이 잘될 묏자리와 훌륭한 아기를 낳을 날을 무리하여 찾을 필요는 없다.

필자도 간혹 어쩔 수 없이 출산일을 잡아 주긴 하는데, 이것이 큰 죄악임을 알고 있어야 한다. 천지의 운행 법칙에 따라 어느 생명 에너지가 윤회하다가 어느 태반의 아이 속으로 들어가 스스로 날을 택해 나오게 되어 있는 것을 술사의 조작으로 그것을 비틀어 버린다면 어떻게 되겠는가? 윤회의 굴레에 따라 새로운 몸을 받아 나오게 되어 있는 것을 술사가 마음대로 그 방향을 뒤틀리게 해서는 안 된다. 술사와 부모를 비롯하여 누구에게도 그럴 수 있는 엄청난 권한은 있지 않다. 세상의 흐름은 반드시 쌓은 업보대로 받게 되니, 윤회의 굴레에 따라 자연스럽게 흐르도록 놔두는 것이 최상이다.

생명이란 들풀 하나도 스스로 생명의 꽃을 피워 가는 것이기 때문에 중간에 개입해서 조작해서는 안 된다는 것이다. 기어코 업보를 조작하고 싶다면 달도 차면 기운다는 진리에 따라 미리 선업을 쌓아 악업이 생기지 않게 하는 것뿐이다. 경주 최부자 댁처럼 미리 선업을 쌓아 그 저축된 것으로 악업을 막는 것은 운명의 굴레를 조작하는 것이 아니라 지혜로운 일이다. 많은 재산이 있음에도 불구하고 높은 벼슬에 나아가지 않고 검소하게 생활하고, 또 이익을 볼 수 있는 상황에서 도리어 주변의 사람들이 곤경에 처하지 않도록 돌봐 주는 일은 보통 사람들이 할 수 있는 것이 아니다. 그 집안에는 원초적으로 정화된 영혼들이 찾아와서 살 수 있도록 이미 선업이 길이길이 쌓여 있는 셈이다. 명리학의 지혜를 이처럼 자신과 후손이 잘되도록 응용할 수 있지만 역시 궁극 목적은 업보의 굴레를 알아 그 윤회를 벗어 버리는 것이다.

영혼의 정화는 맑고 밝은 마음으로 자신과 삶을 살펴보며 윤리적이고 합리적으로 판단하는 것이다. 필자는 언제나 수강생들에게 사주대로 살지 말고 가능한 기존의 윤리를 어기지 않고 합리적으로 삶을 되돌아보라고 당부하곤 한다. 맑고 밝게 세상을 바라볼 수 없는 것은 육체의 쾌락과 세상의 부귀를 차지하고 싶은 욕망으로 마음의 밝음이 가려졌기 때문이다. 윤회 역시 마음의 밝음이 가려지고 욕망의 에너지장이 가득 차 있어 그것이 전생과 현생을 이어 계속 내세로 이어지기 때문이다. 세상을 티끌 하나 없이 깨끗하게 바라보고 그대로 살 수 있다면 윤회는 끝날 것이나 그렇게 되기는 극히 어렵다. 그러니 먼저 명리학과 같은 공부를 통해 윤회의 법칙을 이해하고 심신을 정화하는 수행을 시작해야 한다.

욕심 없이 삶을 바라볼 때, 전생에서 가져온 업보를 현생에 맞게 사용할 수 있다. 이를테면 형살이 있는 사람은 의료나 법률 등으로, 상관이 강한 사람은 연예인이 되거나 특수한 기술 또는 영업 등으로 사용해 사회에 공헌함으로써 자신의 업보를 씻어 없앨 수 있다. 사주를 배우는 진정한 목적은 전생에서 이어지는 자신의 선천적인 특성을 알아 삶을 욕심 없이 맑고 밝게 바라봄으로써 내 영혼을 정화하는 것은 물론 남들과 조화롭게 어울리며 사회에 이바지하기 위한 것이다. 물론 이와 같은 과정에서 아직 자신을 맑고 밝게 바라볼 수 없는 사람들을 인도해서 함께 영혼을 정화시키도록 해야 함은 두말할 필요도 없다. 그러니 술사들은 반드시 부귀가 아니라 영혼을 정화하는 방향으로 사람들을 인도해야 한다.

지금까지의 설명을 요약한다면, 명리학은 운명의 방향을 미리 알아 부귀를 얻기 위한 것이 아니라 마음을 정화하기 위한 학문이라는 것이다. 사실 마음을 정화하기 위해서는 수행을 해야 하지만, 그 준비 단계가 바로 명리학이다. 이러한 공부를 통해 먼저 운명과 윤회의 굴레가 다른 어떤 것이 아닌 바로 자기 자신으로부터 말미암는다는 것을 깨달아야 한다. 전생부터 부귀가 허무하다는 것을 알고 그 이상을 추구하게 될 때, 비로소 명리학과 같은 학문에 관심을 갖고 영혼의 정화를 시작하게 된다. 영혼의 정화가 어느 정도 진행되어야만 본격적으로 수행이나 종교를 찾아 삶 자체를 오롯이 구도의 길에 바치게 되니, 종교가나 수행자들 외에 일반인들도 언젠가 어떻게든 그 길을 택하게 된다.

마지막으로 독자들과 재야에서 오래도록 명리를 연구하신 분들께 간곡히 몇 마디 부탁을 드린다. 필자는 말재주와 글솜씨가 없는 관계로 말을 아름답고 장황하게 꾸미거나 빙빙 돌릴 줄 모른다. 그러나 대학 철학과에 진학하여 열심히 공부했고, 이후 대학원에서 박사학위를 받고 많은 논문을 쓰고 한문 고전을 번역하면서 간결하게 논지를 전하는 방법은 익혔다. 줄곧 학문적으로만 설명해서 지루할 수도 있지만 명리학을 꼭 익히고자 하는 독자들에게는 지금까지의 설명이 다소 도움이 될 줄 믿는다. 그리고 이곳의 내용을 충분히 익혀 필자가 아직까지 밝히지 못한 부분까지 더욱 발전시켜 주길 기대한다. 혹 더 궁금한 점이 있으면, 다음 카페 '한국명리연구회'에 논문이 있으니 참고하시기 바란다는 말도 덧붙인다.

세상에는 비록 필자처럼 학문적인 수련을 거치지는 않았을지라도 오랜 기간 또는 평생 명리학을 연구한 분들이 즐비하다. 이런 분들에게 이상에서 필자가 설명한 것만이 옳다고 주장하지는 않겠다. 그분들도 나름대로 학문적인 토대와 훌륭한 관법을 가지고 계실 것이기 때문이다.

다만 여기서 필자가 설명한 것은 나름대로 학문적인 틀을 이용해 하나의 이론으로 체계화시키기 위해 정리한 것에 지나지 않음을 먼저 밝힌다. 그러니 일반적인 사주 이론 곧 격국용신론과 같은 이론을 기준으로 이 책을 비판하지 말고, 이렇게 사주를 볼 경우에 이 이론 자체에 무슨 문제가 있는지 실제로 체험해 본 다음에 비판해 주길 부탁드린다.

부록

『소문입식운기론오』에서 하늘의 다섯 기운에 대한 설명

　　『소문입식운기론오素問入式運氣論奥』의 다음 구절은 여러 책에서 자주 나오는 '하늘의 다섯 기운五運'에 대한 설명이다. 그런데 여기에

論五天之氣第十一

天地支干相錯而列於八方各有定位星宿環列垂象
於其上而各有分野故大古占天望氣以畫干冊垂示
後人在精意以玆之而後可明也盖天分五氣地列五
行五氣分流散於其上經於列宿下合方隅則命之以
為五運　丹天之氣經干牛女奎璧四宿之上下臨戊
癸之位立為火運　黅天之氣經干心尾角軫四宿之
上下臨甲巳之位立為土運　素天之氣經干亢氐昴畢
四宿之上下臨乙庚之位立為金運　玄天二氣經
于張翼婁胃四宿之上下臨丙辛之位立為水運
蒼天之氣經干危室柳鬼四宿之上下臨丁壬之位立
為木運此五氣所經二十八宿與十二分位相臨則灼
然可見因此以紀五天而立五運也成為天門乾之位
也巳為地戶巽之位也自房至畢十四宿為陽主晝自
昴至心十四宿為陰主夜通一日也

12지지와 10천간이 섞이며 흘러가는 원리에 대한 힌트가 나오기 때문에 독자들께서도 직접 확인하시라고 그 원문을 실었다. "붉은 기운·누런 기운·하얀 기운·검은 기운·푸른 기운에 따라 별자리를 네 개씩 배치하고, 이어 그 아래 단락에서 다섯 기운과 함께 28개의 별자리가 12개의 영역으로 나눠 서로 작용한다."고 하는 것이 바로 그 내용이다. 그런데 이 내용 역시 음양오행에 대한 기본 소양이 없으면 무슨 말을 하는지 알 길이 없다.

천지의 간지가 서로 섞여 팔방으로 늘어서 있음에 제각기 일정한 위치가 있다. 별들이 고리처럼 늘어서 있으면서 위에서 상을 드리우고 있는데 제각기 분야가 있다. 그러므로 태고시대에 하늘을 살피고 기운을 엿보아 책에 기록함으로써 후대의 사람들에게 알려 주었던 것이다. 자세한 의미는 조사해 본 다음에 분명해질 것이다. 대개 하늘은 오기五氣로 나눠지고, 땅은 오행五行으로 늘어서 있다. 오기는 나뉘어져 흘러가면서 위로 흩어져 늘어선 별자리를 지나가고 아래로 일정 부분과 합하니, 오운五運이라고 한다.

붉은 하늘의 기운이 우牛·여女·규奎·벽璧 네 별자리를 위아래로 지나가면서 무戊·계癸 자리를 지켜 화운火運을 세운다. 누런 하늘의 기운이 심心·미尾·각角·진軫 네 별자리를 위아래로 지나가면서 갑甲·기己 자리를 지켜 토운土運을 세운다. 하얀 하늘의 기운이 항亢·저氐·묘昴·필畢 네 별자리를 위아래로 지나가면서 을乙·경庚의 자리를 지켜 금운金運을 세운다. 검은 하늘의 기운이 장張·익翼·루婁·위胃 네 별자리를 위아래로 지나가면서 병丙·신辛의 자리를 지켜 수운水運을 세운다. 푸른 하늘의 기운이 위危·실室·유柳·귀鬼 네 별자리를 위아래로 지나가면서 정丁·임壬의 자리를 지켜 목운木運을 세운다.

위의 다섯 기운으로 지나가는 28개의 별자리가 12영역으로 나눈 영역과 서로 작용하는 것은 분명히 알 수 있기 때문에 다섯 하늘을 기준으로 오운을 세우는 것이다. 술戌은 '하늘의 출입구天門'로 건乾의 자리이고, 사巳는 '땅의 출입구地戶'로 손巽의 자리이다. 방房에서 필畢까지 14개의 별자리는 양陽이라 낮을 주관하고, 묘昴에서 심心까지 14개의 별자리는 음陰이라 밤을 주관하니, 이것이 합쳐서 하루다.

天地支干, 相錯而列於八方, 各有定位. 星宿環列, 垂象於其上, 而各有分野. 故大古占天望氣, 以書于冊, 垂示後人. 在精意以攷之, 而後可明也. 盖天分五氣, 地列五行. 五氣分流, 散於其上, 經於列宿, 下合方隅, 則命之以為五運.

丹天之氣, 經于牛女奎壁, 四宿之上下, 臨戊癸之位, 立為火運. 黅天之氣, 經于心尾角軫, 四宿之上下, 臨甲巳之位, 立為土運. 素天之氣, 經于亢氐昴畢, 四宿之上下, 臨乙庚之位, 立為金運. 玄天二氣, 經于張翼婁胃, 四宿之上下, 臨丙辛之位, 立為水運. 蒼天之氣, 經于危室柳鬼, 四宿之上下, 臨丁壬之位, 立為木運.

此五氣所經二十八宿, 與十二分位相臨, 則灼然可見, 因此以紀五天, 而立五運也. 戊為天門, 乾之位也. 巳為地戶, 巽之位也. 自房至畢, 十四宿為陽, 主晝, 自昴至心, 十四宿為陰, 主夜, 通一日也.

『연해자평』에 있는 천간과 지지의 유래

중국 남송 때의 서대승이 지은 『연해자평淵海子平』은 명리 이론이 세분 심화되면서 이론 체계를 갖춘 저서로, 명리학을 공부하기 위해서는 다른 고전보다 꼭 먼저 거쳐야 하는 것이다. 명리학의 기본 중의 기본이 10천간과 12지지이기 때문에 『연해자평』에 있는 천간과 지지의 유래를 가감 없이 원문 그대로 여기에 소개했다.

읽어 보시면 금방 알겠지만 이 글만 봐서는 10천간과 12지지가 무엇을 의미하는지 거의 알 수가 없다. 필자는 이와 같은 고전을 참고로 나름대로 이해한 것을 정리하여 『명리 명강』을 저술했던 것이다.

간사함이 나오고 요괴가 나오자 황제 때에 치우라는 신이 세상을 혼란스럽게 했다. 이때 황제가 백성들이 고통 받는 것을 크게 염려하여 마침내 탁록의 들판에서 탁록은 고을郡의 이름임 치우와 전쟁으로 흘린 피가 백리가 되었으나 다스릴 수 없었다. 이때 황제가 처음으로 방패 창 칼 검이라는 무기를 제작함

황제가 이 때문에 목욕재계하고 단을 쌓아 하늘에 제사를 지냈고, 네모 모양의 언덕을 만들어 땅에 예를 행하니, 하늘이 이에 10간 갑·을·병·정·무·기·경·신·임·계과 12지 자·축·인·묘·진·사·오·미·신·유·술·해를 내려 주었다. 이에 황제가 10간을 하늘의 모양대로 둥글게 12지지를 땅의 모양대로 네모나게 펼쳐 놓고 비로소 간干을 하늘로 지支를 땅으로 삼고는 빛을 모아 직분을 받들며 (치우를) 문밖으로 내친 다음에 다스릴 수 있었다. 이상이 십간과 십이지의 유래임

그 후에 대요씨가 후세의 사람들을 위해 근심하면서 "아! 황제는 성인이었음에도 악살을 다스릴 수 없었구나. 만일 후세에 재앙을 당하고 고초를 겪는다면 어떻게 해야 하겠는가?" 하고는 마침내 10간과 12지를 60갑자로 짝지어 나누었다고 한다.

竊以奸詐生, 妖怪出, 黃帝時有蚩尤神擾亂. 當是之時, 黃帝甚憂民之苦, 遂戰蚩尤於涿鹿之野, 涿鹿郡名. 流血百里, 不能治之. 時帝始制干戈刀劍之器.

黃帝於是齊戒, 築壇祀天, 方丘禮地, 天乃降十干, 卽甲乙丙丁戊己庚辛壬癸. 十二支. 卽子丑寅卯辰巳午未申酉戌亥. 帝乃將十干圓布象天形, 十二支方布象地形, 始以干爲天, 支爲地, 合光仰職鬥放之, 然後乃能治也. 此十干十二支之所出也.

自後有大撓氏爲後人憂之曰, 嗟吁, 黃帝乃聖人, 尙不能治其惡煞. 萬一後世見災被苦, 將何奈乎. 遂將十干十二支分配成六十甲子云.

천간의 무戊·기己라는 토土와 지지의 진辰·술戌·축丑·미未라는 토土의 흐름을 기氣와 질質로 나눠 정리할 수 있었던 것은 『연해자평』의 천강간지도天降干支圖와 『태극해의太極解義』의 "오행이란 질質이 땅에 구비되고 기氣가 하늘에 유행하는 것이다."라는 구절에서 그 힌트를 얻을 수 있었던 덕분이다. 다음의 동그라미·네모 그림이 천강간지도인데, 독자들께서 『명리 명강』의 이론이 어떻게 체계화되었는지 일부라도 보여 드리고 싶은 마음에 이렇게 지면을 따로 마련했음을 알아 주셨으면 한다.

天降干支圖

　물론 재야의 선배들께서 정리한 이론도 나름대로 소화시켜 정리했다. 그 중에서 인터넷에 실려 있는 박청화 선생의 이론에 많은 도움을 받았다. 학자라면 자신이 정리한 글 속에 영향 받은 이론의 정확한 출처를 밝혀야 한다. 박청화 선생의 글은 여기저기의 카페에 어지럽게 실려 있는 관계로 그 출처를 제대로 밝히기가 어려워서 이렇게 고백으로나마 학문적으로 은혜를 입은 것에 대한 감사를 전하니, 천간과 지지가 12단계로 변화하는 것에 관한 내용 등이 해당한다.

육 친 표 (가로 줄을 기준일간으로)

	甲	乙	丙	丁	戊	己	庚	辛	壬	癸
子 癸	정인	편인	정관	편관	정재	편재	상관	식신	겁재	비견
丑 己	정재	편재	상관	식신	겁재	비견	정인	편인	정관	편관
寅 甲	비견	겁재	편인	정인	편관	정관	편재	정재	식신	상관
卯 乙	겁재	비견	정인	편인	정관	편관	정재	편재	상관	식신
辰 戊	편재	정재	식신	상관	비견	겁재	편인	정인	편관	정관
巳 丙	식신	상관	비견	겁재	편인	정인	편관	정관	편재	정재
午 丁	상관	식신	겁재	비견	정인	편인	정관	편관	정재	편재
未 己	정재	편재	상관	식신	겁재	비견	정인	편인	정관	편관
申 庚	편관	정관	편재	정재	식신	상관	비견	겁재	편인	정인
酉 辛	정관	편관	정재	편재	상관	식신	겁재	비견	정인	편인
戌 戊	편재	정재	식신	상관	비견	겁재	편인	정인	편관	정관
亥 壬	편인	정인	편관	정관	편재	정재	식신	상관	비견	겁재

공망표

일주										공망
甲子 1924 1984	乙丑 1925 1985	丙寅 1926 1986	丁卯 1927 1987	戊辰 1928 1988	己巳 1929 1989	庚午 1930 1990	辛未 1931 1991	壬申 1932 1992	癸酉 1933 1993	戌·亥
甲戌 1934 1994	乙亥 1935 1995	丙子 1936 1996	丁丑 1937 1997	戊寅 1938 1998	己卯 1939 1999	庚辰 1940 2000	辛巳 1941 2001	壬午 1942 2002	癸未 1943 2003	申·酉
甲申 1944 2004	乙酉 1945 2005	丙戌 1946 2006	丁亥 1947 2007	戊子 1948 2008	己丑 1949 2009	庚寅 1950 2010	辛卯 1951 2011	壬辰 1952 2012	癸巳 1953 2013	午·未
甲午 1954 2014	乙未 1955 2015	丙申 1956 2016	丁酉 1957 2017	戊戌 1958 2018	己亥 1959 2019	庚子 1960 2020	辛丑 1961 2021	壬寅 1962 2022	癸卯 1963 2023	辰·巳
甲辰 1964 2024	乙巳 1965 2025	丙午 1966 2026	丁未 1967 2027	戊申 1968 2028	己酉 1969 2029	庚戌 1970 2030	辛亥 1971 2031	壬子 1972 2032	癸丑 1973 2033	寅·卯
甲寅 1974 2034	乙卯 1975 2035	丙辰 1976 2036	丁巳 1977 2037	戊午 1978 2038	己未 1979 2039	庚申 1980 2040	辛酉 1981 2041	壬戌 1982 2042	癸亥 1983 2043	子·丑

12운성표

	甲	乙	丙	丁	戊	己	庚	辛	壬	癸
장생	亥	午	寅	酉	寅	酉	巳	子	申	卯
목욕	子	巳	卯	申	卯	申	午	亥	酉	寅
관대	丑	辰	辰	未	辰	未	未	戌	戌	丑
건록	寅	卯	巳	午	巳	午	申	酉	亥	子
제왕	卯	寅	午	巳	午	巳	酉	申	子	亥
쇠	辰	丑	未	辰	未	辰	戌	未	丑	戌
병	巳	子	申	卯	申	卯	亥	午	寅	酉
사	午	亥	酉	寅	酉	寅	子	巳	卯	申
묘	未	戌	戌	丑	戌	丑	丑	辰	辰	未
절	申	酉	亥	子	亥	子	寅	卯	巳	午
태	酉	申	子	亥	子	亥	卯	寅	午	巳
양	戌	未	丑	戌	丑	戌	辰	丑	未	辰

추천의 글

인상학 1호 박사, 원광디지털대학교 주선희 교수 김학목 박사는 명리학에 대한 사랑이 남다른 분이다. 그는 『노자』 연구에 몸 바친 것 이상으로 아주 오랜 시간 명리 연구를 위해 자료를 모으고 분석하며 지내 왔다. 동양학 전문 연구자들까지 명리학을 미신으로 취급하며 인정하지 않는 현실이 안타까워 논문을 몇 편씩이나 발표하고, 일반인들도 어려움 없이 접근할 수 있도록 『명리 명강』을 출간했다. 명리학을 비롯하여 역학 고전들이 제대로 연구되지 않아 익히기가 쉽지 않았는데, 『명리 명강』은 누구나 접근할 수 있도록 쉽고 친절하면서도, 그 내용을 알차게 구성하고 있다. 저자는 음양오행의 상생상극론으로 명리학 전체를 아주 간결하게 설명한다. 이 책은 꾸준히 집중해서 읽기만 하면 그 원리가 저절로 이해되어 명리학이 별로 어렵지 않게 느껴지고, 또한 당연히 실전에까지도 응용할 수 있게끔 하고 있다. 명리학은 오랫동안 배워도 그 전체적인 원리 파악이 쉽지 않은 것이 큰 고통인데, 『명리 명강』은 그런 고통을 말끔히 씻어 주며 쉽고 명쾌하게 이끌어 준다. 본인은 김학목 박사처럼 동양학의 세계를 탐구하는 학자로서 『명리 명강』이 세상에 나온 것이 무척 기쁘고 반갑다. 『명리 명강』은 김학목 박사가 『노자』 연구로 학계에 한 획을 그은 이상으로 세상의 빛이 될 것임을 믿으며, 독자들이 이 책을 통해 심오한 명리의 세계에 쉽게 접근하기를 기대한다.

역술인, 『인생의 운』 저자 조규문 박사　『명리 명강』은 『퇴계학논총退溪學論叢』에 실린 「명리학, 미신인가, 학문인가?」라는 논문을 바탕으로 일반 독자들이 읽기 쉽게 재구성하여 출간한 책이다. 이 책에서는 "음양오행론은 10간과 12지라는 상징적 기호로 표현된다."며 핵심을 제대로 짚어 낸다. 『채근담』에 나오는 "한 마디의 말이 들어맞지 않으면 천 마디의 말을 더 해도 소용이 없다. 따라서 중심이 되는 한 마디를 삼가서 해야 한다."는 말을 그대로 실천한 책이라 할 수 있다.

이 책은 본인이 쓴 명리학 저서 『인생의 운』과 일맥상통한다고 본다. 실례를 무릅쓰고 두 책을 내가 느낀 대로 비교해 보면 이렇다. 『인생의 운』을 시원한 약수에 비유한다면 『명리 명강』은 오래 우려낸 향기 깊은 따뜻한 차와 같다. 전자가 봄의 동산에 피어 있는 편안한 기쁨을 주는 진달래꽃이라면 저자의 책은 난초라고나 할까. 난초는 동양에서 사군자 중 하나로 그 향기가 그윽하고 진한데, 그만큼 깊이가 있다. 진한 향이 난다.

『명리 명강』에는 그간 명리학 서적에서 볼 수 없었던 소중한 이론들이 곳곳에 담겨 있다. 명리학에 조금이라도 관심을 갖고 있는 사람이라면 한 문장도 소홀히 할 수 없고, 명리학의 이론적 약점에 목마름을 느꼈던 사람들이라면 그 갈증이 상쾌·통쾌하게 해소될 것이다. "세상 어디에도 명리학만큼 체계화되어 인간의 운명을 점칠 수 있는 학문은 없다."는 저자의 말에는 '명리학으로 동양학의 우수성을 세상에 알리고, 동양학의 새로운 부흥을 일으켜야 할 것이다.'라는 그의 신념이 배어 있다. 이는 모든 명리학자의 마음의 소리, 희망의 소리, 꿈의 소리이자 비전의 울림이라 할 수 있는데, 『명리 명강』은 그 좋은 발판이 되리라고 본다.

한송희(대학원생)　한국고전교육원에서 노자 강의를 들으며 선생님을 만나 명리학을 공부하게 되었다. 아직 전체를 꿰뚫어 이해하지는 못하지만, 명리에서 말하는 것이 단순한 우연은 아니라는 생각이 든다. 우주의 흐름을 10간과 12지의 오행으로 나누고 태어난 연월일시에 적용함으로써 한 인간을 보다 깊게 해석하는 것이 명리학이다. 인간을 몇 가지 유형으로 설명하는 애니어그램이나 MBTI와 달리 명리는 우주와 세계에 대한 심오한 철학을 바탕으로 한다. 또한 오랜 역사와 함께해 온 만큼 명리를 통해 인간과 인생을 이해하니 삶을 보는 시야가 조금은 넓어지는 것 같다. 선생님은 강의에서와 마찬가지로 책에서도 명리에 자신의 삶을 투영하여 설명하신다. 삶과 학문, 양 측면에서 스스로 부단히 탐구하고 그 이론의 타당성을 자신의 삶으로 확인해 보고 알려 주시니, 받아들이는 입장에서는 확연히 납득할 수 있어서 좋다. 이 책은 명리에 대한 선생님의 그런 치열함이 십분 반영된 것이다. 나라는 사람이 누구이며, 앞으로의 인생이 어떻게 펼쳐질지에 대한 궁금증을 해소해 줄 뿐 아니라 인간과 인생에 대한 지혜를 배울 수 있다.

이지숙(사업가)　명리학에 대해 막연한 관심은 있었지만 공부는 엄두도 못 내고 있었는데, 우연한 기회에 철학을 전공한 김학목 교수님께 명리 강의를 듣게 되었다. 첫 강의를 듣고 머릿속에서 명리의 체계가 잡히는 걸 느꼈던 희열감은 지금도 잊을 수 없다. 공간과 시간 속에서 에너지장이 서로 어울리면서 흐른다는 것과 그 속에 나라는 존재가 포함되어 있다는 사실이 더없이 흥미로웠다. 삶이 바깥에서 일어나는 일에 치이면서 살

추천의 글

309

아가는 것이라고 느끼기 쉽지만, 명리를 배우며 나 자신의 사주가 내 선택이었다는 근본적인 사실을 깨달을 수 있었다.

명리학은 그 어떤 것보다 나를 이해하고 인생을 받아들일 수 있도록 도와준 공부다. 적지 않은 지금의 내 나이에 명리를 알게 되었지만, 책에서나 강의에서나 쉽게 이해할 수 있도록 논리적이고 체계적으로 이론을 잡아 주시는 교수님의 설명은 잠시도 딴 생각을 할 수 없게 만든다.

박정민(주부)　삶은 선택이 강요되는 두 갈래 길의 연속이고, 한 순간의 선택이 자신의 삶을 결정하게 되는 것이 인생이다. 명리학 공부를 통해 운명을 알면 일생을 살아가는 데 낭비와 헛수고는 물론 길을 잃고 헤매는 경우는 없을 것이다. 예전부터 풍수지리학과 명리학에 관심이 있어 배워보려고 했지만 너무 오묘한 학문이라 몇 번 포기했었다. 작년에 불교대학에서 유명한 스님께 2개월 이상 개인지도를 받았으나 시대에 맞지 않는 설명과 이해하기 어려운 통변 때문에 또다시 중단하고 말았다. 도저히 배울 수 없다고 완전히 포기했는데, 함께 불교대학을 다니던 스님들께서 김학목 교수님의 강의를 권했다. 누구나 알아들을 수 있도록 쉽게 그리고 아주 흥미진진하게 명리학이 무엇인지 그리고 어떻게 인생을 점칠 수 있는지 차분히 알려 주셔서 오히려 충격을 받았다. 덕분에 망설임 없이 다시 명리학을 공부할 수 있었다. 시간 가는 것이 아까울 정도로 행복한 시간이다.

안지훈(종교인)   지인을 통해 김학목 교수님을 소개 받았는데, 그 전에도 이미 아는 사람은 다 알 만큼 명성이 자자한 분이라는 이야기는 듣고 있었다. 처음엔 역시 그렇고 그런 분일 것이라 생각했으나, 막상 2년 정도 배우니 산방에 찾아오는 신도 분들께 사주를 풀어 주면서 집안의 대소사나 앞날 등을 상담할 정도가 되었다. 교수님께 명리를 배운 지도 어느덧 5년의 세월이 흘렀다. 늘 바르게 이끌어 주시는 교수님께 감사한 마음을 전한다. 인생의 고민이 있거나 영혼의 갈증이 있는 분들은 꼭 명리학을 배웠으면 하는 간절한 마음이다.

명리 명강

1판 1쇄 펴냄 2016년 3월 8일
1판 10쇄 펴냄 2024년 12월 26일

지은이 | 김학목
발행인 | 박근섭
책임편집 | 정지영
펴낸곳 | 판미동

출판등록 | 2009. 10. 8 (제2009-000273호)
주소 | 06027 서울 강남구 도산대로 1길 62 강남출판문화센터 5층
전화 | 영업부 515-2000 **편집부** 3446-8774 **팩시밀리** 515-2007
홈페이지 | panmidong.minumsa.com

도서 파본 등의 이유로 반송이 필요할 경우에는 구매처에서 교환하시고
출판사 교환이 필요할 경우에는 아래 주소로 반송 사유를 적어 도서와 함께 보내주세요.
06027 서울 강남구 도산대로 1길 62 강남출판문화센터 6층 민음인 마케팅부

판미동은 민음사 출판 그룹의 브랜드입니다.

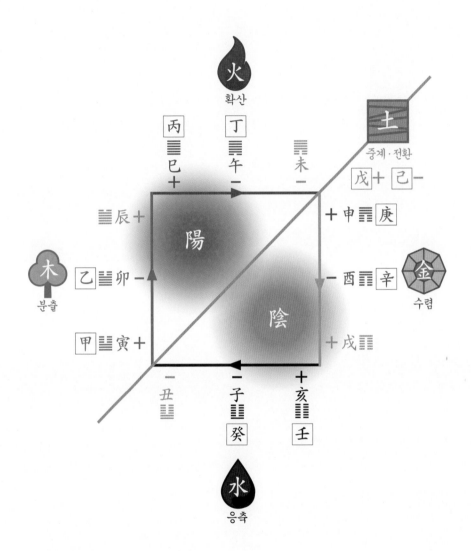